reinhardt

D1935557

Helen Liebendörfer

Thomilin und sein Weib

Thomas Platter und seine Frau Anna

Historischer Roman

Friedrich Reinhardt Verlag

Titelbild: Albrecht Altdorfer, Porträt einer jungen Frau, 1522

Projektleitung: Claudia Leuppi
ISBN 978-3-7245-2359-8

Der Friedrich Reinhardt Verlag wird
vom Bundesamt für Kultur mit einem Strukturbeitrag
für die Jahre 2016–2020 unterstützt.

www.reinhardt.ch

Wir danken für die freundliche Abdruckgenehmigung der Fotos.
In einzelnen Fällen konnten die Rechteinhaber nicht ermittelt
werden. Wir bitten um Hinweise an den Verlag, allfällige
Honoraransprüche werden gerne abgegolten.

«Fortune, Infortune Fort Une»
(Glück und Unglück machen eine Frau stark)

Marguerite d'Autriche (1480–1530)

Vorwort

Thomas Platter (1499–1582) und seine beeindruckende Karriere, welche vom Walliser Hirtenknaben bis zum Rektor des Gymnasiums in Basel führte, seine bettelarmen Jugendjahre, sein Emporarbeiten, seine Ausdauer und Zähigkeit sind immer wieder lesenswert. Von seiner Autobiografie aus dem Jahr 1572 liegen in der Universitätsbibliothek Basel nicht nur elf Handschriften, sie wurde auch unzählige Male gedruckt und in vielen Aufsätzen und Arbeiten kommentiert.

Weniger zur Kenntnis genommen wurden bei allen Kommentaren und Aufsätzen das Durchhaltevermögen und die Anpassungsfähigkeit seiner Frau Anna Dietschi, obwohl sie nicht weniger als dreiundvierzig Jahre lang das wechselvolle Leben mit Thomas Platter teilte. Anna trug den Aufstieg ihres Mannes vom einfachen Hilfslehrer bis zum Rektor und Gutsbesitzer mit und machte ihn mit ihrem Fleiss erst möglich. Ihr wirtschaftliches Geschick und ihre Sparsamkeit trugen dazu bei, den laufend wachsenden Schuldenberg zu bewältigen. Thomas Platter war sich durchaus bewusst, wie viel Anna zum steten Vorwärtskommen beitrug, stellt er doch am Schluss seiner Autobiografie fest, dass er vier Häuser besitze… *durch meine Arbeit und durch die grosse Arbeit meiner Frau.*

Das Lebensbild von Anna und Thomas Platter zeigt, dass im 16. Jahrhundert die Frau im Eheleben die zweite, aber keinesfalls eine zweitrangige Rolle spielte. Ohne die Arbeit der Frau hätten die einzelnen Haushalte nicht bestehen können, doch wurde erwartet, dass sich eine Frau gegenüber ihrem Ehemann gehorsam, geduldig und bescheiden verhalte. Zum Alltag gehörten die harte Arbeit, die grosse Kälte im Winter, der man nur beschränkt durch angemessene Kleidung begegnen konnte, die schlechten hygienischen Verhältnisse sowie die Krankheiten und Epidemien, denen man hilflos ausgeliefert war. Auch wenn die Lebensumstände verschieden waren: Liebe, Trauer, Stolz, Eifersucht und Ehrgeiz und ein bewundernswerter Durchhaltewille bewegten die Menschen damals genauso wie heute, sowie die stete Hoffnung, den Kindern einmal ein besseres Leben ermöglichen zu können.

In diesem Roman wurde Authentisches und Fiktives verbunden, basierend auf Platters Biografie, den Berichten des Sohnes Felix und weiteren Quellen, wobei die Lebensstationen, Ereignisse und Personen möglichst genau berücksichtigt sind.

Helen Liebendörfer

1. Kapitel

Thomas Platter wartete aufgeregt darauf, bis endlich der schwere Riegel geschoben und die wuchtigen Torflügel des Stadttors sich öffnen würden. Seine spindeldürre Gestalt war nur mit einem Hemd und einem dünnen Jäckchen bekleidet und die zerrissenen Strümpfe steckten in keinen Schuhen. Ungeduldig trat er von einem Bein auf das andere. Er war überzeugt, dass der Bettelstudent Paulus ihn bald vermissen und suchen würde.

Seit Thomas zehn Jahre alt war, hatte er mit seinem Vetter Paulus durch halb Europa ziehen und betteln müssen. Doch Paulus hatte ihn stets nur ausgenützt und grob behandelt, selbst jetzt noch, obwohl Thomas nun schon siebzehn Jahre zählte.

«Thomilin, wenn du mir wegläufst, werde ich dir nachziehen und dir alle viere abschlagen», hatte ihm Paulus vor einigen Tagen gedroht, denn er hatte den wachsenden Widerstand seines ABC-Schützen, wie die Helfer der Bettelstudenten genannt wurden, gespürt.

«Hoffentlich kann ich die Stadt München verlassen, bevor Paulus bemerkt, dass ich fortgelaufen bin», dachte Thomas und blickte unruhig die Strasse entlang. Um Paulus hinzuhalten, hatte er ausrichten lassen, er wolle sein Hemd waschen gehen.

Endlich öffnete der Wächter das Tor und alle drängten hinaus. Thomas eilte über die Brücke des Flusses Isar, hastete einen dicht bewachsenen Pfad entlang, erklomm einen Hügel und blickte ausser Atem zurück. Niemand war zu sehen, kein Paulus, keine Bettelstudenten folgten ihm – es war geschafft!

Er sog fieberhaft die frische Morgenluft ein und warf einen wehmütigen Blick auf die Silhouette der Stadt mit den Türmen der Liebfrauenkirche und der Peterskirche, welche sich im Licht des frühen Tages in eindrücklicher Schönheit darbot. Ein kühler Morgenwind zerzauste seine dunkelblonden Lockenhaare. Tränen liefen über seine Wangen vor Erleichterung, jedoch auch, weil er wusste, dass er nun ganz auf sich alleine gestellt war, der Unbarmherzigkeit der Welt schutzlos preisgegeben.

Thomas verspürte Hunger, ein Gefühl, das ihn begleitete, solange er denken konnte. Paulus hatte ihm stets alles weggenommen, was er zusammengebettelt hatte. Es gehörte sich so, dass die kleinen ABC-Schützen den grossen fahrenden Studenten alles unangetastet übergeben mussten, was ihnen eine gutmütige Seele geschenkt hatte. Nur die kaum mehr essbaren Stücke wurden ihnen überlassen, das Brot, wenn es hart und grau war, die Früchte, wenn sie schon fast verfault waren. Oft war Thomas nichts anderes übrig geblieben, als den Hunden die Knochen abzujagen und an diesen zu nagen.

Die Angst vor den vielen Schlägen sass ihm noch im Nacken. Erst kürzlich hatte er entsetzt miterleben müssen, wie Paulus und ein anderer Bettelstudent seinem Kollegen Hildebrand ein Kissen ins Gesicht gedrückt und ihn furchtbar verprügelt hatten, weil er heimlich etwas von den erbettelten Dingen gegessen hatte. Der Anblick von Hildebrand, wie er mit blauem Gesicht nach Luft schnappte und kaum mehr gehen konnte, hatte bei Thomas den Entschluss reifen lassen, dem unerträglichen Zustand ein Ende zu setzen. Er hatte schon lange mit dem Gedanken gespielt fortzulaufen, aber bei der Vorstellung, vollkommen alleine durch Europa ziehen zu müssen, ohne Kameraden und ohne Paulus, war ihm stets der Mut gesunken. Er hatte sich deswegen selbst verachtet. Paulus hielt ihn sowieso für einen Schwächling, weil er klein gewachsen war für sein Alter, und hatte es ihn auch spüren lassen. Mit dem heutigen Tag wurde er nun eines Bessern belehrt.

Thomas sass zusammengekauert da, ein würgendes Angstgefühl beherrschte seinen Körper. Er wusste nicht, wohin er sich wenden sollte. Sein ganzer Mut war aufgebraucht, nachdem er die Trennung von Paulus vollzogen hatte. Er atmete tief durch und stand zögernd auf. Der einzig sinnvolle Weg würde in die Schweiz führen, heim ins Wallis. Aber da suchte Paulus ihn bestimmt. Er musste eine andere Richtung einschlagen, aber welche?

Seit sein Vater gestorben war, wurde er herumgereicht. Die Mutter hatte wieder geheiratet und war froh, ihn irgendwo unterbringen zu können. Sein Verwandter, der Bettelstudent Paulus Summermatter, hatte ihn einst mitgenommen mit dem Versprechen, ihm Lesen und Schreiben beizubringen. Damals war Thomas etwa zehn Jahre alt gewesen. Er hatte bei einem Priester gewohnt, doch statt ihn etwas zu lehren, hatte dieser ihn schrecklich misshandelt, ihn so lange an den Ohren hochgezogen, bis die Nachbarn durch die Schreie angerannt kamen und der rohen Behandlung ein Ende setzten. Thomas hatte Gott auf den Knien gedankt, als Paulus ihn dort abholen kam.

Besser war sein Leben dadurch aber nicht geworden.

In all den Jahren als Schütze des Bettelstudenten Paulus hatte er weder Lesen noch Schreiben gelernt, aber dafür jede Art von Tricks und Möglichkeiten, den Leuten Geld abzubetteln oder Gemüse, Obst, Hühner und Gänse zu stehlen.

«Thomilin, geh betteln, dir geben sie am meisten, weil du so klein bist», hiess es in jeder Stadt. Als Paulus merkte, wie geschickt Thomas im Steinwerfen war und jedes Tier gezielt treffen konnte, wurde er auch dazu verknurrt, Gänse zu stehlen. Wie oft hatte er dabei vor bellenden oder beissenden Hunden Reissaus nehmen müssen! Thomas raufte sich die Haare bei diesen Erinnerungen.

Da näherte sich polternd ein Wagen, gezogen von zwei kräftigen Ochsen. Ein Bauer sass auf dem Bock. Er schien schon frühmorgens betrunken zu sein und hiess Thomas grölend aufsitzen.

«Wohin fahrt Ihr denn?», fragte Thomas, unschlüssig, ob er das Angebot annehmen solle.

«Richtung Salzburg.» Thomas war jeder Weg recht, der von München und seinem Vetter Paulus wegführte, und so schwang er sich dankbar auf den Wagen. Der Bauer sang weiterhin lauthals seine falschen Töne, doch Thomas schien es wie die schönste Musik, je weiter ihn der Wagen von München fortführte. Jeder Stoss durch die steinige, holprige Strasse fühlte sich an wie ein wunderbares Zeichen, dass er tatsächlich fortkam von seinem Peiniger. Als ihn der Bauer nach einigen Dörfern wieder absetzte, fragte Thomas nach dem Weg nach Passau. Da würde ihn Paulus bestimmt nicht suchen. Die Städte waren ihm alle vertraut, wanderte er doch schon viele Jahre von der einen zur andern.

Nach drei Tagen lag endlich Passau vor ihm, gerade rechtzeitig vor dem Dunkelwerden. Es war nicht schwer, das Stadttor zu finden. Die mächtigen Rundtürme der Stadtmauer boten einen beeindruckenden Anblick. Im Stadtgraben quakten einige Frösche. Der Wächter war gerade dabei, die mächtigen Torflügel zu schliessen.

«Nichts da, Ihr kommt mir nicht in die Stadt hinein!», brüllte er und musterte Thomas abschätzig. «Ihr seid ein Bettler und ein Lump, solche Leute brauchen wir hier nicht.» Thomas wiederfuhr eine solche Behandlung nicht zum ersten Mal, deshalb widersprach er nicht, sondern fragte nur, welchen Weg er nach der Schweiz nehmen müsse?

«Über München.»

«Da komme ich gerade her. Gibt es keinen andern Weg?» Der Torwächter betrachtete ihn misstrauisch und wunderte sich über das schmächtige Bürschchen, das ganz alleine daherkam.

«Nun, so nehmt die Strasse über Freising, Augsburg und Ulm. Doch in die Stadt Passau kommt Ihr nicht hinein.» Thomas nickte ergeben und wandte sich ab.

An einem kleinen Bach wusch er sich Gesicht und Arme, trank viel Wasser, um den hungrigen Magen zu füllen, und wischte sich mit dem Ärmel den Mund trocken. Dann schaute er sich nach einem Nachtlager um. Dicht am Weg stand eine Eiche mit einem starken Stamm und ungeheurem Blätterdach. Doch dann entdeckte er neben einem Buchenwäldchen einen kleinen, leeren Schuppen, in den er sich verkriechen konnte. Wenigstens schützten ihn die Holzwände etwas vor dem kalten Wind.

Die rätselhaften Nachtgeräusche liessen ihn lange nicht einschlafen. Die Umgebung schien voller Leben. Es raschelte manchmal unheimlich im Laub, dann schrie plötzlich ein Käuzchen ganz in der Nähe oder es knackte ein Ast. Was, wenn Paulus plötzlich daherkäme? Ängstlich lauschte Thomas in die Dunkelheit. Er konnte sich nicht erinnern, eine Nacht vollkommen alleine verbracht zu haben. Doch er war so müde, dass er trotz der angstvollen Gedanken schliesslich einschlief.

Als am folgenden Morgen der Himmel graute, erhob er sich rasch und klopfte den Staub aus seinem Hemd. All die schweren Gedanken kehrten wieder zurück, die Angst und Unsicherheit, nun alleine auf sich gestellt einen Weg suchen zu müssen. Hatte er einen Fehler gemacht, Paulus zu verlassen? Er war ganz durchfroren, fühlte sich schwach, steif und etwas schwindlig. Wie viel bequemer wäre es, bei Paulus und den andern Bettelstudenten unterzukriechen. Doch dann dachte er an die Schläge und raffte sich auf. Jenseits der Hütte sah er eine kleine Kapelle stehen. Wann hatte er zum letzten Mal gebetet? Es konnte nicht schaden, es wieder einmal zu versuchen und um Hilfe und Beistand zu bitten.

Von innerer Unruhe getrieben und immer noch hungrig, wanderte er danach gegen Westen, Richtung Freising, wie er hoffte, und suchte verzweifelt auf den Feldern nach etwas Essbarem. Viel Ackerland lag vor ihm, das Korn spross jedoch erst zaghaft, Gemüse war noch keines angepflanzt worden, nur Unkraut und ein paar zu einem Haufen zusammengeworfene Feldsteine waren zu sehen. Es roch nach feuchter Erde. Er hob ein hübsches, leeres Schneckenhaus auf und warf es wieder zurück auf die kalten Steine. Vielleicht fand er im Wald einige frisch keimende Eicheln. Er bekam davon stets Bauchschmerzen, trotzdem ass er welche, denn der Hunger war zu gross.

Thomas marschierte an einer Gruppe von Pilgern vorbei, die teilweise humpelnd dem Gnadenbild der schwarzen Mutter Gottes von Altötting zustrebten. Es war ein bestechender Gedanke, dass Maria helfen und ihm ein Leben ohne Hunger und Angst bescheren könnte. Doch Thomas hatte bis anhin die Erfahrung gemacht, dass solche Wünsche und Gebete nicht in Erfüllung gingen – nicht für ihn. Nirgends war Hilfe zu erwarten, er hatte zäh und unverdrossen seinen Weg selbst zu gehen und sich nicht unterkriegen zu lassen, auch wenn sich alles gegen ihn verschworen hatte. Es würde auch jetzt weitergehen, so wie immer.

Lange wanderte er in der gleichen Himmelsrichtung und erreichte schliesslich müde und ermattet nach ein paar Tagen Freising. Doch gleich in der ersten Gasse traf er einen Kollegen, welcher ihm zuflüsterte:

«Dein Paulus ist hier und sucht dich. Mach, dass du wegkommst.» Thomas erschrak. Paulus war ihm auf den Fersen! Er lief davon, als ob der Teufel hinter ihm her wäre. Unvorstellbar, mit welchen Schlägen er rechnen müsste, wenn Paulus ihn erwischte. Die Bettelstudenten waren stets ängstlich darauf bedacht, ihre Schützen nicht zu verlieren, denn ihr gutes Leben fand sonst ein Ende.

«Ich bin doch kein Verbrecher, der fliehen muss», murmelte Thomas schliesslich trotzig und begann, langsamer zu gehen, «Paulus pflegt immer mehrere Tage an einem Ort zu verweilen, er wird mir nicht so rasch folgen», versuchte er sich Mut zu machen. In einigen Tagen müsste er Ulm erreichen können. Dort hatte er einmal bei einer sehr netten Sattlerin gewohnt. Sie hatte ihm die eiskalten Füsse mit einem Stück Pelz umwickelt und ihm eine Schüssel voll Haferbrei gereicht. Daran erinnerte er sich oft und gern. Er hoffte, dass sie noch lebte und er wieder bei ihr unterschlüpfen konnte.

Als er Ulm schliesslich erreichte, stellte er zuerst einmal fest, dass am Münster immer noch gebaut wurde. Die Dimensionen beeindruckten ihn sehr. Ob der geplante hohe Turm wirklich vollendet werden konnte? Immerhin reichte er schon recht hoch hinauf. Thomas legte den Kopf in den Nacken und betrachtete staunend die grossartige Arbeit der Steinmetze. Nebenan wurde gehämmert und geklopft, zudem priesen zwei Händler auf dem Platz schreiend irgendwelche Waren an, einer lauter als der andere. Ein Hund kläffte dazu. Thomas näherte sich in der Hoffnung, etwas Essbares ergattern zu können. Der eine war ein Gemüsehändler. Thomas lief beim Anblick der Ware das Wasser im Mund zusammen. Demütig bittend fragte er nach einer milden Gabe. Der Händler beachtete ihn kaum und schob ihm wortlos einen schrumpeligen Apfel zu. Thomas dankte und biss sofort hinein. Was für ein neues Gefühl, gleich essen zu können, was er erbettelt hatte!

«Ich muss rasch weiter, Paulus kann jeden Tag hier eintreffen», sprach er laut vor sich hin und lief durch die Gassen. Er fand die Sattlerin, die ihm auch diesmal wieder einen Brei vorsetzte. Seine erste warme Mahlzeit seit

Tagen. Er schlang ihn hinunter, schlief in dieser Nacht tief und fest und machte sich am Morgen frisch gestärkt auf den Weg Richtung Konstanz.

Der Bodensee erschien weit vor ihm ausgebreitet, als Thomas das flache Ufer erreichte. Ein milchig schimmernder Dunst lag über dem Wasser. Ein paar Enten bevölkerten das Ufer, irgendwo schrie eine Möwe. Thomas blieb einen Moment aufatmend stehen. Am Ufer gegenüber erstreckte sich die Schweiz, ihr galt sein Sinnen und Streben, seit er Paulus verlassen hatte.

Die behaglichen Häuser in den Gassen von Konstanz lockten zum Verweilen. Einen Moment lang war er unschlüssig, ob er hier Station machen sollte. Eine Nacht wollte er hier verweilen. Er drückte sich durch die Menge der Menschen und hoffte, dass ihn niemand bemerkte. Er schämte sich in seinem zerrissenen Hemd und den schmutzigen Strümpfen, die er nicht waschen konnte, weil es seine einzigen waren. Doch die Leute waren es gewohnt, fahrendes Volk und armselige Gesellen in den Strassen zu sehen, oder verarmte Pilger auf dem Weg nach Santiago de Compostela. In einer Pilgerherberge fand er Unterschlupf. Man beachtete ihn kaum. Darüber war er froh, denn Paulus durfte auf keinen Fall erfahren, dass er hier durchgekommen war.

Als er am folgenden Morgen zusammen mit ein paar Jakobspilgern die hölzerne Brücke nach Kreuzlingen überquerte und die ersten Schweizer Bauernhäuser erblickte, war er erleichtert und glücklich. Die Hügelketten und Bergspitzen versteckten sich zwar in den Wolken, aber er sah die Dächer von kleinen Dörfern und wusste, nun war er in der Schweiz angekommen. Es schien ihm gesegneter Boden zu sein, und es war ihm fast feierlich zumute, als er weiter wanderte. Nun war er seinem Ziel schon viel näher. Er ergötzte sich am üppigen Grün der vielen Weiden, hin und wieder dunklem Tannengehölz oder Laubwäldern und an sauberen Höfen mit hölzernen Tränken und stattlichem Vieh. Hier konnte er damit rechnen, verköstigt zu werden, zumal er mit den Pilgern auf dem Jakobsweg wanderte. Deren Ziel war zunächst Einsiedeln, Thomas hingegen wollte am Zürichsee den Weg zur Stadt nehmen.

Zum ersten Mal, seit er sich von Paulus getrennt hatte, konnte Thomas seine Wanderung wieder geniessen. Er sah die Wälder und Felder fast in verklärtem Licht, das Schauen war ihm in den trüben Zeiten abhandengekommen. Doch jetzt, mit einem klaren Ziel vor Augen, staunte er über das satte Grün und die bunten Blumen, er hörte die Vögel zwitschern und das Rauschen des Windes in den Tannen. Von einer Hügelkuppe aus sah er über eine endlose Flucht von Feldern und Wäldern, die letzten Bergrücken verschmolzen im bläulichen Dunst, und hin und wieder schmiegte sich ein Bauerndorf in die Mulde eines Tals. Von der Stadt Zürich war nichts zu sehen, trotzdem hoffte er, bald einmal dort einzutreffen und jemanden zu finden, der ihn unterrichten konnte. Ohne Lesen und Schreiben gelernt zu haben, wollte er nicht in sein Heimatdorf zurückkehren.

Sinnend blieb er einen Moment stehen und betrachtete ein paar grasende Ziegen. Wie lange war es her, seit er Ziegen gehütet hatte! Er war damals kaum sieben Jahre alt gewesen und die vielen Ziegen waren grösser und stärker als er. Er war schon immer von schmächtiger Gestalt gewesen.

«Wollt Ihr eine kaufen?», fragte eine heisere Stimme neben ihm und ein kleingewachsener Bauer mit einem faltenreichen Gesicht und listigen Augen musterte ihn kritisch.

«Nein, nein. Ich dachte nur gerade an früher, als ich achtzig Ziegen hüten musste. Sie stiessen mich achtlos zur Seite, sobald ich die Stalltür öffnete, und wenn ich nicht rasch genug auf die Seite sprang, rannten sie über mich hinweg, traten mir auf den Kopf und den Rücken. Die Schmerzen vergesse ich nie!» Der Bauer nickte bedächtig.

«Ja, ja, Ziegen wissen genau, dass der Mensch hinten keine Augen hat.»

«Ich war keine sieben Jahre alt damals und die Tiere meist grösser als ich. Doch ich hatte wenigstens im Hirtenkörbchen etwas Brot und Käse», murmelte Thomas leise vor sich hin, «seither habe ich immer nur gehungert.» Der Bauer betrachtete ihn argwöhnisch von der Seite.

«Ihr scheint nichts Rechtes gelernt zu haben. Wer arbeiten will, der hat immer etwas zu essen.» Thomas schüttelte den Kopf.

«Manchmal will es das Schicksal anders. Ich habe jahrelang mit einem Bettelstudenten durch Europa ziehen müssen. Aber nun will ich etwas ändern.» Innerlich zog es ihn ins Wallis in die Berge. Laut aber sagte er: «Ich will nicht heim, bevor ich nicht lesen und schreiben kann. Sie würden im Wallis nicht verstehen, dass ich nach sieben Jahren nichts gelernt habe.» Der Bauer schwieg, doch dann zog er aus seiner Tasche ein Stück Brot.

«Hier, damit Euer Entschluss nicht gleich wieder ins Wanken gerät.» Thomas schaute ihn dankbar an. Die Schweiz meinte es gut mit ihm.

Nach ein paar Tagen kam er durch Wiesen und kleine Wäldchen gegen den weiten Zürichsee herabgeschritten. Er entdeckte einige Fischer am Seeufer, dazu ein paar Boote. Ein Bussard pfiff hoch in der Luft. Thomas blickte zu ihm hoch und deutete es als gutes Zeichen. Er verabschiedete sich von der Pilgergruppe und wanderte nun dem See entlang der Stadt entgegen.

Kaum hatte er die Stadt Zürich betreten und sich nach einer Übernachtungsmöglichkeit umgesehen, traf er ausgerechnet auf einen Walliser. Er war schmutzig und seine Kleider stanken. Trotzdem freute sich Thomas über die Begegnung, denn die vertraute Sprache wärmte ihm das Herz.

«Ich heisse Thomas Platter und komme auch aus dem Wallis, aus Grächen», rief er erfreut, «ich will hier Lesen und Schreiben lernen.»

«Und ich bin aus Visp und heisse Antonius Venetz. Man ruft mich Toni.»

«Und mich Thomilin».

Sie entdeckten eine schmutzige Bleibe in einem halb leeren Schopf und versuchten nun jemanden zu finden, der ihnen Unterricht geben würde. Vergeblich.

«Es sieht nicht so aus, als ob jemand gewillt wäre, uns zu lehren. Ohne Geld ist nichts zu erreichen.»

«Komm mit mir nach Strassburg, Thomilin. Dort lehrt man auch arme Schüler, hat mir heute jemand erzählt.» Der Gedanke, dass Paulus ihn eher in Zürich als in Strassburg suchen würde, liess Thomas den Vorschlag überdenken. Er beschloss, die Gelegenheit beim Schopf zu packen.

Gemeinsam machten sie sich auf den Weg. Thomas gefiel der struppige Flegel Toni, obwohl er das schrille Gelächter nicht schätzte, mit dem er jeweils seine Erzählungen schmückte. Doch auf jeden Fall war man zu zweit stärker und hatte weniger zu befürchten auf der Reise. Es gab viel zu erzählen, manchmal liefen sie auch nur schweigend nebeneinander her, jeder in seine Gedanken versunken.

«Daheim erwarten alle, dass ich Priester werde», nahm Thomas das Gespräch wieder auf. Antonius schaute überrascht hoch und kicherte.

«Ausgerechnet Priester! Wie kommt man denn darauf?»

«Weil bei meiner Geburt gerade die Glocken zur Messe läuteten. Alle sagten, das sei ein Zeichen.»

«Ein Zeichen? Damit ist es nicht gemacht. Ohne das Lesen und Schreiben zu beherrschen, wirst du kaum Priester werden können», spottete der Kamerad und Thomas stimmte in sein Lachen mit ein.

Nach einigen Tagen erreichten sie bei anbrechender Dunkelheit Strassburg und schritten durch das Tor in die wohlhabende, schön gebaute Stadt. Erwartungsvoll fragten sie sich durch, merkten aber bald, dass die Gassen voll von armen Schülern waren. Die Schule sei nicht zu empfehlen, wurde ihnen berichtet. Ausserdem habe es so viele Anwärter, dass man nur solche aufnehme, die bezahlen könnten. Man riet, sie sollten nach Schlettstadt ziehen, dort gebe es seit Kurzem eine Schule für arme Leute. Toni hockte sich verzweifelt auf den Boden.

«Ach Thomilin. All meine Hoffnung habe ich auf Strassburg gesetzt, und jetzt das!» Doch Thomas war durch die vielen Wechsel in seinem Vagabundenleben abgehärtet.

«Wir lassen uns nicht unterkriegen, Toni», meinte Thomas aufmunternd, «Schlettstadt liegt in der Nähe und die Lateinschule ist berühmt. Wenn wir dort unterschlüpfen könnten, wäre es ein Erfolg. Wir werden uns bestimmt beide ernähren können. Ich habe in den vergangenen sieben Jahren nichts anderes getan, als zu betteln und etwas zu ergattern.»

«Zu stehlen meinst du wohl. Und du sollst Priester werden!» Thomas ging nicht darauf ein.

Während sie zusammen staunend vor der Fassade des Strassburger Münsters standen und über den Reichtum der steinernen Verzierungen staunten, plagte sie immer noch die Ungewissheit, wie es weitergehen sollte. Thomas wusste, dass er erst nach Hause gehen wollte, wenn er sein Ziel erreicht hatte, dieser Gedanke beflügelte ihn.

«Los, komm! Man hat mir gesagt, der Fluss Ill fliesse durchs ganze Elsass und wir bräuchten ihm nur zu folgen und gelangten bald nach Schlettstadt.»

Sie kamen gut voran, es war ein abwechslungsreiches Gehen. In der Rheinebene wehte ein lauer Wind. Einige silberne Weiden und straff stehende Erlen säumten die Ufer des kleinen Flusses Ill. Im Wasser spiegelte sich der blaue Himmel, Mücken tanzten in der Sonne, einige Störche stolzierten auf den Wiesen umher. Der mattgoldene Herbst hatte noch nicht Einzug gehalten, doch die Vögel begannen sich bereits zusammenzuscharen. Die Obstbäume hingen voller Früchte und boten willkommene Nahrung.

Lange Schatten fielen über die Wiesen, als sie am folgenden Tag das Stadttor von Schlettstadt erreichten. Zwei grosse Kirchen dominierten das Stadtbild. Vor allem die alte Kirche Sainte-Foy mit den Gebeinen der

Heiligen Fides beeindruckte Thomas, während Antonius die leuchtenden Fenster der Kathedrale besonders beglückten. Nach einigem Suchen fanden sie ein altes Ehepaar, das um etwas Hilfe froh war, denn der Mann war blind. Es betraf alles Arbeiten, die von den beiden jungen, kräftigen Burschen leicht zu bewältigen waren, wie Wasser holen, Holz hacken und Feuer machen. Damit hatten sie eine Bleibe gefunden und konnten sich nun darum kümmern, zur Schule zu gehen. Mit grosser Neugier und Begeisterung begaben sie sich in ihre erste Schulstunde.

«Ach Toni, ich komme mir vor wie eine Henne unter lauter Küken», meinte Thomas nach dem ersten Tag, «alle andern Schüler sind viel jünger und kleiner als wir.»

«Ja, wir fallen auf. Ich war ebenfalls erstaunt, einen so jungen Lehrer vorzufinden, er scheint kaum viel älter als wir. Trotzdem bin ich zum ersten Mal zuversichtlich, dass noch etwas aus mir wird. Eigenes Geld verdienen, anständige Kleider tragen – das wäre mein Traum.»

«Es ist auch mein ehrlicher Wunsch und Wille, rasch vorwärtszukommen. Nur der regelmässige Schulunterricht macht mir etwas Mühe, ich habe verlernt, ein geregeltes Leben zu führen.»

Die Monate von Herbst bis Pfingsten blieb er in Schlettstadt, dann zog es Thomas in die Heimat zurück. Lesen und Schreiben beherrschte er nun sowie

Anfänge in Latein. Er verabschiedete sich mit gemischten Gefühlen von Toni und dem alten Ehepaar. Er hatte länger nicht mehr an einem Ort wohnen können, es war ihm fast zu einer Art Heimat geworden.

«Mein Bettelstudent Paulus hat sich nirgends mehr blicken lassen, deshalb hoffe ich, nun unbehelligt ins Wallis zu gelangen.»

«Grüsse mir mein Wallis! Vielleicht treffen wir uns ja wieder einmal...»

Je näher Thomas den Alpen kam, desto mehr klopfte sein Herz. Das Hochsteigen auf den Bergpfaden bereitete ihm keine Mühe, denn er trug sogar eine Art Schuhe an den Füssen, Lederreste, die er mit Schnüren am Knöchel festgebunden hatte. Über seine dunkelblonde Lockenpracht hatte er einen braunen Hut gestülpt, der ihn vor den Sonnenstrahlen schützte. Überall sah er Kühe auf den Weiden. Ein Wärmeeinbruch hatte den Schnee bis auf ein paar wenige Flecken weggeschmolzen. Der Geruch der Matten und der Landwirtschaft weckten Erinnerungen an Tage, die längst versunken schienen. Thomas spürte, dass die lang vermissten Berge, Bäume und Wiesen ihm viel zu sagen hatten. Während er langsam nach Grächen emporstieg, fühlte er, wie ein Teil seiner Jugendzeit wieder erwachte. Wehmütige aber auch schmerzvolle Erinnerungen stürmten auf ihn ein. Die sonderbaren Gefühle machten ihm das Atmen schwer. Bei jedem Schritt wurde er an seine

Erlebnisse erinnert, an das Ziegen- und Kühe hüten, die Angst, nicht genügen zu können, die furchtbar kalten Wintertage, die vielen Schläge, die brutale Behandlung beim geistlichen Herrn, der ihm Lesen und Schreiben hätte beibringen sollen. Ihm fiel wieder ein, wie er einst in den Bergen beim Ziegenhüten abgestürzt und wie durch ein Wunder heil geblieben war. Doch es schien Thomas, als ob die Natur alle Übel der vergangenen Jahre zudecken und vergessen machen wollte. Die kühle Bergluft, die strahlend weissen Berggipfel und die Blumen und Gräser in den Wiesen wirkten auf ihn wie ein zärtlicher Gruss aus längst vergangener Zeit. Er sog den Geruch der Fichten ein und spürte gleichzeitig, wie die Erinnerung in ihm hochstiegen, an Kindertage, bei denen er sich trotz allem frei und leicht gefühlt hatte.

Der trockene Empfang seiner Mutter holte ihn in die Gegenwart zurück.

«Hat dich der Teufel wieder hergetragen, Thomilin?», fragte sie, wischte ihre Hände am Schurztuch ab und musterte ihn kritisch. Thomas schaute betroffen. Er hatte gehofft, sie würde sich freuen, ihn wiederzusehen, nun musste er merken, wie derb sie sein konnte. In ihrer Nähe empfand er fast ein wenig Scheu. Es war eine fremde Person für ihn.

«Nein, Mutter, meine Füsse. Aber ich werde Euch nicht lange lästig fallen.»

«Du bist mir nicht lästig, aber es verdriesst mich, dass du so schlampig daherkommst. Ich hatte mir mehr erhofft.»

«Ich weiss, Ihr wolltet, dass ich Priester werde.»

«Nein Thomilin, vielleicht die andern, aber ich nicht. Ich bin nicht gläubig genug, dass ich einen Priester als Sohn haben kann.»

«Vorläufig steht gar nicht zur Debatte, ob ich Priester werde oder nicht. Ich habe sieben Jahre lang für Paulus gebettelt und bin meist hungrig und schlotternd ins Heu gekrochen. Vor einem Jahr habe ich Paulus schliesslich verlassen, denn er hat mir nichts beigebracht. Es war auch sonst nicht einfach mit ihm», schloss er matt. Wozu der Mutter schildern, was er mitgemacht hatte? Es waren nichtssagende Dinge, wenn man von ihnen redete, aber sie waren schwer und drückend, wenn man sie erleben musste.

Sie betrachtete ihn schweigend, sah seine ausgemergelte Gestalt und dachte bei sich, dass er wohl recht getan hatte zu gehen. Wie alt war er jetzt? Sie begann zu rechnen.

«Ich meine, du bist jetzt achtzehn Jahre alt, und du kannst weder lesen noch schreiben?», fragte sie ungläubig.

«Ich habe es nachgeholt, als ich von Paulus wegging, und es hat mir eine ganz neue Welt erschlossen. Ich bin noch nicht so weit, etwas wirklich Wertvolles zu leisten, deshalb suche ich mir eine Bleibe in Zürich und werde weiter zur Schule gehen.»

Thomas verweilte nicht lange im Wallis. Zürich lockte ihn, um weiter zu studieren. Er hoffte, dass sich die

Voraussetzungen geändert hätten. Seit seinem letzten Besuch war die Stadt von einer schrecklichen Pestepidemie heimgesucht worden, welcher über ein Viertel aller Einwohner zum Opfer gefallen waren. Die Epidemie war verklungen, und der berühmte Zwingli hatte unterdessen sein Amt als Pfarrer, als sogenannter Leutpriester im Grossmünster angetreten. Die Reformationsbestrebungen waren in vollem Gange.

Es brodelte in Zürich. Dank dem Buchdruck verbreiteten sich Luthers Schriften überall. Der Papst allerdings forderte dazu auf, sie zu verbrennen. Selbst die Leute auf der Strasse redeten über die Geschehnisse. Ketzerisch, papistisch, reformiert waren Begriffe, die ständig gebraucht wurden. Sie wirkten auf Thomas fast wie Beschwörungsformeln.

Er hatte Glück und fand nicht nur eine Unterkunft, sondern auch eine Verdienstmöglichkeit als Kustos (Helfer) des Schulmeisters Myconius[1]. Als Kustos hatte er aushilfsweise Schüler zu unterrichten, aber auch verschiedene andere Aufgaben zu erfüllen, wie zum Beispiel für das Heizen der Räume besorgt zu sein. Daneben ging er selbst bei Myconius zur Schule und studierte fleissig Latein und Griechisch, vor allem

---

[1] Oswald Geisshüsler, von Erasmus einst scherzhaft Myconius genannt (Glatzkopf). Diesen Namen behielt er bei.

nachts. Mit der Hilfe eines Mitbewohners erhielt er sogar die Möglichkeit, Hebräisch zu lernen.

Nach einigen Wochen betrachtete ihn Myconius wohlwollend, aber etwas besorgt.

«Thomilin, überarbeite dich nicht. Dein verbissener Eifer macht dich sonst noch krank. Du lernst ja die halbe Nacht, das ist ungesund. Anni, unsere Magd hat es mir berichtet.»

«Ich denke, es ist nötig. Es braucht Männer, die die alten Sprachen verstehen, Zwingli ist auf Unterstützung dringend angewiesen.» Ein Kostgänger, der mit ihnen am Tisch sass, mischte sich ein:

«Richtig! Es braucht Leute, die die Schrift kennen. Das haben wir kürzlich während der Fastenzeit beim Buchdrucker Froschauer bemerkt. Wir haben ein Wurstessen abgehalten», berichtete er stolz, «es waren dünne Scheiben von gut gelagerten, scharfen Rauchwürsten. Stellt Euch das vor: Würste mitten in der Fastenzeit! Auch Zwingli war anwesend.» Thomas und Myconius kannten diese Geschichte längst, war sie doch in aller Munde. Der Redner war jedoch nicht zu bremsen. «Es gab danach einen harten Disput mit Priestern des Bischofs von Konstanz, der ja für Zürich verantwortlich ist. Und genau für solche Diskussionen brauchen wir belesene Männer.» Thomas nickte wohlwollend, und Myconius ergänzte:

«Vergangene Woche folgte ein weiterer Disput mit den Priestern und dem Grossen Rat. Zwingli erklärte, dass die Bibel das Mass der Dinge sei und verteidigte nicht nur das Übertreten des Fastengebots, weil es dort nirgends erwähnt werde, sondern sprach auch gleich noch über die Aufhebung des Zölibats. Und der Rat stellte sich hinter ihn – ich glaube, damit verhilft er der Reformation zum Durchbruch. Wir erleben grosse Tage!»

«Ihr meint, Zwingli konnte sich durchsetzen?»

«Ja, er überzeugte die Regierung, indem er die Bibel zitierte. Es war ein unbeschreibliches Hochgefühl.»

«Jetzt will er noch die Heiligenfiguren entfernen lassen», fügte der Kostgänger begeistert hinzu, «und auch keine Orgelmusik mehr in den Kirchen. Ausschliesslich die Worte der Heiligen Schrift sollen im Zentrum stehen. Aber es wird wohl noch einige Zeit dauern, bis es alle schlucken.» Thomas dachte an seine Leute im Wallis und konnte sich nicht vorstellen, dass man dort solche Änderungen akzeptieren würde. Die Heiligenfiguren entfernen? Unmöglich. Sie waren allgegenwärtig. Aber vielleicht war es hier anders?

2. Kapitel

Ein Dunstschleier hing über den Dächern und Kirchtürmen der Stadt Zürich und rückte die Berge in zarte Ferne. Die Luft roch nach dem Regen der vergangenen Nacht. Der Platz vor dem Fraumünster begann sich langsam zu beleben. Ein Karren rumpelte über das holprige Pflaster, so dass ein paar Hühner erschrocken zur Seite stoben. Die ersten Mägde liefen zum Brunnen, vorsichtig die zahlreichen Wasserlachen umgehend, die sich gebildet hatten.

Unter ihnen befand sich auch die Magd Anna Dietschi, welche sich stets früh auf den Weg machte, sobald der Morgen dämmerte. Seit sieben Jahren diente sie bei Schulmeister Myconius und seiner Frau. Anna war das Arbeiten von klein auf gewohnt, denn sie hatte früh ihre Eltern verloren und war in ihrem Leben nie verwöhnt worden. Von den Verwandten, bei denen sie untergekommen war, wurde sie gleich zum Schaffen angehalten. Auch jetzt verdiente sie mit harter Arbeit ihr Geld. Viel war es trotzdem nicht. Die Kleider nähte sie sich selbst und den Stoff dazu verfertigte sie ebenfalls mit ihren eigenen Händen. Aber sie hatte ein Dach über dem Kopf, etwas zu Essen und Meistersleute, die es gut mit ihr meinten.

Anna lief mit dem Wassereimer durch die Gasse. Sie war keine Schönheit, niemand blickte ihr nach. Mit der

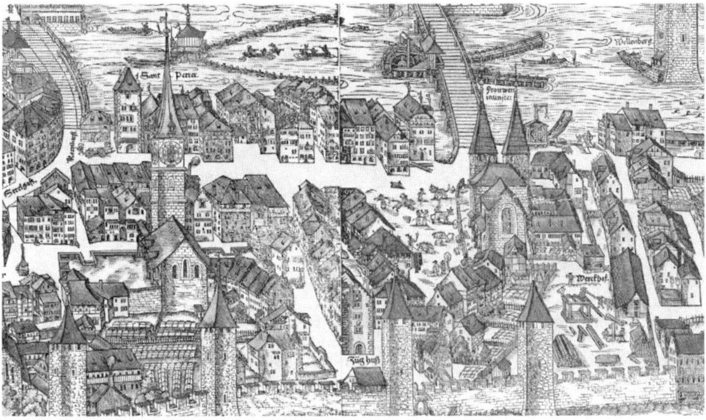

Zürich im 16. Jahrhundert: St. Peter (links), Münsterhof und Fraumünster (rechts)

hellen Bluse und ihrem braunen, groben Rock, der mit einem sauberen Schurztuch geschützt wurde, sah sie aus wie jede andere Dienstmagd auch. Braune Haare umrahmten ihr ovales Gesicht. Der etwas breite Mund verzog sich selten zu einem Lachen, denn viel zu lachen gab es nicht. Ihre braunen Augen blickten an diesem Morgen mit einer Mischung aus Müdigkeit und Entschlossenheit umher. Anna hatte wieder einmal die halbe Nacht in der Stube verbracht und Flachs gesponnen. Am nächsten Feiertag wollte sie Garn verkaufen. Es wurde gut bezahlt, denn sie war eine ausgezeichnete Spinnerin.

Die andern Mägde spotteten oft über ihre wortkarge, zurückhaltende Art, auch an diesem Morgen.

«Lächle doch mal, Anni, sonst wirst du nie einen Mann bekommen. Wenn du die Männer nicht ein wenig umgarnst, bemerken sie dich nicht», rief die junge Rosa und tänzelte in ihren Holzschuhen um den achteckigen Brunnentrog herum. Anna betrachtete sie staunend. Sie hätte sich nie so bewegen können.

«Lass gut sein, Rosa. Bei Anni tauchen ja immer wieder Kostgänger auf, junge Männer, die von Schulmeister Myconius unterrichtet werden», versuchte die Magd Lisa zu vermitteln.

«Ach, das sind die Falschen! Lauter Studierte, die uns Mägde gar nicht wahrnehmen.» Anna nickte bestätigend.

«Das stimmt. Bis jetzt nahm mich keiner von ihnen zur Kenntnis, höchstens das, was ich gekocht habe.»

«Das Essen ist der erste Schritt. Jetzt müsstest du den Mannen nur noch schöne Augen machen.» Anna hob den Kopf und funkelte Rosa erbost an.

«Ich bin doch keine Hure! Eine anständige Frau schlägt die Augen sittsam nieder.» Rosa zuckte überlegen mit der Schulter, zupfte ihre Bluse zurecht, setzte sich den Eimer auf den Kopf und wandte sich zum Gehen.

«Wenn du meinst …», lachte sie spöttisch und machte sich auf den Weg.

«Lass dich von ihr nicht beeindrucken, Anni. Sie ist jung, sie hat noch wenig Erfahrung. Es würde mich gar nicht wundern, wenn sie eines Tages mit einem Balg dastünde, so wie sie sich benimmt.»

In Gedanken versunken machte sich Anna auf den Rückweg. Der Brunnen war zum Glück nicht weit entfernt vom Haus, darüber war sie vor allem im Winter sehr froh. Vor der Haustür stand Thomas Platter und war mit einem untersetzten Mann in ein ernstes Gespräch vertieft. Anna grüsste leise. Durch Rosas Worte angestachelt, beachtete sie die beiden Herren mehr als sonst. Der eine war ein bärtiger Mann mit trüben Augen, recht elegant gekleidet und mit einem beachtlichen Bauchumfang.

Der ist alt und sicher griesgrämig, dachte Anna und warf nun einen kurzen, scheuen Blick auf Thomas Platter. Seine karge Gestalt in dem schlichten, mehrfach geflickten Wams zeigte ihr, dass er immer noch in

Armut lebte. Anna kannte ihn schon länger, denn er war einige Zeit Helfer bei Myconius gewesen, erinnerte sie sich. Sie waren oft halbe Nächte zusammen in der spärlich erleuchteten Stube gesessen. Während sie fleissig am Spinnen war, hatte er studiert und geschrieben. Ohne dass der Besitzer es wusste, hatte Thomas heimlich ein Heft in hebräischer Sprache abgeschrieben, erinnerte sich Anna. Es gehörte dem Gelehrten Bibliander, der ebenfalls Kostgänger bei ihnen war, ging es ihr durch den Kopf. Platter war so vertieft in seine Studien, dass er sie gar nicht beachtete. Er nahm stets Wasser oder Sand in den Mund, um nicht einzuschlafen vor Müdigkeit. Doch dann zog er fort und blieb lange weg, doch jetzt schien er sich wieder in Zürich aufzuhalten. Sie lächelte zum ersten Mal an diesem Tag und schob eine vorwitzige Haarsträhne aus dem Gesicht.

Da begann die Glocke des Grossmünsters den Morgen einzuläuten.

«Höchste Zeit, den Brei zu wärmen», murmelte Anna erschrocken. Die Glocken waren in ihrem täglichem Leben die trauten Stimmen, die mit ihren Tönen den Morgen und Abend, Trauer, Freude und Gefahren verkündeten. Eilig öffnete sie die Haustür, die ein wenig klemmte, schritt zur dunklen Küche und stellte ihren Wassereimer auf den Boden. Es roch nach Rauch. Die Glut in der russgeschwärzten Herdstelle war nur noch ein glimmender Punkt. Anna beeilte sich, das Feuer wieder anzufachen. Sie legte Holz auf und blies vorsichtig in die Glut. Sie musste möglichst rasch den Frühstücksbrei wärmen können. Als das Feuer brannte, wischte sie zufrieden die Hände an der Schürze ab und angelte den Kochtopf mit dem am Vortag gekochten Haferbrei vom Brett und stellte ihn auf die Herdstelle, mischte etwas Wasser darunter und begann eifrig zu rühren. Schliesslich fügte sie noch ein wenig Honig bei.

Die ersten Kostgänger erschienen und setzten sich an den langen Holztisch, die meisten etwas schlaftrunken und wenig gesprächig. Anna kannte diese Morgenstimmung, seit sie ein kleines Kind war. An ihre Eltern erinnerte sie sich nicht mehr, denn sie waren beide an der Pest gestorben, als sie noch in der Wiege lag. Aber die Familie ihrer Tante, die sie als Waise aufgenommen hatte, blieb ihr unvergessen. Selten war ihr ein gutes Wort gegönnt worden, schon gar nicht am frühen Morgen. Im Gegenteil. Es schien, als ob die mürrischen Leute frühmorgens stets ihren Unmut an ihr auslassen wollten. Nichts konnte sie ihnen recht machen. Als kleines Mädchen hatte sie nicht rasch genug bei den Hühnern die Eier holen oder die Milch aus dem Stall herbringen können. Sie erinnerte sich mit Schaudern an die beiden knurrenden Hunde, die sich ihr jeweils in den Weg gestellt hatten. Einmal war ihr vor Schreck der Milchkrug auf den Boden gefallen. Die Schläge, die sie damals erhalten hatte, würde sie nie vergessen. Behutsam war man so oder so nicht mit ihr umgegangen. Sie bekam zu essen, aber nie ein Wort des Lobes oder gar eine Geste der Liebe. Es war selbstverständlich, dass sie das schwere Holz oder den grossen Wasserkessel hereinschleppte, die Stube scheuerte oder die vielen Rüben schälte. Oft schlug die Tante auf den Tisch und schmetterte wütend einen Teller ins Feuer, manchmal erhielt Anna zur Strafe kein Frühstück, aber sie war es gewohnt, mit wenig Essen auszukommen, blieb dünn, hager und verschlossen. Wenn der Hunger zu stark wurde, begann sie zu singen. Das half.

Sie hatte von morgens bis spät am Abend zu dienen, Kranke zu pflegen, Nachttöpfe zu leeren und Bettwäsche zu reinigen, und sie musste für alle das Essen kochen. Meist gab es Reklamationen. Der Brei war entweder zu dünn oder zu dick, zu kalt oder zu heiss oder schmeckte gar angebrannt. Anna hörte die nörgelnden Stimmen kaum mehr. Sie erhielt nicht häufiger Schläge als die andern Kinder in der Familie, nur weniger Liebe. Zudem wusste sie stets, dass sie nicht dazugehörte, sondern nur geduldet war. Sie fühlte sich oft sehr allein und bedauerte zutiefst, keine Familie zu haben, nirgends eingebettet zu sein. Sie hatte es jedoch viel besser getroffen als andere Waisen, das wurde ihr bald einmal bewusst, als sie am Brunnen beim Wasserholen mit ihnen zusammentraf. Viele lungerten auf der Strasse herum und lebten vom Betteln, schliefen an den unmöglichsten Orten, und ihre Haare waren verfilzt und die Kleider löchrig und schmutzig.

Am heutigen Morgen fiel ihr der Satz von Rosa wieder ein: «Du musst den Männern schöne Augen machen», und es kam ihr wie ein Hohn vor. Sie hatte bestimmt keine Lust, den schlecht gelaunten Kostgängern hier am Tisch schöne Augen zu machen. Trotzdem musterte sie sie genauer als sonst.

Da trat Meister Myconius mit seiner Frau in die Küche ein, zusammen mit Thomas Platter. Sie setzten sich zu den andern an den Tisch. Myconius zog die schwarze Gelehrtenkappe vom Kopf und sprach mit seiner tiefen, warmen Stimme das Tischgebet. Anna mochte ihn, auch wenn er manchmal wunderlich, sehr pedantisch und oft jähzornig war. Sie hatte in den sieben Jahren, in denen sie bei ihm im Haushalt tätig war, auch seine empfindsame Seite kennengelernt, und ebenso bemerkt, dass er ziemlich ängstlich sein konnte. Er besass einen gesunden Menschenverstand und war ein leidenschaftlicher Anhänger der neuen Ideen. Er verfolgte sein Ziel ohne grosse Worte, aber hartnäckig. Die wütenden Predigten der Mönche liessen ihn kalt, die Worte Zwinglis hingegen sog er auf, und er unterstützte ihn soweit als möglich. Am wenigsten schätzte Anna seine aufbrausende Art. Sie zeigte sich vor allem bei Diskussionen. Dann strich er voll Ungeduld mit den Händen mehrmals durch seinen wallenden braunen Bart und seine grossen Augen glitzerten erregt.

Auch an diesem Morgen dauerte es nicht lange und man war mitten in langen Reden über den wahren Glauben und das Papsttum.

Myconius. Fotografie des Originals in der Aula des Naturhistorischen Museums Basel

«Ich bin sicher, die Erde dreht sich um die Sonne, genauso wie die andern Planeten, auch wenn man in Rom daran festhält, dass sich das Universum um die Erde dreht», rief einer der Kostgänger mit leuchtenden Augen.

«Ihr habt recht. Wenn man lange und viel reist, ist es offensichtlich», ergänzte ein anderer. Anna war er schon mehrmals aufgefallen durch seine buschigen Augenbrauen, sein soldatisches Gebaren und seine scharfe Stimme.

«Ich kann verstehen, dass der Papst das nicht wahrhaben möchte. Rom ist damit nicht mehr der Mittelpunkt vom Ganzen, sondern nur ein unscheinbarer Fleck im grossen Universum», hörte sie Thomas Platter sagen.

«Der Mittelpunkt für uns ist und bleibt der Herr, unser Gott», erklärte Myconius mit klarer Stimme. Immer, wenn er seine Stimme erhob, entstand sofort ehrfurchtsvolle Stille, stellte Anna fest. Myconius wandte sich an Thomas:

«Und du bist wieder in Zürich, wie ich sehe. Ich nehme an, du bist mit deinem Seilermeister nach Kappel in den Krieg gezogen? Da wirst du wohl froh sein über den friedlichen Ausgang.»

«Ja, ganz im Gegensatz zu meinem Meister Stähelin. Er hat auf ein handfestes Gefecht gehofft. Die Kappeler Milchsuppe schmeckte ihm gar nicht. Er ist in Basel berüchtigt wegen seines Jähzorns. Kein Lehrling hält es bei ihm aus.»

«Du aber schon, Thomilin?» Anna bemerkte, wie Myconius den altvertrauten Namen benutzte, obwohl Thomas unterdessen schon bald dreissig Jahre alt sein musste.

«Nun ja, ich war froh, bei ihm das Seilerhandwerk lernen zu können. Ich hatte es ja hier in Zürich angefangen. Mit einem kleinen Erbe hatte ich einen Zentner Hanf gekauft und damit einen Seiler überredet, er könne es verwerten, wenn er mir zeige, wie sein Handwerk gehe. Doch sobald der Hanf aufgebraucht war, wollte er nichts mehr von mir wissen.»

«Ich erinnere mich», antwortete Myconius und wandte sich an die andern am Tisch, «Thomas wollte ein Handwerk lernen, weil Zwingli predigte *‹Im Schweisse deines Angesichts sollst du dein Brot verdienen.›*»

«Auch Calvin hat gesagt, wer nicht arbeite, sei nicht wirklich Mensch», murmelte der Mann mit der scharfen Stimme. Thomas nickte.

«Stimmt. Zwingli meint, es gebe schon viel zu viel Pfaffen, man solle die Jungen zur Arbeit erziehen. Deshalb wollte ich das Seilerhandwerk lernen.» Einer der Kostgänger schüttelte ungläubig den Kopf.

«Und Eure Sprachkenntnisse? Ihr könnt Latein, Griechisch und erst noch Hebräisch, wenn ich recht unterrichtet bin. Sagt mir wozu, wenn Ihr nur Seile drehen wollt?» Thomas winkte ab.

«Ich will sicher nicht Pfaff werden, dann noch lieber Henker!» Alle lachten. «Nein, im Ernst, es blieb mir neben meiner Arbeit noch genug Zeit, um zu studieren. Nachts, während der Meister schlief, nahm ich meine Homer-Ausgabe zur Hand und übersetzte sie. Oder ich vertiefte meine Hebräisch-Kenntnisse.»

Anna stand am Herd und enthülste Erbsen für das Abendessen. «Sicher nahm er wieder Sand in den Mund, um nicht einzuschlafen», murmelte sie in Erinnerung an ihre gemeinsam durchwachten Nächte. Sie warf einen scheuen Blick auf Thomas und bemerkte zum ersten Mal, dass er blaue Augen hatte.

«Beim Seildrehen am Petersgraben in Basel hatte ich stets etwas zu lesen dabei. Der Drucker Cratander brachte mir hin und wieder einen Druckbogen mit Texten von Plautus. Den steckte ich beim Seildrehen mit einer kleinen Gabel in den Hanf und deckte ihn rasch zu, wenn der Meister nachsehen kam. Aber einmal erwischte er mich doch und schimpfte: Willst du studieren, so tu's ganz, oder aber geh dem Handwerk nach! Er hat mir dann trotzdem erlaubt, Unterricht in Hebräisch zu erteilen.» Myconius blickte interessiert auf.

«Du hast Hebräisch unterrichtet?»

«Ja, den jungen Lehrer Johannes Oporinus. Er bat mich, ihm Hebräisch beizubringen. Als ich zusagte, heftete er ohne mein Wissen an die Tür der Leonhardskirche einen Anschlag, man könne am Montag um vier Uhr Hebräisch lernen. Als ich hinkam, erwartete ich, Oporinus vorzufinden. Er stand auch da, aber mit ihm noch achtzehn feine Herren, die alle Hebräisch lernen wollten! Ich schämte mich in meinem Seilerschürzchen, aber sie liessen mich nicht mehr gehen.»

«Ihr hättet sicher bei einem hohen Herrn eine Anstellung finden können, einem Bischof oder sonst einem Geistlichen.»

«Mehrere haben mir zugesichert, mich zu empfehlen, auch der berühmte Erasmus von Rotterdam. Ein Franzose wollte mich sogar der Königin anpreisen, aber es kam nicht dazu. Nun habe ich stattdessen meinem Meister den Harnisch in den Krieg getragen bis vor Kappel. Alles Weitere wisst Ihr ja.»

«Ich bin beeindruckt, dass du Hebräisch unterrichtet hast. Ich hatte ebenfalls besondere Schüler in Basel. Vor allem die beiden Brüder Ambrosius und Hans Holbein werden mir in Erinnerung bleiben… wartet einen Moment, ich muss euch etwas zeigen», unterbrach Myconius das Gespräch, stand rasch auf und angelte aus einer Truhe ein Büchlein. Er hatte es sorgfältig in ein Tuch eingeschlagen.

«Das ist das berühmte *Lob der Torheit* von Erasmus von Rotterdam. Es sind herrliche Texte, ich könnte täglich darin lesen, so sehr packen sie mich. Aber nicht nur mich. Seht, was die Brüder Holbein dazu gezeichnet haben!» Alle standen neugierig auf, um das Büchlein zu betrachten. Der schön gedruckte lateinische Text war am Rand mit kleinen Bildern geschmückt.

«Hier zum Beispiel sieht man den schreibenden Erasmus!» Alle drängten hinzu, um einen Eindruck

Der schreibende Erasmus, Randzeichnung der Brüder Holbein im *Lob der Torheit*

von Erasmus zu bekommen, den sie noch nie gesehen hatten.

«Ha, schaut mal hier, ist das nicht köstlich?», rief Thomas und deutete auf eine andere Zeichnung, «ein Narr, der predigt. Wie kommt Ihr zu einem solchen Schatz, Vater Myconius?»

«Ich habe anhand dieses Büchleins an der Basler Petersschule Latein unterrichtet. Unter meinen Schülern waren auch die beiden jungen Holbeinbrüder. Sie arbeiteten in der Werkstatt von Hans Herbster am Spalenberg und wollten daneben Latein lernen. Sie waren über die Texte so begeistert, dass sie anfingen, Zeichnungen dazu zu setzen. Und weil sie so ausgezeichnete Künstler sind, habe ich sie gewähren lassen.»

«Solche Schüler hätte wohl jeder Schulmeister sehr gerne.»

Myconius schmunzelte und schlug eine Seite des Büchleins auf.

«Lasst mich vorlesen, was Erasmus von den Schulmeistern hält, und die Torheit über sie sagen lässt:

Obenan stehen die Schulmeister. Das wäre, weiss der Himmel, eine Klasse von Menschen, wie sie unglücklicher, geplagter, gottverlassener nicht zu denken ist, wüsste nicht ich die Leiden dieses bedauernswertesten Standes durch holden Wahn erträglich zu gestalten.» Alle lachten. Myconius räusperte sich und las weiter.

«Nicht fünffacher Fluch nur, wie der Grieche sagt, nein hundertfacher lastet auf ihnen: mit ewig knurren-

dem Magen, in schäbigem Rock sitzen sie in ihrer Schulstube – Schulstube sagte ich? Sorgenhaus sollte ich sagen, besser noch Tretmühle und Folterkammer – inmitten einer Herde von Knaben und werden früh alt vom Ärger, taub vom Geschrei, schwindsüchtig von Stickluft und Gestank.»

Anna hatte kein Wort verstanden, denn Latein beherrschte sie nicht, obwohl am Tisch oft lateinisch geredet wurde. Es mussten wirklich besondere Sätze gewesen sein, weil alle herzlich darüber lachten. Sie warf einen fragenden Blick auf die Frau von Myconius, doch diese zuckte nur mit den Schultern und rührte den Haferbrei um. Frauen hatten wenig Gelegenheit, Latein zu lernen, es sei denn, sie lebten im Kloster.

«Einfach köstlich!», rief der Mann mit den buschigen Augenbrauen und hieb mit der Hand auf den Tisch. Myconius nickte immer noch lächelnd und schloss das Büchlein, schlug es sorgfältig in das Tuch ein und legte es wieder in die Truhe zurück. Dann wandte er sich um.

«So viel zum Lehrerberuf. Doch sag mir, Thomilin, wo bist du untergekommen in Zürich?»

«Ha, das wisst Ihr noch nicht?», rief einer und grinste breit, «er wohnt bei den Huren!» Alle lachten hämisch. Thomas wehrte sich erbost.

«Ich wohne bei einer Hutmacherin und bemerkte erst mit der Zeit, dass da noch anderes getrieben wird.» Nun lachte auch Myconius.

«So etwas kann auch nur dir passieren!» Anna wandte sich rasch ab. Im Stillen musste sie Myconius recht geben. Als sie einst neben Thomas Platter nächtelang in der Stube arbeitete, ohne dass er von ihr die geringste Notiz nahm, war ihr durch den Kopf gegangen, dass ihn Frauen nicht interessierten. Oder gehörte sich das so bei Männern, welche studierten?

«Thomas ging schon immer seinen eigenen Weg. Ich werde nie vergessen, wie er uns einmal zu einer wunderbar warmen Schulstube im Fraumünster verholfen hat, indem er heimlich die Statue des Heiligen Johannes vom Altar nahm und verbrannte.»

«Ich hatte nicht genug Holz und wusste, dass Zwingli kommen würde. Da dachte ich, es habe so viele Götzenbilder in der Kirche, da würde eine Statue mehr oder weniger nicht auffallen. Man hatte sowieso angefangen, die Heiligenbilder aus den Kirchen zu entfernen.» Alle blickten ihn bewundernd an.

«Ihr habt gewagt, eine Heiligenfigur zu verbrennen?»

«Nun ja, etwas unheimlich war mir schon dabei. Ich habe die Türe des Ofens ganz rasch zugemacht und laut gesagt: Nun halt still! Du darfst nicht heraus, ausser der Teufel trägt dich fort.» Myconius legte vertraulich seine Hand auf den Arm von Thomas und lächelte verschmitzt.

«Am Schluss meines Unterrichts ging ich nichts ahnend zu dir und meinte, du hättest ganz wunderbar geheizt, du müsstest besonders gutes Holz erwischt haben. Aber du verzogst keine Miene.»

«Im Stillen dachte ich, dass der Heilige Johannes wirklich sein Bestes gegeben hat.» Alle lachten.

«Und niemand hat etwas bemerkt?»

«Doch natürlich. Man hat mich auch ganz direkt beschuldigt, die Statue weggenommen zu haben, aber beweisen konnte es niemand. Sie war ja nirgends mehr zu finden.»

«Ihr scheint recht kaltblütig zu sein.»

«Es ist verwerflich zu lügen, aber manchmal ist es nützlich, nicht die ganze Wahrheit zu sagen. Das habe ich von klein auf lernen müssen. Früher waren es allerdings Gänse oder Hühner, die ich für meinen Bettelstudenten stehlen musste… doch das ist eine andere Geschichte.»

«In jenen Jahren, als Thomilin mein Helfer war, musste ich noch mit den Schülern zur Kirche gehen und Vespern und Messen singen, dabei hätte ich lieber vier lange Stunden Schule gehalten, als eine Messe gesungen. Thomilin ging oft an meiner Stelle mit den Schülern hin. Überdies machte er auch geheime Botengänge. In Baden fanden Disputationen statt zwischen den Alt- und Neugläubigen. Der Rat von Zürich erlaubte Zwingli nicht, daran teilzunehmen, wahrscheinlich aus Angst, er könnte verhaftet werden. Oekolampad aus Basel war für die Neugläubigen dabei, und Zwingli wollte natürlich wissen, was verhandelt wurde. Also sandten wir Thomilin hin und her.»

«Diese Botengänge waren sicher gefährlich?»

«Genau genommen schon, doch ich brachte nur Hühner zum Verkauf nach Baden», murmelte Thomas, während wiederum alle lachten.

Anna fand keinen Grund mehr, länger in der Küche zu verweilen, die Erbsen waren gerüstet. Zusammen mit der Frau von Myconius stieg sie die enge Wendeltreppe hoch zu den Kammern, um dort zum Rechten zu sehen. Sie war leicht beunruhigt, weil ihr die blauen Augen von Thomas nicht aus dem Kopf gehen wollten, und wandte sich an die Meisterin.

«Hat er wirklich Gänse gestohlen für seinen Bettelstudenten?»

«Sicher. Und wahrscheinlich noch viel anderes mehr. Er musste für ihn sorgen, das ist die Sitte. Er hat viel erlebt. Schon als kleines Kind, als er Ziegen hüten musste im Wallis.» Anna blickte interessiert auf:

«Er kommt aus dem Wallis?»

«Ja, soviel ich weiss. Aber sein Vater starb früh und seine Mutter heiratete wieder. Deshalb gab sie die Kinder aus der ersten Ehe zu Verwandten, wie das so üblich ist.» Anna nickte gedankenvoll. Während der nächsten Stunden summte sie bei der Arbeit leise vor sich hin.

Abends vor dem Zubettgehen, als die Frau von Myconius ihre braunen Haare bürstete und sie zu Zöpfen flocht, meinte sie beiläufig:

«Thomas Platter könnte doch unsere Anni heiraten, meinst du nicht auch?» Myconius war dabei, sein Wams abzulegen, und blickte sie überrascht an.

«Das ist gar keine schlechte Idee! Der Thomilin braucht eine Frau. Unsere Anni ist in ihrer derben Art ganz hübsch, allerdings ist sie etwas trocken.»

«Aber sie ist robust und gesund und kann arbeiten.»

«Er wird ihr allerdings nicht viel bieten können.»

«Sie ist schon vierunddreissig Jahre alt, es wird höchste Zeit, dass sie einen Mann bekommt, ganz gleich, wie viel er ihr bieten kann.»

«Gut. Ich werde mit Thomilin reden, er will ja einige Wochen bei mir studieren. Es ist Zeit, dass er sesshaft wird.»

«Wohnt er weiterhin bei den Huren?»

«Du hast davon gehört? Er hat es selbst kaum bemerkt», schmunzelte Myconius.

«Er ist wahrscheinlich einiges gewohnt. Er muss ja viel gesehen haben auf seinen Reisen und sicher schon als Kind die dunkelsten Seiten des Lebens kennengelernt haben.»

«Ja, vermutlich hat er ein Talent entwickelt, solche Dinge einfach nicht zur Kenntnis zu nehmen», murmelte Myconius und schlüpfte schlaftrunken ins Bett.

3. Kapitel

Man schrieb das Jahr 1529. Die Morgenröte kündete einen strahlenden Sommertag an, als Thomas Platter und die Magd Anna Dietschi sich zusammen auf den Weg machten, um in der Kirche von Dübendorf den Bund der Ehe zu schliessen. Ein unsicheres Lächeln huschte über das Gesicht von Thomas.

«Kommst du?», fragte er mit vor Aufregung heiserer Stimme. Anna nickte. Verlegen zupfte sie an ihren Haaren, die mit einem Blumenkranz geschmückt waren. Von nun an gehörten sie unter eine Haube, wie es für eine verheiratete Frau üblich war.

Beide verharrten einen Moment lang zögernd vor der Kirchentür, dann traten sie ein. Auf Annas Gesicht lag ein leicht überraschter Ausdruck, so als wäre dieser Kirchenbesuch zusammen mit Thomas gar nicht geplant gewesen. Der Pfarrherr, ein Bruder von Myconius, kam ihnen freundlich entgegen. Er war klein und untersetzt, schien aber sehr gutmütig zu sein. Niemand bemerkte, dass hier eine Hochzeit stattfand, denn es herrschte keinerlei Prunk, im Gegenteil. Anna besass ausser ihrem groben Werktagsrock nur ein sehr bescheidenes Sonntagskleid, das sie extra für ihre Hochzeit angefertigt hatte. Thomas trug ebenfalls nur ein schlichtes schwarzes Wams zusammen mit einem hellen Leinenhemd. Doch es war beiden ganz recht so.

Ein einschläferndes Licht fiel durch die Kirchenfenster. Es blendete Anna und liess sie den Kirchenraum als undeutliche Kulisse fast märchenhaft wahrnehmen. Es passte dazu, dass sich alles so unwirklich anfühlte. Nach dem Eheversprechen und Segen nahm Thomas Anna feierlich am Arm, mehr wagte er nicht. Auch Anna schien gehemmt und wusste nicht, wie sie sich nun als verheiratete Frau zu benehmen hatte.

Verheiratet sein ist nicht schöner, nur anders, dachte sie etwas enttäuscht. Sie wusste allerdings nicht, was sie erwartet hatte. Thomas schluckte und meinte verlegen:

«Nun sind wir verheiratet, Anni. Meine Angehörigen werden allerdings nicht begeistert sein. Sie erwarteten alle, dass ich Priester werde.»

«Ach ja? Dann hättest du nicht heiraten dürfen. Sie werden mich kaum mit offenen Armen aufnehmen.» Thomas drückte ihren Arm und meinte begütigend:

«Wir werden sie besuchen, und sobald sie dich sehen, werden sie zufrieden sein.»

«Hoffentlich. Dann könnten wir auf dem Weg ins Wallis noch meinen Bruder in Luzern aufsuchen. Er kennt dich auch noch nicht. Er ist Besenbinder, Korbflechter und Sesselmacher.» Es war kein Gespräch von Verliebten oder von frisch Verheirateten. Sie waren sich bewusst, dass sie aus lauter Verlegenheit nichts Persönliches äusserten. Sie brauchten beide Zeit, sich daran zu gewöhnen, dass sie nun ein Paar waren, zusammengehörten und zusammen wirtschaften mussten. Thomas spürte eine Verantwortung, die ihn bis anhin nie belastet hatte. Der Umgang mit einer Frau war neu für ihn. Er hatte zwar viel gesehen auf seinen Bettelreisen. Die Studenten hatten oft Frauen um sich geschart, aber keine hatte ihn, den kleinen Walliser, beachtet, keine war ihm näher gekommen.

Dass wir nun zusammengehören, bis dass der Tod uns scheidet, ist noch sehr fremd für mich, dachte Thomas. Laut meinte er:

«Körbe werden auch im Wallis geflochten, praktisch in jedem Bauernhof.» Anna antwortete nicht darauf. Warum redet er vom Korbflechten im Wallis und nimmt mich nicht in den Arm, wie es üblich ist?

Die gegenseitige Scheu hielt an. Selbst die Meistersleute wunderten sich. Nach sechs Wochen platzte Myconius der Kragen:

«Wann willst du eigentlich bei deinem Anni liegen?», fragte er eines Morgens geradeheraus. Thomas blickte ihn erschrocken an und wurde rot. «Es wär endlich an der Zeit, meinst du nicht, Thomilin? Willst du dich bei den Jungen rühmen, dass du dich so lange enthalten konntest? Andere schlafen rascher miteinander.» Thomas wand sich. Er hatte nicht erwartet, dass es jemand bemerken würde. Sie waren beide sehr schamhaft, weder Anna noch er wagten einen Schritt aufeinander zu. Sie hatten sich zwar gekannt, aber mehr war da nie gewesen. Erst Myconius und seine Frau hatten sie überzeugt, dass eine Heirat sinnvoll wäre, eine gute, nützliche Zweckgemeinschaft.

Thomas floh aus der Stube. Myconius blickte ihm kopfschüttelnd nach. Er hoffte, den nötigen Anstoss gegeben zu haben. Thomas schien es wie eine unsichtbare Linie, die sie trennte, und er wusste nicht, wie er sie überschreiten sollte, obwohl er jeden Abend daran dachte. Er hatte das ungute Gefühl, etwas kaputt zu machen. Es musste langsam angegangen werden, es war nötig, eine vertraute Atmosphäre zu schaffen. Seine Gedanken verbarg er geschickt hinter einer vorsichtigen Zurückhaltung. Und je länger der Zustand anhielt, desto weniger wagte Thomas den entscheidenden Schritt. Aber vielleicht wartete Anna darauf?

Anna wusste genau, wie sehr Thomas mit sich kämpfte. Mit jedem Abend wurde es unangenehmer, verkrampfter. Sie legte sich jeweils rasch ins Bett, drehte sich zur Seite, schloss die Augen und wagte kaum zu atmen. Thomas löschte die Talgkerze und legte sich ebenfalls ins Bett, möglichst weit weg an die äusserste Kante und berührte sie nicht. Wenn Anna nicht so müde gewesen wäre von der harten Arbeit, hätte sie wohl kein Auge zugetan. So aber schlief sie nach wenigen Minuten erschöpft ein.

Die Reise ins Wallis war gleichzeitig ihr Abschied von Vater Myconius und seiner Frau. Anna erhielt zwei Gulden ihres ausstehenden Lohns ausbezahlt, damit sollten sie gut durchkommen. Sie planten in Grächen zu bleiben, Thomas wollte dort als Seiler und Lehrer sein Geld verdienen, Anna mit Spinnen ihren Teil dazu beitragen. Es sollte eine Zeit werden mit bescheidenem und fleissigem Arbeiten.

Das Wetter meinte es gut mit ihnen, obwohl es abends schon recht früh dunkel wurde. Während sie von Luzern nach Sarnen wanderten, leuchteten die Berggipfel bereits weiss verschneit. Der Vierwaldstättersee lag still und klar da, das Wasser schimmerte grau, manchmal fast schwarz, schwacher Wellenschlag plätscherte ans Ufer. Ein Fischer in einem Boot angelte ruhig vor sich hin. Es roch nach nassem Laub. Anna hätte noch lange weiterwandern können, so sehr gefiel es ihr hier. Vergnügt sang sie leise ein Lied. Thomas betrachtete sie lächelnd.

Bei Einbruch der Nacht fanden sie Unterschlupf bei einem Wirtepaar in Sarnen. In der Wirtsstube roch es muffig und nach abgestandenem Alkohol. Der Wirt und die Wirtin schienen betrunken zu sein. Es war widerwärtig, wie sich die beiden kaum mehr aufrecht halten konnten, während sie ihnen eine heisse Suppe servierten. Danach begann der Wirt, die Laute zu schlagen, und die Wirtin sang lauthals dazu, was eher einem Geschrei denn einem Gesang ähnelte. Die Frau torkelte schliesslich johlend und kreischend durch die Wirtsstube und blieb auf einer Bank liegen, schamlos, mit hochgerutschtem Rock und gespreizten Beinen. Der Wirt hingegen musterte Anna, lachte anzüglich und versuchte, sie zu betatschen. Da legte Thomas schützend seinen Arm um sie, wies den Wirt mit barschen Worten in die Schranken und flüchtete mit ihr in die Kammer. Annas Herz klopfte, sie wusste nicht, ob aus Angst vor dem Wirt oder weil Thomas ihr so nahe war. Immer noch zitternd schmiegte sie sich an ihn.

Niemand kümmerte sich weiter um sie, keiner hörte sie. Auch Myconius war weit weg. Niemand würde am Morgen in ihren Gesichtern lesen können, dass sie sich endlich näher gekommen waren…

Über den Brünig und das Haslital wanderten sie nun zusammen zum Grimselpass.

«Du wirst die Frau nicht über den Berg bringen, es hat zu viel Schnee und ist viel zu kalt. Wir haben zwar erst Anfang Oktober, doch es hat früh eingeschneit in diesem Jahr», äusserte sich ein Bauer und spuckte dabei auf den Boden, um seiner Aussage noch mehr Gewicht zu verleihen. Er wollte sich am nächsten Tag ebenfalls auf den Weg ins Wallis machen, aber die Aussicht, die Wanderung in Begleitung einer Frau unternehmen zu müssen, passte ihm gar nicht. Anna schüttelte jedoch entschieden den Kopf.

«Wenn ihr Mannen über den Berg geht, so kann ich das auch.»

«Meinst du? Es wird sicher sehr beschwerlich werden.» Anna nickte, ohne zu zögern.

Thomas bettete sie in dieser Nacht ins Stroh. Anna fühlte sich sehr umsorgt. Etwas verlegen betrachtete sie das Dachgebälk.

«Lass doch, Thomilin, ich bin das nicht gewohnt», versuchte sie sich zu wehren. Sie hatte ihr Haar gelöst, zwei dünne, feuchte Strähnen hingen herunter, sie bürstete sie ausgiebig, flocht sie zu zwei Zöpfen und strich mit dem Handrücken das Haar aus der Stirn. Dann schloss sie seufzend die Augen. Die Wanderung hatte sie müde gemacht.

Sie erhoben sich früh vom Lager, es begann gerade zu dämmern. Im Dorf schienen erst wenige Leute wach zu sein. Langsam stiegen sie auf dem Säumerpfad die bereits verschneiten Matten bergauf. Anna sah letzte Flecken von verdorrtem Moos und etwas Heidekraut an Stellen, die der Schnee noch nicht ganz zugedeckt hatte. Er glitzerte auf den weich abgerundeten Hügeln im ersten Morgenlicht. Ihre breiten Schuhe aus robustem Rindsleder, die sie mit einer Schnur am Knöchel festgebunden hatte, knirschten auf dem gefrorenen Boden. Hin und wieder durchquerten sie Mulden, in denen der Schnee schon recht hoch lag und Anna bei jedem Schritt darin versinken liess. Sie hatte Mühe, die Füsse wieder herauszuziehen. Ihre Schuhe, Strümpfe und der Saum ihres langen Rockes waren bald ganz durchnässt.

Sie stiegen, von schroffen Felswänden begleitetet, immer höher hinauf. Obwohl sie sich mit Wolljacke und Tüchern fest eingepackt hatte, dauerte es nicht lange, bis Annas Ohren schmerzten, auch Gesicht, Hände und die nassen Füsse waren starr vor Kälte. Sie war von den vielen kalten Wintermonaten einiges gewohnt, doch diesmal konnte sie nirgends Schutz suchen oder sich aufwärmen, sie musste weitermarschieren. Nicht nur bei Thomas, auch bei den andern Männern waren Bart und Schnurrbart vom Atem mit Reif bedeckt. Einige keuchten durch die grosse Anstrengung und schleppten sich auf einen Stock gestützt langsam der Schneespur entlang nach oben.

Der Totensee auf der Passhöhe war bereits ganz zugefroren. Ein scharfer Wind blies ihnen ins Gesicht und drang unerbittlich durch den Wollstoff. Anna zog mit klammen Fingern den Umhang fester um sich. Rückwärts schauend sah sie ins tiefe, weit unten liegende Tal, erblickte unzählige weisse Berggipfel und war trotz der Kälte fasziniert von der grossartigen Landschaft.

Sie machten nur eine kurze Pause, assen etwas Brot und Käse, denn noch stand der schwierige Abstieg bevor. Anna fühlte sich schon ganz zerschlagen. Die Füsse, die Hände, die Ohren, ja das ganze Gesicht taten ihr weh vor Kälte. Sie biss auf die Zähne. Keiner der Männer sollte sehen, wie sehr sie litt. Sie bemerkte, wie Thomas immer wieder stehen blieb und einen besorgten Blick zu ihr zurück warf. Er hatte seine schwarze Filzkappe bis über beide Ohren herabgezogen. Sie versuchte ein Lächeln, aber es gefror in ihrem Gesicht. Nur ihre

Augen blickten entschlossen und sie stapfte unerbittlich weiter durch den Schnee, setzte vorsichtig die Füsse in die Spuren, welche die Männer getreten hatten. Einmal glitt sie aus und blieb einen Moment lang erschöpft liegen. Dann rappelte sie sich wieder hoch und schritt verbissen weiter, rutschte erneut, taumelte. Ihr Atem ging stossweise. Die Kälte war längst bis auf die Knochen vorgedrungen. Tränen liefen ihr die Wangen hinunter, die Nase tropfte, sie bemerkte es kaum und wischte sich nur von Zeit zu Zeit mit dem Ärmel übers Gesicht.

Vereinzelte, vom Wind zerzauste Arven mit knorrigen Stämmen, Felsblöcke und hohe Alpenrosenbüsche waren die einzigen Fixpunkte in der verschneiten Landschaft. Eine launische Fuchsspur lief ihrem Weg entlang, einmal rechts, einmal links vom Pfad, machte bald eine Schlaufe und setzte sich dann wieder spielerisch fort. Niemand sonst hatte hier etwas zu suchen. Es gab einzig diesen Weg über Fels und Schnee ins nächste Tal, zu anderen Menschen. Anna war froh, dass sich die Männer auskannten, sie hätte sich nie zurechtgefunden.

Es dauerte Stunden, bis sie endlich das Tal erreichten. Auch Thomas erschien die Strecke weitaus länger, als er sie in Erinnerung gehabt hatte. Das mühsame Stapfen durch den Schnee liess sie nur langsam vorwärtskommen. Die weisse Pracht lag hinunter bis ins Goms. Der Wind zog auch hier mit grausamer Schärfe durch die Gassen. Im ersten Dorf, in welchem sie ankamen, wurden sie recht unfreundlich und abweisend behandelt.

Thomas schüttelte den Schnee von den Kleidern und Schuhen, bevor er an eine Tür klopfte, während Anna in ihre eiskalten Hände hauchte und mit beklommener Scheu auf den Boden starrte. Als eine Bauersfrau die Tür öffnete, stäubte gleich der Schnee ins Haus.

«Wo kommt Ihr und Euer Weib her? Etwa aus Zürich?», fragte sie mit schriller Stimme und musterte sie misstrauisch. Ihr Blick verhiess nichts Gutes. «Wir haben hier keinen Platz für Gesindel.» Thomas trat auf sie zu und redete beschwichtigend auf sie ein. Dann wandte er sich an Anna.

«Hier im Wallis ist man ganz mit dem alten Glauben verbunden und hört nicht gern von den Reformen. Man beobachtet argwöhnisch, was im fernen Zürich vor sich geht. Die Leute kennen seit Menschengedenken nichts anderes als die fromme Pflicht. Doch die Frau hat gemerkt, dass ich ein Walliser bin, deshalb können wir hier über Nacht bleiben.» Anna rieb ihre eisigen Hände an den Ohren und hoffte, dass sie bald nicht mehr so schmerzen würden. Ihre braunen Haare klebten am Kopf. Mit den klammen Fingern konnte sie den Knoten fast nicht lösen. Sie zog die nassen Strümpfe und den feuchten Rock aus und sank erschöpft auf das Lager, das man notdürftig für sie bereit gemacht hatte. Sie schickte ein Dankgebet zum Himmel, denn oft hatte sie in den vergangenen Stunden gezweifelt, ob sie es bis ins Tal hinunter schaffen würde, ohne vorher zusammenzubrechen.

«Es wird wohl ein paar Stunden dauern, bis ich wieder aufgewärmt bin», murmelte sie, bevor ihr die Augen zufielen. Thomas fuhr mit der Hand durch sein dichtes Haar und blickte bewundernd auf Anna hinunter.

«Ich hätte nie gedacht, dass ich dich über den Pass bringe», murmelte er anerkennend. Aber sie hörte ihn nicht mehr, sie war bereits tief und fest eingeschlafen.

In den folgenden Wochen steckte Thomas voller Pläne. «Ich habe etwas Hausrat geerbt, Anni. Wir leihen uns einen Esel und bringen alles nach Visp. Eine Schwester von mir hat dort ein leer stehendes Haus, in das wir ziehen dürfen.» Anna hatte aufmerksam zugehört.

«In ein leer stehendes Haus? Ist das Dach noch dicht? Und wie steht es mit den Fenstern? Müssen wir sie mit Ziegenhäuten vermachen?»

«Nein, nein, es ist ein sehr hübsches Haus, fast das schönste im Dorf und erst noch mit Scheibenfenstern versehen, so dass wir nicht frieren müssen. Meine Schwester ist froh, wenn jemand darin wohnt. Es befindet sich am Kirchhügel, so dass wir keine Überschwemmungen befürchten müssen.»

«Es gibt hier Überschwemmungen?»

«Ja, der Talboden wird immer wieder überschwemmt, vor allem im Juni, wenn in den Bergen der Schnee schmilzt.»

Es liess sich gut an, auch wenn Anna das Gefühl nicht loswurde, dass man ihre Anwesenheit nicht schätzte, weil man überall damit gerechnet hatte, dass Thomas Priester würde. Ein Vetter sagte es Thomas direkt ins Gesicht, als sie einander beim Kirchgang begegneten:

«Man sagt, du hättest eine Frau mitgebracht?» Thomas nickte und blickte lächelnd zu Anna.

«Da sei der Teufel vor! Du hättest mir lieber eine Hure gebracht.» Anna stand mit rotem Kopf daneben und hatte Mühe, an sich zu halten. Ihre Augen funkelten wütend und sie rückte energisch ihre Haube zurecht. Thomas sah ihren betroffenen Gesichtsausdruck und beeilte sich, sie zu verteidigen. Scharf erwiderte er:

«Mein Herr, das findet Ihr nirgends in der Bibel, dass es richtiger sei, eine Hure zu haben als eine Frau.» Der Vetter warf ihm einen finsteren Blick zu und lief zornig davon. Thomas wandte sich an Anna.

«Er legt besonderen Wert darauf, als Bibelkenner zu gelten, deshalb wurde er so wütend über meinen Satz.»

«Ich bin auch wütend», versuchte sie den Ärger über den Wichtigtuer hinunterzuschlucken, «so eine Beleidigung! Und so jemand soll viel in der Bibel lesen?»

«Er hat sie stets vor sich liegen auf dem Tisch, aber ich glaube, er versteht wenig vom Text, er malt nur die Grossbuchstaben mit Farbe aus.» Anna schmunzelte, ihre braunen Augen blitzten. Sie selbst konnte nicht lesen, ihre Verwandten hatten keinen Schulbatzen für sie aufwenden wollen. Sie kannte jedoch die Gebete des Messbuches. Thomas hätte ihr das Lesen und Schreiben nun beibringen können, aber woher hätte sie auch die Zeit dafür nehmen sollen, es zu lernen? Während sie sich dem neuen Haus näherten, meinte Anna begütigend:

«Du hast hier viele, sehr unterschiedliche Verwandte. Besonders gerne mag ich die beiden Tanten, welche nicht wissen, wie alt sie eigentlich sind.»

«Es weiss niemand, wie alt sie sind. Sie waren einfach immer schon da. Aber ich weiss ja auch nicht sicher, ob ich 1499 geboren bin. Denn wer kann sich schon daran erinnern, wann er auf die Welt gekommen ist?» Anna schmunzelte.

«Mir scheint, du hast unübersehbar viele Verwandte.»

«Ich weiss nicht einmal genau, wie viele Geschwister ich habe! Einige sind recht starrköpfig, sie wollen einfach nicht begreifen, dass aus mir kein Priester geworden ist.»

«Es wäre für die Familie eine Ehre gewesen. Und sie dachten wohl, dass du ihnen als Priester zu einem Ablass der Sünden verhelfen würdest, weil sie zur Familie gehören. Sie werden sich daran gewöhnen müssen, dass du nun verheiratet bist… und bald ein Kind haben wirst», ergänzte Anna mit glänzenden Augen. Ein Gefühl der Genugtuung breitete sich in ihr aus. Leise summend begab sie sich zum Spinnrad.

Thomas begann, Schule zu halten, und freute sich über die wachsende Schülerzahl, denn die Eltern hatten für jedes Kind einen Schulbatzen zu entrichten. Somit verdiente er nicht schlecht, dazu wurde ihm immer wieder etwas geschenkt, Wein, Fleisch, Milch und Kraut.

«Im Sommer werden es weniger Kinder sein, fürchte ich. Die meisten müssen dann auf dem Feld arbeiten und können nicht zur Schule gehen. Das war schon so, als ich noch klein war. Meine Kameraden und ich konnten nie in die Schule, weil wir Ziegen und später Kühe hüten mussten. Für mich war auch niemand bereit, einen Schulbatzen zu bezahlen.» Anna nickte zustimmend. Sie hatte sich darüber auch schon Gedanken gemacht.

«Wir haben ja noch Wein gekauft. Den könnten wir im Sommer massweise verkaufen. Das bringt uns etwas ein», ergänzte sie geschäftstüchtig.

Anna hatte ihre Haare mit einem straffen Knoten im Nacken gebändigt, trug darüber ihre Haube und hatte ein sauberes Schürzentuch um ihren schon recht gewölbten Leib gebunden. Es gefiel ihr sehr gut im Wallis. Sie war nun keine einfache Magd mehr, sondern die Frau des Lehrers. Man grüsste sie mit Hochachtung. Sie konnte spinnen und weben und sich ihre Hausarbeit selbst einteilen, niemand bestimmte, was zu tun sei. Langsam lernte sie Thomas auch näher kennen. Sie hatte ihm von ihrer Kindheit erzählt, von den vielen Pflichten, denen sie schon als Fünfjährige nachkommen musste, und von den Strafen, unter denen sie gelitten hatte. Während Thomas wiederum von den nicht weniger harten Erlebnissen seiner Kindheit berichtete.

Annas Schwangerschaft verlief ohne grössere Beschwerden, allerdings sah sie der Geburt ihres ersten Kindes mit Bangen entgegen. Sie war immerhin schon fünfunddreissig Jahre alt.

«In meinem Alter haben die meisten Frauen schon sechs oder acht Kinder geboren», äusserte sie ihre Befürchtungen Thomas gegenüber.

«Du weisst, ich werde dir beistehen, Anni. Hier im Wallis ist es Sitte, dass die Väter bei der Geburt dabei sind. Man sagt, dass danach die Männer mehr Geduld hätten mit ihren Weibern.» Anna schmunzelte. Diese Tradition war ihr fremd.

«Du kannst mir die Hand halten, Thomilin, alles Weitere musst du schon mir überlassen», lächelte sie etwas unsicher.

Thomas trat vor das Haus und starrte hinaus in die kalte Winternacht. Es roch nach dem Rauch der vielen Herdfeuer. Die Sterne am dunklen Himmel leuchteten und die schmale Mondsichel gab ein wenig Licht, so dass der Hauch seines Atems deutlich zu sehen war. Beim Anblick des unendlich weiten Sternenhimmels kam er sich unsagbar klein vor. Ein unruhiges Lächeln huschte über sein Gesicht. Er hatte Anna verschwiegen, dass es ihm von Woche zu Woche mehr Mühe machte, die Frömmigkeit der Leute zu ertragen. Ihre Bildergläubigkeit und das Benehmen der Priester konnte er kaum akzeptieren. Es fiel ihm ebenfalls schwer, gegen seine innere Überzeugung die Messe zu besuchen. Er schluckte, wenn der Priester die Qualen des Fegefeuers in düsteren Farben heraufbeschwor und die Leute Trost suchten bei einem Gnadenbild oder einem Bildstock am Wegrand. Oder wieviel es ihnen bedeutete, zur Beichte zu gehen und Absolution zu erlangen, oder wie sie sich gar auf einen Ablasshandel einliessen. Sie brauchten offensichtlich die Gewissheit eines gesicherten Platzes im Paradies. Wie gerne hätte er davon gesprochen, dass in der Bibel nichts davon stehe, sondern die Vergebung vielmehr bei Christus direkt zu bekommen sei. Er wurde oft eingeladen, merkte aber, dass die Freundlichkeit nur den Zweck hatte, ihn von der Lehre Zwinglis zu distanzieren. Thomas fühlte sich eingeengt und wurde immer missmutiger, trotzdem verbarg er seine Gedanken geschickt hinter einer Maske aus Höflichkeit und vorsichtiger Zurückhaltung. Doch manchmal hatte er das Gefühl zu ersticken. Thomas erinnerte sich plötzlich an seine Flucht vor seinem Bettelstudenten Paulus. Auch damals hatte er gespürt, dass er aus der unhaltbaren Situation ausbrechen müsse. Jetzt fühlte er sich fast ähnlich beengt.

«Zuerst muss das Kind auf der Welt sein, dann kann ich nach Zürich, um mich mit Vater Myconius zu beraten», murmelte er und fühlte sich gleich etwas besser beim Gedanken, über seinen Zwiespalt reden zu können. Der Rat von Vater Myconius bedeutete ihm viel. Doch er war nicht mehr allein für sich verantwortlich, sondern bald für eine Familie. Er verharrte einen Moment lang zögernd im Freien, dann strich er mit einer fahrigen Bewegung die dunkelblonden Haare nach hinten, ging mit schweren Schritten zurück ins Haus und schloss die Tür. Anna musterte ihn besorgt.

«Was ist los, Thomilin? Du machst ein Gesicht, als ob du wieder Zahnschmerzen hättest.»

«Nein, nein, der schmerzende Zahn ist letzte Woche endlich ausgefallen. Aber ich möchte … ich überlege mir, ob ich nach der Geburt unseres Kindes nach Zürich gehen könnte. Ich muss mich mit Vater Myconius austauschen. Meine Glaubensüberzeugung macht mir hier das Leben ziemlich schwer.» Ihr überraschter Blick entging ihm nicht. Sie verschränkte die Arme vor der Brust, presste die Lippen zusammen und schwieg.

«Ich weiss, die Kirche steht fest gefügt und für ewige Dauer. Doch ich lernte durch meine Studien in Zürich einen anderen Glauben kennen. Und in Basel konnte ich miterleben, wie man beim Bildersturm alle Heiligen aus dem Münster entfernte und die Malereien abkratzte an den Wänden und am Gewölbe. Wenn ich hier die vielen Heiligen auf ihren Podesten anschaue, kann ich nicht übersehen, dass sie hinten verstaubte Rücken haben und mit einem Haken festgemacht sind. Gleichzeitig betrachte ich dann die Leute, welche zu ihren Füssen um Fürbitte flehen. Da kann ich kaum mehr schweigend zusehen. Und wie die Leute zusammenzucken, wenn der Priester auf der Kanzel den Teufel donnernd in die Hölle stampft, ist entsetzlich. Dabei ist die Kanzel nur mit Blech ausgeschlagen, kein Wunder, dass es schauerlich dröhnt.»

Das Feuer knisterte in der Herdstelle. Anna bückte sich und legte ein paar neue Holzscheite dazu. Dann richtete sie sich wieder auf. Sie sah die Ungeduld in seinen Augen.

«Ich weiss, Thomilin, es gibt vieles, das mit dem rechten Glauben wenig zu tun hat. Ich wundere mich manchmal auch. Gestern hat mir jemand vom Brautband berichtet. Das muss hier im Messbuch verborgen liegen und dann beim Ave-Läuten vom Bräutigam mit geschlossenen Augen rückwärts durch das ganze Kirchenschiff getragen werden ohne anzustossen …» Thomas lachte trocken auf und ergänzte:

«… und vorher muss der arme Mann noch einen ganzen Tag lang hungern! Genau solche Dinge sind überflüssiges Machwerk. Aber ich darf nichts dagegen sagen, muss schweigen und nicken.»

«Die endlosen Streitereien um den Glauben sind zermürbend, ich weiss. Geh ruhig schon vor der Geburt zu Vater Myconius, vielleicht kann er dir raten.»

Wie dieser Rat lauten würde, war leicht vorstellbar. In den folgenden Tagen versuchte Anna, sich an den Gedanken zu gewöhnen, dass sich der Aufenthalt im Wallis wohl bald dem Ende zu neigen würde. Sie hatte es schon länger kommen sehen. Es war ihr auch gar nicht so unrecht, denn der Gedanke, ihr Kind im alten

Glauben grossziehen zu müssen, hatte ihr schon einige Sorgen bereitet. Mit gemischten Gefühlen und in düstere Grübeleien versunken wartete sie auf die Rückkehr von Thomas.

Er kehrte niedergeschlagen ins Wallis zurück, denn er stand vor einem Problem. Wie sollte er Anna verständlich machen, dass ein Wegzug nicht mit Vorteilen verbunden war, sondern mit Opfer und Verzicht? Anna sah ihm an, dass ihn Sorgen plagten.

«Lass mich raten: Vater Myconius meint, wir sollen wegziehen aus dem Wallis, nicht wahr?» Thomas blickte Anna verblüfft an und nickte. Seine Stimme klang irritiert.

«Du hattest offensichtlich Vorahnungen?»

«Mir ist keine andere Lösung eingefallen. Wir gehen also zurück nach Zürich?»

«Nein, die Gegend von Zürich ist zu unsicher, es könnte Krieg geben. Vater Myconius hat in Basel nachgefragt, ob man mich brauchen kann. Unterdessen ist die Stadt Basel auch zum neuen Glauben übergetreten, so dass wir uns dort wohlfühlen können.»

«Nicht zurück nach Zürich?» Anna versuchte ihre Enttäuschung hinunterzuschlucken. «Wo sagst du, willst du hin? Nach Basel? Ich glaube, davon habe ich schon gehört. Lebt dort nicht Oekolampad?»

«Ja, und ich kenne auch Oporinus, dem ich einst Hebräisch-Unterricht gab. Er wird sich um ein Lehramt für mich bemühen. Wir machen uns aber erst nach der

Geburt unseres Kindes auf den Weg, nachdem du dich etwas erholt hast, bis dahin bleiben wir noch hier.»

«Am liebsten würde ich gleich fortgehen. Stell dir vor, ein Kirchherr hat die Pest!» Anna schaute ihn besorgt an. Damit hatte Thomas nun wirklich nicht gerechnet.

«Beruhige dich! Ich erlebte in Zürich einmal eine Pestepidemie, damals, als ich bei Vater Myconius in die Schule ging. Ich bekam sogar selbst eine Beule am Bein.»

«Du hattest die Pest? Und du lebst noch? Was hast du dagegen unternommen? Ich kenne kein Mittel, das hilft.»

«Ich ging hierher zu einer meiner Tanten. Sie wusste immer ein Kraut gegen Krankheiten. Aber es war eine schlimme Wanderung. Überall stiess ich auf den Schwarzen Tod, denn er regierte das ganze Land. Manche Dörfer liessen keinen Fremden herein, und mich schon gar nicht, da ich krank war. Ich musste im Freien schlafen. Ich kam kaum vorwärts, denn ich war sehr schwach und musste mich immer wieder hinsetzen, manchmal schlief ich neben dem Weg ein. Man liess mich einfach liegen aus Angst, man könnte sich anstecken. Ich zweifelte schon, ob ich noch lebend ins Wallis gelangen würde. Meine Tante legte dann Kohlblätter auf meine Beule, und ich wurde mit Gottes Hilfe wieder gesund!»

«Kohlblätter? Nun, die helfen bei manchen Krankheiten. Aber es ist unglaublich, dass du mit Kohlwickel wieder gesund wurdest. Und all die andern Leute?»

«Keiner wurde angesteckt. Meine Tante und ich durften sechs Wochen lang zu niemandem ins Haus gehen. Aber ich bin überzeugt, man kann neben einem Pestkranken liegen und trotzdem gesund bleiben. Einmal, als ich mit meinem Bettelstudenten unterwegs war, teilte ich das Bett mit zwei Kollegen, die beide an der Pest erkrankt waren, und wurde nicht davon befallen.»

«Ich könnte dir viele Beispiele nennen, bei denen es anders herauskam. Gegen diese Gottesstrafe helfen weder Prozessionen noch ein Aderlass, weder Brechmittel noch das Versprühen von Rosenwasser, auch nicht das Verbrennen von aromatischen Substanzen, einfach nichts. Ich habe viele Leute sterben sehen. Ich habe grosse Angst vor dem Schwarzen Tod. Die Kohlwickel deiner Tante nutzten wohl nur dank Gottes Hilfe etwas.» Thomas nickte ernst.

«So ist es. Wir müssen Gottvertrauen haben, dann wird es uns auch diesmal gut gehen, Anni.» Sie nickte ergeben. Sie betete täglich, nicht nur wegen der Pest, sondern sie bat um eine Geburt ohne Komplikationen – Thomas hatte keine Ahnung, wie sehr es sie belastete, in ihrem Alter das erste Kind zu bekommen. Sie fühlte sich schwerfällig, und oft war sie zum Umfallen müde, aber sie war ein Leben lang gewohnt, niemandem zu zeigen, wie sie sich fühlte. Thomas bemerkte nur, dass sie fast gar nicht mehr sang und sich häufiger als üblich hinsetzte.

Es wurde eine schwere Geburt, die Hebamme rechnete schon damit, dass Anna sie nicht überleben werde. Sie wendete alle Kräuter an, die normalerweise halfen, auch Safran, der «Kindbetterin Wurz». Schliesslich legte ihr die Hebamme im Namen der Heiligen Margarethe eine Gebetsschnur um, einen hölzernen Paternoster, und beschwor Anna:

«Bittet die Heilige Margarethe, die Helferin bei schweren Geburten und versprecht, eine Messe zu stiften. Dieses Gelübde hat schon vielen Frauen geholfen.» Trotz der grossen Schmerzen blieb Anna standhaft.

«Ich vertraue auch ohne Messe auf den treuen Gott, er wird mir helfen», versicherte sie der Hebamme. Thomas, der daneben stand, nickte heftig. Er war schweissgebadet, die vielen Stunden der Angst verlangten auch ihm das Letzte ab.

Endlich kam das Kind zur Welt – es war ein Mädchen. Die Hebamme wusch es und wickelte es danach in feste Stoffbinden. Drei Tage später wurde es getauft auf den Namen Margarethe.

«Margretlin», lächelte Anna glücklich und strich ihm über das Köpfchen.

4. Kapitel

Sie boten ein sonderbares Bild, als Anna und Thomas in die Stadt Basel einzogen. Thomas hatte auf einer Rückentrage – einem Räf – die Wiege festgebunden mit dem wenige Wochen alten Kindlein darin. In viele Tücher eingewickelt schlief das kleine Margretlin fast die ganze Zeit, so dass sie die tagelange Wanderung ohne grösseren Zeitverlust hinter sich gebracht hatten. Von Kopf bis Fuss mit Staub bedeckt zogen sie nun durch die Rittergasse dem Münster entgegen, Thomas voran, Anna folgte ihm, rechtschaffen müde von der langen Wanderung. Der Wind zerrte an ihren Röcken, doch es war erstaunlich warm für die Jahreszeit. Anna betrachtete die vielen Häuser aus Stein, es erinnerte sie an Zürich. Im Wallis hatten Holzbauten vorgeherrscht. Staunend erblickte sie zwei reich verzierte rote Türme, welche zum Münster gehören mussten, das nicht mehr weit entfernt zu sein schien. Einige dunkle Wolken am Himmel liessen die beiden Glockentürme klar erkennbar in allen Details erscheinen.

«Sie läuft mir wie ein Kälblein der Kuh hintendrein», dachte Thomas erheitert, als er stehen blieb und sich umwandte.

«Hier gegenüber der Ulrichskapelle muss es sein, Anni, so hat man mir das *Gässlein hinter dem Münster* beschrieben.» Mehrere kleine Häuser schmiegten sich in der kleinen Gasse aneinander. Sie endete mit einem Querbau, hinter welchem ein stattliches Gebäude hervorschaute.

«Nun haben wir es geschafft. Schau, hier im kleinen Haus *Zum Löwenkopf* werden wir wohnen», meinte Thomas und steuerte darauf zu. Ein grosser, verwahrloster Hund, der neben der Tür gelegen hatte, blickte ihnen misstrauisch entgegen, erhob sich rasch und lief davon.

Vom Nachbarhaus aus betrachtete Wibrandis Rosenblatt, die Frau des Basler Reformators Oekolampad, die kleine Familie lächelnd. Ihr Mann hatte ihr nur gesagt, der neue Hilfslehrer komme aus dem Wallis und sei verheiratet. Es schien ihr aber, dass sich in der Wiege, welche der Mann auf dem Rücken trug, ein kleines Kind befinden müsste. Es könnte etwa so alt sein wie unsere Irene, dachte sie und rieb sich die gescheiten, kühlen Augen, während sich ihre schmalen Lippen zu einem leichten Lächeln verzogen. Ihre braunen Haare trug sie, wie alle Frauen, straff nach hinten gekämmt mit einem Knoten im Nacken. Sie strich sich gedankenverloren eine vorwitzige Strähne, die sich gelöst hatte, hinter das Ohr. Wibrandis wohnte auch noch nicht lange an diesem Gässlein. Sie hatte vom Martinskirchplatz hierher ziehen müssen, weil ihr Mann nun Münsterpfarrer geworden war. Während sie neugierig die Frau muster-

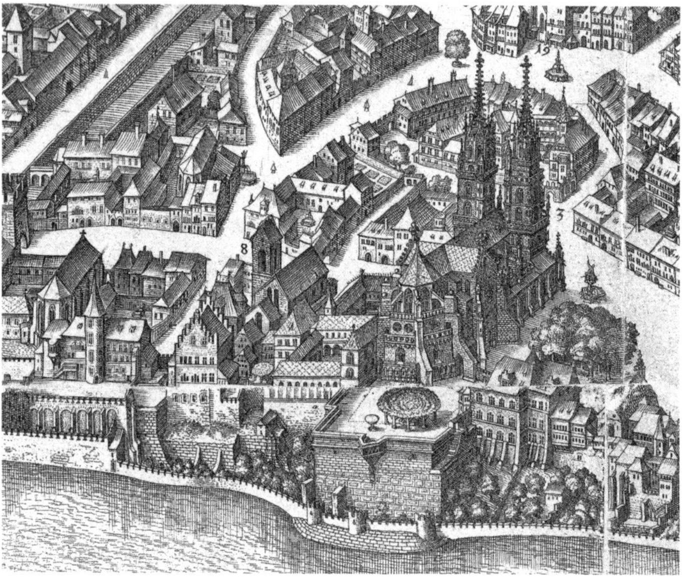

Links neben dem Münster die Ulrichskapelle, ihr gegenüber mündet das *Gässlein hinter dem Münster* (später Hasengässlein genannt, schliesslich überbaut von einem Schulgebäude), Ausschnitt aus dem Merian-Plan 1615

te, die ihre neue Nachbarin sein würde, ging ihr durch den Kopf, dass Oekolampad mit grosser Hochachtung vom neuen Nachbarn gesprochen hatte. Er beherrsche Latein, Griechisch und sogar Hebräisch. Wibrandis freute sich darauf, die Familie kennenzulernen. Sie machte allerdings einen recht schlichten Eindruck auf sie. Das Bündel mit den Kleidern und dem Hausrat, das sie bei sich hatten, liess nicht gerade auf Reichtum schliessen, was von einem Hilfslehrer ja auch nicht zu erwarten war.

Ein modriger Geruch schlug ihnen entgegen, als Thomas und Anna ins kleine Haus eintraten. Es schien längere Zeit nicht mehr bewohnt gewesen zu sein. Die Küche mit der offenen Herdstelle war dunkel und russgeschwärzt, an der Wand stand eine hölzerne Bank, daneben ein leerer Schaft. Eine Tür führte in den Keller, eine weitere in einen Hof, der wohl gleichzeitig zu mehreren Häusern gehörte. Hier war etwas Holz aufgeschichtet, und ein Brunnen befand sich auf der gegenüberliegenden Seite, nahm Anna befriedigt zur Kenntnis. Auch einen Abort konnte sie sehen.

Thomas stellte die Wiege vorsichtig auf den Boden, während Anna neugierig die Treppe emporstieg und in die Wohnstube gelangte. Der Raum machte einen recht einladenden Eindruck, wenn man von den Spinnweben absah, die das Fenster überzogen hatten. Wände und Decke waren ganz aus Tannenholz gezimmert, schlicht, ohne Verzierung. Brett an Brett und eine Leiste über der

Fuge. Anna lief zum Fenster, öffnete es und blickte hinaus.

«Berge wird man keine sehen können», meinte Thomas, und Anna bemerkte die leise Sehnsucht in seiner Stimme. Doch sie ging nicht darauf ein.

«Ich muss unsere Kleine stillen, es ist höchste Zeit dafür.»

«Gut. Ich gehe unterdessen auf den Markt und kaufe ein Fässchen Wein.»

Während Anna ihr kleines Kind stillte, fiel ihr plötzlich auf, dass hier nirgends ein Trinkgeschirr zu sehen war für den Wein. In Gedanken ging sie rasch ihr ganzes Hab und Gut durch.

«Wir werden den Wein aus der kleinen Holzflasche trinken müssen, die ich für Margretlin dabei habe, es ist das einzige Trinkgefäss, das wir besitzen», empfing sie Thomas, als er zurückkehrte.

«Ich stelle den Wein in den Keller. Acht Rappen kostet das Mass!», brummte er, «das ist einiges mehr als im Wallis.»

«Dann nimm gleich einen ersten Schluck», forderte ihn Anna auf.

«Nein, trink du, du musst zum Stillen gut genährt sein.»

«Und du sollst gestärkt zur Schule, wenn du morgen anfängst.»

Anna sass erschöpft auf der Bank, hielt ihr kleines Kind im Arm, das wieder friedlich schlief, und schloss ebenfalls die Augen. Es war eine lange Wanderung gewesen, nun war sie also in Basel. Sie wäre viel lieber ins vertraute Zürich gezogen. Doch der Gedanke, dass sie nicht mehr allein war, dass da ein kleines Kind in ihren Armen lag und ein Mann für sie sorgte, munterte sie sogleich wieder auf. Entschlossen bettete sie das Kind in die Wiege und begann, die übrigen Räume im oberen Stockwerk zu erforschen. Dann ging sie mit Eifer an die Arbeit und fing an, leise singend ihren bescheidenen Hausrat auszupacken.

Nach dem Übertritt zum neuen Glauben herrschte in Basel Aufbruchstimmung. Vieles musste neu geregelt werden. Der Bischof und das Domkapitel hatten die Stadt verlassen, und die stattlichen Domherren-Häuser rund um den Münsterplatz standen leer. Die Stadt bemühte sich, sie zweckdienlich zu nutzen. Eines der Häuser diente nun als Schulhaus, in welchem Thomas unterrichten sollte.

Anna lernte am Brunnen einige Mägde aus der Nachbarschaft kennen und im Gottesdienst im Münster bald auch ihre Nachbarin Wibrandis, die Frau von Oekolampad. Anna bewunderte sie, denn sie hatte beobachtet, dass unzählige Gäste von nah und fern bei ihr ein und aus gingen. Sie musste sie alle bewirten. Sie bemerkte, wie Wibrandis Glaubensflüchtlinge zu trösten vermochte, der Magd ruhig Befehle erteilte und am Sonntag zur Predigt ihres Mannes sorgfältig gekleidet über das Steinpflaster zum Münster hinüber wandelte. Anna nahm auch zur Kenntnis, dass ihr eigenes Sonntagskleid, das sie für die Hochzeit genäht hatte, neben den Kleidern der Stadtbewohnerinnen recht bescheiden wirkte. Sie war es jedoch gewohnt, zu den wenig vorteilhaft Gekleideten zu gehören.

Thomas bekam bald Kontakt mit vielen wichtigen Leuten und freundete sich mit einigen an, wie zum Beispiel dem Pfarrer der Martinskirche, Johannes Gast, oder mit Heinrich Billing. Diesen schloss auch Anna sofort ins Herz, weil er ihnen eines Tages ein grosses Glas in Form eines Stiefels schenkte, damit sie ihren Wein besser geniessen könnten. Allerdings war es gar nicht einfach, daraus zu trinken: Wenn man zu gierig trank, schoss einem der ganze Wein ins Gesicht.

Thomas war glücklich mit seinem Lehramt, betrieb daneben weiterhin seine vielen Studien, stand sehr früh auf und ging sehr spät zu Bett. Anna sah diesen Lebenswandel nicht gerne, aber sie schwieg dazu, bis Thomas immer öfter über Schwindel und Kopfschmerzen klagte.

«Du musst mehr schlafen, Thomilin, dein Lebenswandel ist schädlich für den Körper», versuchte sie ihm, ins Gewissen zu reden.

«Ach was! So habe ich schon immer gelebt und es ging mir sehr gut.»

«Ich weiss. Ich erinnere mich, wie wir nächtelang zusammen in der Stube gesessen sind. Aber du musst mit deinen Kräften besser haushalten. Du bist blass und übernächtigt, zudem isst du nicht richtig, denn es fehlt uns an Geld für nahrhafte Suppen. Und Geschenke wie früher im Wallis fallen keine mehr an, kein Gemüse, kein Huhn.» Thomas wandte sich gereizt ab.

«Das ist für mich auch nicht neu. Ich habe mich oft mit leerem Magen schlafen gelegt. Immerhin haben wir täglich Brot und Wein. Früher hatte ich nicht einmal das.»

«Wenn du mir nicht glaubst, so frag einen Arzt, er wird dir dasselbe sagen.» Doch die Ärzte versuchten es mit ihren Methoden, machten einen Aderlass und verordneten Gewürzpulver, aber der Schwindel und das Kopfweh blieben.

Einige Wochen später kam Thomas aufgeregt nach Hause.

«Stell dir vor, ein berühmter Arzt ist angekommen, Johannes Epiphanius. Er war Leibarzt des Herzogs von Bayern und stammt aus Venedig. Ich habe ihn gleich aufgesucht.» Anna zuckte gleichgültig mit den Schultern. Sie hatte sich ihre Meinung längst gebildet. Aber sie rechnete nicht damit, was nun folgte.

«Doktor Epiphanius verspricht, mich zu heilen. Er brauche einige Wochen dazu. Deshalb schlägt er vor, dass wir ihn nach Pruntrut begleiten. Und damit die Behandlung nichts kostet, meint er, ich soll sein Diener sein und du kannst bei ihm als Magd arbeiten.» Anna stockte der Atem. Sie starrte Thomas alarmiert an.

«Wegreisen? Das kann nicht dein Ernst sein. Seit wir verheiratet sind, weilen wir nie länger als ein paar Monate an einem Ort. Du bist das natürlich von jung an gewohnt, aber ich nicht. Ich möchte nicht laufend in einer andern Stadt wohnen. Und du willst, dass ich wieder Dienstmagd sein muss? Weisst du keine andere Lösung?» Leise und in eindringlichem Ton antwortete Thomas:

«Schau Anni, ich kann vor lauter Schwindel kaum mehr unterrichten, ich muss mich an den Schulbänken festhalten, damit ich nicht umkippe. So geht es nicht mehr weiter. Und Doktor Epiphanius könnte ich nie und nimmer bezahlen. Doch er hat sich bereit erklärt, anstelle eines Honorars für die Behandlung unsere Dienste in Anspruch zu nehmen. Er hat mir versichert, dass er mich heilen könne. Aber er geht nach Pruntrut, um dort Leibarzt des Basler Bischofs zu werden.»

«Der Bischof von Basel residiert in Pruntrut? Auch das noch! Im Wallis ging es uns gut, aber es war dir nicht möglich zu bleiben, weil alle dem alten Glauben anhingen. Und nun willst du ausgerechnet an den Hof des Bischofs. Das kann nicht gut herauskommen und bedeutet, dass wir nach ein paar Monaten wieder umziehen werden.»

«Es wird anders sein als im Wallis. In Pruntrut bin ich nur Diener und nicht Lehrer. Und mit unserer Anstellung haben wir keine Geldsorgen mehr. Meine Freunde hier in Basel sind allerdings unzufrieden, dass ich den Lehrerberuf schon wieder aufgeben will, vor allem Oporinus.»

«Mich stimmt es auch nicht froh. Jetzt habe ich mich gerade etwas eingelebt, und nun soll ich wieder an einem neuen Ort anfangen? Dienstmagd beim Leibarzt des Bischofs mag ja in deinen Augen eine Verbesserung sein, aber ich habe unterdessen mein selbständiges Leben schätzen gelernt.»

«Du weisst, es steht einer Frau wohl an, ohne zu murren die Wünsche des Ehegatten zu respektieren.» Anna schluckte. Aufrecht und mit verschränkten Armen stand sie da. Thomas hatte sie noch nie so aufgebracht erlebt. Ihre dunklen Augen blitzten und mit gepresster Stimme fragte sie:

«Was versprichst du dir davon, deinen Lehrerberuf aufzugeben und bei einem Leibarzt Diener zu sein?»

«Ich möchte gesund werden und vom ärztlichen Wissen des Doktors profitieren. Die Medizin interessiert mich schon lange. Ich hatte ja gehofft, Paracelsus hier in Basel zu treffen, aber er ist leider nicht mehr da. Ich möchte mehr wissen, als was man in der Volksmedizin an Mitteln anpreist, wie Fuchslunge gegen Schwindsucht und Hirschhorn gegen Vergiftungen oder Wolfseingeweide gegen Bauchgrimmen. Ich bin sehr gespannt, wie Epiphanius meinen Schwindel kurieren wird. Abgesehen davon, werde ich viele bedeutende Leute treffen, die beim Bischof ein und ausgehen.»

«Bei unseren Nachbarn verkehren auch interessante Leute, deswegen müssen wir nicht fortreisen. Oekolampad beherbergt stets viele wichtige Besucher, und erst noch solche, die unseren Glauben teilen.» Sie wandte sich ab und holte ihr Kind aus der Wiege. Es war Zeit zum Stillen. Thomas betrachtete sinnend seine kleine Familie. Lichtstrahlen fielen durch das kleine Fenster auf die beiden. Es war ein friedliches Bild, ein Moment der Vertrautheit und des Friedens. Er verstand, dass Anna das Zuhause nicht leicht aufgeben wollte.

«Ich gebe zu, dass die Glaubensfrage ein Problem sein wird, aber ich denke, wir werden nur so lange bleiben, bis ich ganz gesund bin. Sobald mich Doktor Epiphanius danach wieder ziehen lässt, kehren wir zurück. Wir lassen unsern Hausrat hier. Als Bedienstete brauchen wir nur wenig eigene Sachen. Ach Anni, ist es nicht auch ein wenig spannend, einen neuen Ort zu entdecken? Man erlebt etwas, man unterhält sich mit andern Leuten.» Anna blickte ihn verständnislos an. Sie machte sich keine Illusionen, im Gegenteil, sie sah alles klar vor sich. Am neuen Ort würde sie sich zuerst wieder zurechtfinden müssen. Arbeit und Pflicht gehörten auch jetzt zu ihrem Alltag, aber es war ein Unterschied, ob man es für sich oder für andere tun musste.

Der Tag begann trüb und unfreundlich. Der Schnee war seit einigen Tagen vergangen, und es regnete leise in den grauen Morgen hinein. Zarte Knospen kündeten den Frühling an, aber es war noch kühl. Anna hatte das Nötigste zusammengepackt, ihre braunen Haare sorgsam geknotet, eine Haube aufgesetzt und

Thomas geholfen, die Wiege wieder auf die Rückentrage zu binden. Das kleine Margretlin war nach kurzer Zeit eingeschlafen. So zogen sie zusammen schweigend aus der Stadt, vorbei am Torwächter vom Aeschentor, der sie kritisch musterte, auch vorüber am glücklicherweise leeren Galgen bis nach St. Jakob. Die Aussätzigen, welche dort in den Siechenhäusern hausten, waren nirgends zu sehen.

Nun folgten sie dem Fluss der Birs in Richtung Delsberg. Seit Tausenden von Jahren wand er sich durch das Tal, durch Wiesen und felsiges Gestein. Im Moment führte er wenig Wasser, die Schneeschmelze hatte noch nicht eingesetzt. Es war feucht und neblig, man konnte manchmal kaum zehn Schritte weit sehen, doch der Pfad war leicht zu erkennen. Der Fluss schlängelte sich zwischen Steinen und hohen Farnkräutern, Gras, Efeu und Dornengestrüpp hindurch. Umgestürzte Bäume und offen daliegende Wurzelstöcke nahmen im Nebel gespenstische Formen an. Niemand kam ihnen entgegen, niemand überholte sie, sie schienen weit und breit die Einzigen zu sein, die unterwegs waren. Ein streunender Hund folgte ihnen einige Zeit, dann verschwand er im Dickicht. Irgendwo raschelte ein Vogel in den Büschen. Anna lief dicht hinter Thomas her. Gelassene Ergebenheit lag auf ihrem Gesicht, ein bescheidenes sich fügen, weil es nun einmal so war.

Er geht etwas gebeugt, gar nicht zielsicher und aufrecht, wie ein gesunder Mann marschieren würde, es scheint mir eher, dass er ein wenig unlustig voranschreitet, ging es ihr durch den Kopf. Ihre Gedanken hemmten allerdings auch ihren Schritt und liessen sie nicht frohgemut vorwärtswandern. Thomas schien von einer inneren Unrast erfüllt zu sein, einem Zwang, stets andere Orte aufsuchen zu müssen. Sie hingegen war nicht geschaffen fürs Herumreisen. Sie träumte von einem Zuhause, einem eigenen Haushalt, zusammen mit Thomas und ihrem kleinen Kind, auch wenn es noch so bescheiden zu und her ginge. Doch sie hatte von klein auf gelernt, sich zu fügen. Tapfer schritt sie vorwärts.

«Verheiratet zu sein ist nicht schöner, nur anders», murmelte sie vor sich hin und erinnerte sich dabei an ihren Hochzeitstag. Dann hob sie den Kopf. «Es ist meine Pflicht, Thomas zu unterstützen, in guten wie in bösen Tagen.»

Doktor Epiphanius war ein kultivierter, leicht extravaganter Mann, gross gewachsen, mit messerscharfem Blick, buschigen Augenbrauen, mit langen, zur Seite fallenden schwarzen Haaren, vollen Lippen und einem kleinen, spitzen Bart. Zusammen mit Thomas stand Anna mit gesenkten Augen vor ihm und erwartete die ersten Anweisungen.

«Wir wollen keine Zeit mit Reden verlieren. Ich verordne Folgendes: Ihr geht beide abends zur Ruhe, sobald Ihr meint, dass niemand mehr klopfen wird, und Ihr schlaft am Morgen so lange, bis Ihr meint, dass noch niemand vorbeikommen wird. Und zum Frühstück esst Ihr zusammen eine gute Suppe.» Anna nickte gehorsam. Sie hörte die Worte mit Genugtuung – offensichtlich hatte der Arzt die gleichen Gedanken wie sie, was den asketischen Lebenswandel von Thomas anbetraf. Natürlich konnte sie nicht so lange im Bett bleiben, wie Epiphanius es forderte, denn schliesslich galt es, ein kleines Kind zu versorgen, aber Thomas würde sich hoffentlich daran halten.

Es dauerte tatsächlich nur drei Tage, und Thomas war sein Kopfweh und den Schwindel los.

«Siehst du, es war genauso, wie ich es immer sagte: mehr schlafen und richtig essen», konnte sich Anna nicht enthalten zu sagen, während sie in der Küche mit den russigen Töpfen hantierte. Sie unterdrückte den Zusatz, dass das auch in Basel möglich gewesen wäre. Doch Thomas erriet ihre Gedanken.

«Neben meinem Beruf als Lehrer wäre es mir nicht möglich gewesen, so viel zu ruhen», brummte er, «auch das Geld für eine nahrhafte Suppe hat uns gefehlt.» Anna musste ihm recht geben. Hier gab es reichlich zu essen, Geflügel, Linsen und Erbsen sowie Hirse und Hafer, Käse und sogar helles Weizenbrot, das nur bessere Leute assen. Thomas unterstützte den Doktor nach Wunsch und Befehl, legte sich abends früh schlafen und stand am Morgen erfrischt auf. Anna arbeitete nun wieder als Dienstmagd bei der Gemahlin von Epiphanius, einer hübschen, blonden und energischen Frau.

Eine unmögliche Person, dachte Anna, als sie sie das erste Mal sah, sie benimmt sich ganz anders als die Frau von Myconius. Weiss der Himmel, warum sie sich bei ihrem Gatten so selbstbewusst aufführen kann. Aber Epiphanius liess sich den fordernden Ton seiner Frau stets gefallen, während sich Anna fragte, warum er sie nicht zum Teufel jagte. Die Frau brauchte nur ihre grossen blauen Augen aufzusperren oder ihre schönen weissen Hände in unschuldiger Geste zu heben und zu murmeln: «Es tut mir schrecklich leid…» und schon erhielt sie, was sie sich wünschte, und der Ärger ihres Gemahls verflog.

Drei Monate weilten sie bereits in Pruntrut. Während Anna mit einem Krug auf den Schultern zum Wasserholen lief, erwog sie im Stillen bereits die Rückkehr nach Basel. Doch es sollte anders kommen.

Das kleine Margretlin, gerade ein Jahr alt geworden, machte seine ersten Schrittchen. Anna schaute entzückt auf das kleine tollpatschige Kind, freute sich riesig und erzählte es Thomas mit Stolz. Doch nur wenige Tage später erkrankte das Mädchen schwer. Anna sass verzweifelt an der Wiege und wusste sich nicht zu helfen. Als sie die kleine Beule entdeckte, war sie wie von Sinnen.

«Es ist die Pest, ach Thomilin, die Pest! Ich habe schon gehört, dass eine Epidemie im Anzug sei, und nun hat unsere Kleine bereits eine schmerzende Beule. Ich habe gleich Kohlblätter aufgelegt, aber sie bringen gar keine Besserung. Und was dein Doktor Epiphanius verordnet, hilft auch nicht. Was können wir nur tun? Gott steh uns bei! Schau, wie unser Margretlin sich quält. Es weint und windet sich vor Schmerzen. Es ist kaum auszuhalten, dabeizusitzen und nicht helfen zu können.» Thomas nickte nur, denn auch ihm fiel es sehr schwer, zuzusehen, wie sein kleines Kind leiden musste. Sein Herz krampfte sich zusammen und die Angst schnürte ihm die Kehle zu. Sie fühlten sich beide gefangen und umschlossen vom Unabänderlichen.

Drei lange Tage und Nächte harrten sie verzweifelt bei dem kranken Mädchen, versuchten es zu wiegen und zu trösten, machten Essigwickel, legten Kohlblätter auf und wischten sein Köpfchen mit einem kühlen, feuchten Tuch ab. Schmerzen quälten es und Fieber war dazugekommen. Schliesslich schloss es mit einem letzten kleinen Seufzer für immer die Augen. Anna und Thomas standen still und mit hängenden Armen da. Tränen liefen ihnen herunter. Sie wussten nicht, ob vor Traurigkeit, weil sie ihr Kindchen verloren hatten, oder vor Erleichterung, dass es nicht mehr leiden musste.

Anna flocht aus ein paar Wiesenblumen ein Kränzchen und legte es auf den kleinen, leblosen Körper in seinem dünnen weissen Hemdchen, und der Schulmeister von Pruntrut begrub das Kind hinter St. Michael.

In den folgenden Tagen waren beide zu keinen klaren Gedanken fähig. Anna fühlte eine grosse Leere in sich. Sie hatte schon einiges mitgemacht – als Kind hatte sie oft aus Einsamkeit geweint –, aber dies waren die traurigsten Tage ihres Lebens, und sie glaubte nicht, jemals wieder fröhlich sein zu können. Es war alles ohne Hoffnung und Trost. Es fiel ihr furchtbar schwer, sich ins Unabänderliche und Unfassbare zu schicken. Auch Thomas war es kaum möglich, seine Frau zu trösten, er litt selbst unsagbar. Während sie zusammen eine Suppe löffelten, meinte er mit brüchiger Stimme:

«Wir wissen beide, dass die Pest Unzählige dahinrafft und viele Eltern ihre Kinder ebenfalls begraben müssen.»

«Trotzdem ist es kein Trost», antwortete Anna nachdenklich. Dann nahm sie ihren ganzen Mut zusammen, schob verlegen eine braune Haarsträhne hinter das Ohr und meinte mit leiser Stimme:

«Ich möchte am liebsten weg von hier, Thomilin. Ich habe Angst, dass auch du ... oder ich ...»

«Ich weiss. So hat sich auch Epiphanius geäussert. Er lebt in immerwährender Angst vor der Seuche. Ich soll dich zu Vater Myconius nach Zürich bringen, hat er befohlen.» Anna blickte hoffnungsvoll hoch.

«Wir gehen nach Zürich?»

«Nur du. Vater Myconius wird dich aufnehmen. Ich kehre wieder hierher zurück. Wir warten ab, bis die Pestzeit vorüber ist, dann komme ich dich wieder holen. Es wird ja nicht ewig dauern.»

5. Kapitel

Als Thomas aus Zürich zurückkehrte, wohin er Anna gebracht hatte, sass Doktor Epiphanius allein am Tisch und schien betrunken zu sein.

«O Thomas! Du hast schlecht daran getan, die Anna wegzubringen», lallte er, ohne ihn zu begrüssen, «meine Frau ist an der Pest erkrankt, schon gleich nachdem ihr abgereist seid. Sie liegt in der Kammer und jetzt ist niemand da, um nach ihr zu sehen, denn auch ich fühle mich schon ganz schlecht. Ich habe Schmerzen in der Leistengegend.»

Thomas blickte erschrocken auf seinen betrunkenen Herrn. Es schien ihm wirklich nicht gut zu gehen. Er hatte zwar schon oft zu viel getrunken, vor allem mit dem Kellermeister des Bischofs. Nun aber schien es, als ob er seine Angst mit Wein zu betäuben versuchte. Entsetzt fragte Thomas:

«Ihr meint, die Krankheit hat auch Euch erwischt?» Epiphanius nahm einen weiteren kräftigen Schluck, lachte laut auf und nickte. Seine kräftigen, wenn auch braunen Zähne waren im Halbdunkel des Zimmers deutlich zu sehen. Thomas konnte sich nicht vorstellen, dass dieser robuste Mann krank werden könnte.

Doch am folgenden Morgen zeigte es sich, dass Epiphanius eindeutig von der Pest befallen war. Seine bleichen Lippen und die eingefallenen Wangen, vor allem aber eine Beule am Bein liessen keine Zweifel aufkommen.

«Thomas, wir müssen fort von hier. Wir gehen nach Delsberg. Der Bischof ist auch dorthin geflüchtet», befahl er mit gequältem Blick, seine buschigen Augenbrauen erhoben. Thomas fügte sich widerspruchslos, obwohl er den Sinn dieser Flucht nicht einsah. Die Pest hatte sie bereits eingeholt, wozu noch abreisen?

Doch sie kamen nicht weit. Mitten auf dem Weg fiel Epiphanius vom Pferd. Thomas hatte die allergrösste Mühe, den grossen, schweren Mann trotzdem bis nach Delsberg zu bringen. Noch schwieriger war es, in die Stadt hinein zu gelangen, der Torwärter hatte Befehl, keine Fremden hereinzulassen. Erst als sie dem Bischof eine Nachricht sandten, dass sein Leibarzt angekommen sei, liess man sie hinein. Sie erhielten beim Bischof Unterschlupf. In der Nacht wurde Epiphanius schwächer, begann immer heftiger zu schwitzen und konnte kaum mehr aufstehen. Er schien verwirrt und starrte nur noch benommen zur Decke. Er sah elend aus.

Natürlich kam dem Bischof zu Ohren, dass sein Leibarzt erkrankt sei. Er liess Thomas sofort zu sich rufen. Kerzengerade sass er vor einem wärmenden Kaminfeuer und musterte ihn streng. Eine Aura des Unantastbaren umgab ihn. Sein feistes, fahles Gesicht wirkte keineswegs gesund, seine Stimme jedoch war kräftig und befehlsgewohnt.

«Ich will nur eines wissen: Ist der Doktor an der Pest erkrankt?» Thomas wand sich, doch das Erfinden von Ausreden hatte er bei seinem Bettelstudenten jahrelang gelernt.

«Ich weiss es nicht, gnädiger Herr, er hat es mir nicht gesagt», versuchte er sich mit völlig ausdruckslosem Gesicht herauszureden.

«Heiliger Sebastian hilf! Es gibt alle Arten von Menschen, einige mit Verstand, viel mehr aber ohne Verstand. Ihr hättet den Doktor nicht herbringen dürfen. Führt ihn sofort weg von meinem Hof!», befahl der Bischof zornig und ernsthaft beunruhigt. Thomas nickte ergeben und zog sich mit einer Verbeugung zurück.

Die Strassen schienen leer, Thomas blickte ratlos um sich, er wusste nicht, wohin er sich mit dem Kranken wenden sollte. Nur Diebesgesindel und Vagabunden waren zu sehen sowie ein paar Mägde, die Besorgungen machten. Einige Hühner liefen umher, am Boden sonnte sich eine Katze. Ein Stallbursche hatte ihm empfohlen, nach Moutier zu ziehen, doch sein Herr war so schwach, dass Thomas zweifelte, ob er bis dorthin gelangen würde. Er hatte einen schlaffen Gang, hob kaum seine Füsse, die Arme hingen herunter, Thomas musste ihn stützen. In seinen hohen Lederstiefeln, dem Überrock mit Pelzbesatz und der schwarzen Ohrenkappe machte er trotzdem einen wohlhabenden Eindruck, so dass die Wirtin im *Weissen Kreuz* schliesslich bereit war, sie aufzunehmen.

«Geh zurück nach Pruntrut und hol meine Frau. Sie soll herkommen, falls sie mich nochmals sehen will», flüsterte Epiphanius mit schwacher Stimme.

«Sie ist doch auch krank», wagte Thomas einzuwenden, aber Epiphanius hielt seine Augen schon wieder geschlossen. Also machte sich Thomas folgsam auf den Weg.

Die Frau empfing ihn voller Zorn. Sie schien die Pest überstanden zu haben, war aber noch bleich und schwach. Doch die Wut färbte ihre Wangen rot. Thomas betrachtete sie von der Seite. Sie war eine schöne Frau, hätte sich da nicht etwas Kaltes und Unnachgiebiges unter der Oberfläche gezeigt.

«Ich soll zu ihm kommen, nachdem er mich einfach hier zurückgelassen hat? Ich will ihn nicht sehen, ob er nun krank ist oder nicht», sagte sie kaltschnäuzig, ohne die Augen niederzuschlagen. Thomas konnte es ihr nicht verdenken.

«Ich glaube wirklich, er wird sterben», versuchte er sie umzustimmen.

«Ich werde ihm sicher nicht nachlaufen. Nun soll er selbst erleben, wie es ist, wenn man in der Not im Stich gelassen wird.»

«Gut, aber bedenkt, es ist Euer Mann. Wenn er stirbt, wird sich zeigen, dass er Schulden hat, und Ihr geht leer aus.» Die Frau lachte ihn aus.

«Ich habe eine Alraune in meinem Besitz. Und wer eine solche sein Eigen nennt, wird nie arm werden.»

«Darauf würde ich mich nicht verlassen. Man wird Euch alles wegnehmen, was Ihr besitzt. Gebt mir mit, was Euch besonders am Herzen liegt, ich werde es nach Basel mitnehmen und für Euch aufbewahren.»

Die Frau zögerte einen Moment und musterte Thomas, ob sie ihm vertrauen könne. Seine blauen Augen blickten sie unverwandt an. Schliesslich nickte sie und begann alles zusammenzutragen, feine Hemden, einen silbernen Löffel, Schnupftücher und weitere Dinge, die ihr wertvoll erschienen. Darunter auch das Experimentierbuch ihres Mannes. Thomas griff eifrig danach. Darauf hatte er gehofft. Er wollte es abschreiben, bis sie es wieder bei ihm holen kam.

Sobald alles zusammengepackt war, eilte Thomas mit dem Gepäck zurück nach Delsberg. Dort fand er jedoch Epiphanius nicht mehr vor, denn der Bischof hatte ihn unterdessen mit Ross und Knecht fortbringen lassen nach Moutier. Thomas blieb keine Wahl, er musste dorthin, um seinen Herrn zu suchen. Das berühmte Kloster Moutier-Grandval hatte er noch nie gesehen, er war neugierig darauf.

Er fand Epiphanius jedoch in einem Wirtshaus. Der Wirt empfing ihn äusserst erbost. Er hatte unterdessen vernommen, dass ein Pestkranker in seinem Haus untergebracht worden war.

«Wenn Ihr nicht sofort mit Eurem kranken Herrn verschwindet, werfe ich Euch die Treppe hinunter», drohte er wütend.

«Wenn Ihr den Kranken die Treppe hinunterwerft, wird er tot sein, und Ihr seid schuld daran!», entgegnete Thomas unerschrocken, «lasst uns bis morgen hier. Ich werde mich dann um eine andere Unterkunft bemühen.»

Es zeigte sich bald, dass niemand bereit war, sie aufzunehmen. Thomas versuchte alles, flehte, drohte und warf den Leuten ihre Hartherzigkeit vor, ja er beschimpfte sie als gottlose Gesellen, aber man weigerte sich trotzdem standhaft. Die Angst vor der Seuche war viel zu gross, um jemanden umzustimmen. Thomas presste die Lippen zusammen und betrachtete die Umstehenden. Die Bauern in ihren kurzen Röcken und den langen Strümpfen waren durch nichts einzuschüchtern.

«So gebt uns wenigstens einen Stall, damit wir ein Dach über dem Kopf haben», bat er schliesslich. Er sah genau, dass es seinem Herrn immer schlechter ging und die Todesstunde nahte. Ein langes Schweigen folgte. Da erbarmte sich eine schwangere Frau und bot dem Dahinsiechenden ein Bett an. Sie ging sogar so weit, den Kranken auf den Mund zu küssen – die Umstehenden schauten entsetzt zu.

«Das nenne ich den Teufel versuchen, Gott schütze ihre Seele», raunten sie sich aufgeregt zu.

«Was ihr für einen meiner geringsten Brüder getan habt, das habt ihr mir getan. Heisst es nicht so?», fragte sie herausfordernd in die Runde. Die Leute begannen sich murrend zu zerstreuen.

Kaum lag Epiphanius im Bett, wandte er sich mit letzter Kraft an Thomas.

«Geh weg, fort nach Basel!», forderte er ihn auf. Thomas zögerte, obwohl ihm nichts lieber gewesen wäre, als fortzulaufen, weg von diesem Pestkranken. Aber sein Pflichtgefühl war stärker. Die tief eingesunkenen Augen des Doktors kündeten vom nahen Tod. Sein schwarzes Haar lag wirr um den Kopf.

«Jemand muss zu Ihnen sehen, Doktor, und ich bin Euer Diener», antwortete Thomas mit bewegter Stimme.

«Nein, du sollst weggehen. Hier, nimm das alles und bring es meiner Frau», forderte ihn Epiphanius auf, während er drei Ringe und einen vergoldeten Zahnstocher von einer Schnur löste, die er um den Hals trug. Danach zog er noch seinen Siegelring vom Finger und legte alles Thomas in die Hand.

«Tu, was ich dir sage. Mit mir geht es zu Ende – ich brauche dich hier nicht mehr.» Thomas zögerte noch etwas, dann verbeugte er sich leicht und ging.

Es war kühl geworden. Launisches Wetter mit viel Regen begleitete Thomas auf seinem Weg von Basel nach Zürich, denn er wollte Anna holen. Durch die Nässe wurde sein Umhang immer schwerer, es tropfte von seiner Hutkrempe, und seine dunkelblonden Haare wurden feucht und klebten an seinen Schläfen. Gerne hätte er sich irgendwo untergestellt, aber er beeilte sich, möglichst rasch weiterzukommen. Schon in Basel hatte man ihm zugeraunt, dass die Innerschweizer an ihrem alten Glauben festhielten und zur Schlacht gegen die Zürcher rüsteten. Sie hätten genug von der ihnen auferlegten Getreidesperre, die Zürcher würden sie zu wenig ernst nehmen, doch sie würden sich noch wundern. Thomas war ernsthaft beunruhigt. Der finstere Himmel trug dazu bei, dass ihm diese Kriegsgefahr nicht zu weit hergeholt schien. Mit jedem Schritt sog er die scharfe Luft ein und stolperte vor lauter Eile über die Äste auf dem morastigen Boden. Es roch nach Erde und Laub. Lange Brombeerranken hingen über den Weg, auf jedem Blatt schien ein Regentropfen zu kleben. Der Wind spielte mit den gelben Birkenblättern, die zahlreich auf den Boden segelten. Thomas unterhielt sich damit, in den kühnen, manchmal wunderlichen Formen der Wurzeln, Stämme und Äste immer wieder Fratzen und lustige oder unheimliche Gestalten auszumachen. Einige Reiter preschten an ihm vorüber. Während er einsam auf seinem Pfad dem Rhein folgte und kräftig ausschritt, lag der Nebel immer dichter. Alles schien nun fremd und unwirklich, ja unheimlich. Er erinnerte sich plötzlich an die Zeit, als er vor seinem Bettelstudenten geflohen war. Viele Jahre lagen dazwischen, doch das Gefühl von Einsamkeit stieg sofort wieder hoch. Er fuhr sich mit der Hand durch den Bart. Damals war mein Gesicht noch glatt, dachte er, man kämpfte auch noch nicht bis aufs Blut um den Glauben und brachte sich gegenseitig um. Was ich wohl in Zürich vorfinden werde?

Kaum war er in die Stadt einmarschiert, begannen die Sturmglocken zu läuten. Thomas rannte zum Haus von Myconius und bemächtigte sich einer Hellebarde und eines Degens, obwohl er wusste, dass er keine gute Klinge führen konnte. Er lief zusammen mit vielen andern aus der Stadt heraus, dem Feind entgegen.

Bald wünschte er jedoch, er wäre in der Stadt geblieben. Scharen von jämmerlich blutenden Verwundeten kamen ihm entgegen, einige hatten nur noch einen Arm, andere hinkten mit geschundenen Beinen oder trugen sogar ihre Eingeweide in Händen. Die Gesunden machten sich untereinander Mut, bei diesem Anblick nicht zu verzagen und trotzdem weiterzumarschieren.

Als sie nach Kappel kamen, dem Grenzort zwischen dem Kanton Zürich und den Innerschweizer Kantonen, war weit und breit kein Hauptmann zu finden. Niemand war da, um Befehle zu erteilen. Aber auch vom Feind war nichts zu sehen, keine Trommeln zu hören, auch keine Schüsse. War die Schlacht bereits geschlagen? Hunderte standen mit ihren Waffen verloren da oder irrten umher und wussten nicht, wohin sie sich wenden sollten. Schliesslich setzte sich Thomas zusammen mit anderen an eine steile Böschung. Sie entfachten frierend einige Feuer und verbrachten, immer wieder einnickend, die kalte Nacht.

Als der Morgen dämmerte, sprengte eine Gruppe von Reitern heran. Endlich ein Hauptmann! Seine Stiefel und sein Gewand waren jedoch verdreckt und nur noch ein Schatten der einst prächtigen Kleidung. Mit säuerlicher Miene berichtete er zögernd und verbittert von den Geschehnissen des vergangenen Tages, von den Toten und der verlorenen Schlacht. Mit ungläubigem Entsetzen und gesenkten Häuptern lauschten alle dem Bericht, einige fluchten, doch dann kehrten sie niedergeschlagen in die Stadt zurück.

Myconius wartete bereits ungeduldig auf Thomas und blickte ihm erwartungsvoll entgegen. Erschrocken betrachtete er seine verstörte Miene.

«Wie ist es ausgegangen? Ist Zwingli… sag, lebt er noch?» Thomas schüttelte traurig den Kopf. Seine Kehle war wie zugeschnürt, sein Gesicht maskenhaft starr. Er räusperte sich und überbrachte schliesslich die Hiobsbotschaft.

«Nein, die Schlacht ist verloren – und Zwingli ist gefallen.» Myconius sank auf eine Bank und flüsterte fassungslos:

«Er lebt nicht mehr?»

«Nein. Man hat ihn getötet und wie einen Ketzer gevierteilt und verbrannt», schloss Thomas mit dumpfer Stimme seinen Bericht.

«Dass Gott erbarm! Jetzt mag ich nicht mehr in Zürich bleiben.»

Da trat Anna in die düstere Stube ein. Sie blickte auf die beiden Männer. Die Wochen ohne Thomas hatte sie wie gewohnt mit Arbeiten hinter sich gebracht, doch nun war er wieder da, um sie zu holen. Aber er schien sie gar nicht wahrzunehmen.

«Was ist denn los?», fragte sie leise.

«Ach Anni, Zwingli ist tot, gefallen auf dem Schlachtfeld», antwortete Thomas und trat mit gesenktem Kopf auf sie zu. Sie legte ihm schweigend die Hand auf die Schulter. Das Wiedersehen hatte sie sich etwas anders vorgestellt, aber diese Mitteilung traf auch sie, es fühlte sich an, als ob ein Familienmitglied gestorben sei.

Die Stube war bald voller Leute, viele Schüler von Myconius drängten sich um den Tisch. Alle bewegte nur eine Frage: Wie soll es weitergehen ohne Zwingli? Eine grosse Ratlosigkeit herrschte vor, und Myconius sprach den meisten aus dem Herzen, als er meinte:

«Ich mag nicht mehr hier bleiben.»

«Wohin wollt Ihr denn gehen?»

«Ich weiss es nicht, einfach nur fort von hier, wo mich alles an meinen Freund Zwingli erinnert, fort an einen Ort, wo wir unsern Glauben ausüben können. Denn ich fürchte, die fanatischen Innerschweizer werden weiterhin keine Ruhe geben, jetzt, wo sie eine Schlacht gewonnen haben.» Thomas hob den Kopf, als ihm plötzlich eine Idee durch den Kopf fuhr.

«Kommt doch nach Basel, Vater Myconius, ich habe gehört, da sei eine Predigerstelle frei zu St. Alban.» In diesem Moment trat ein grossgewachsener Mann mit gestutztem schwarzem Bart und klobigen Stiefeln in die

Stube. Der stechende Blick seiner schwarzen Augen liess Tatkraft und Gedankenschärfe erahnen. Aufgeregt forderte er Myconius auf, ihm zu folgen.

«Ihr müsst fort von hier und irgendwo anders unterkommen. Wenn die rachedurstigen Innerschweizer einmarschieren, werden sie zuerst nach Euch suchen, da bin ich mir sicher», rief er eindringlich. Myconius fuhr sich durch den vollen Bart und stimmte zu. Er wandte sich an seine Schüler:

«Er hat recht. Gefahr droht immer von Fanatikern, sie sind unberechenbar. Kommt alle mit. Und du Thomas, schläfst bei mir in meinem Bett», forderte er ihn auf, ohne auf Anna zu achten. Sie blickte erschrocken auf. Thomas gehörte doch zu ihr, und auch Vater Myconius hatte eine Frau. Dachte denn niemand an die Frauen? Thomas bemerkte ihre besorgten Blicke nicht.

«Es wird gefährlich werden. Wir nehmen die Waffen mit und legen uns damit schlafen.» Anna wechselte einen Blick mit der Frau. Es schien klar, sie sollten beide zurückbleiben und das Haus hüten, während die Männer Myconius beschützen wollten. Alle stürmten zur Tür hinaus – in der Stube trat plötzlich Stille ein. Anna blickte den Männern mit dunklen Augen schweigend nach. Dann trat sie zum Tisch und begann wortlos die Becher zusammenzusammeln, während die Frau von Myconius zur Tür eilte und sie sorgfältig verriegelte. Anna betrachtete den Schürhaken beim Herd.

«Sie sollen nur kommen», murmelte sie drohend. Doch es blieb die ganze Nacht ruhig.

6. Kapitel

Der Abendhimmel war mit kleinen, wirren Wölkchen überzogen, und eine schwache Dezembersonne warf ihre Schatten in die Gassen von Basel, als Thomas und Anna dem Haus *Zum Löwenkopf* im Gässchen hinter dem Münster zustrebten. Der Winter hatte die Stadt fest im Griff. Ein kalter Wind pfiff Anna um die Ohren. Sie war zusammen mit Vater Myconius und dessen Frau von Zürich nach Basel gewandert. Durchfroren und müde vom dreitägigen Marsch öffnete sie die Tür, trat ein und sank auf die Bank an der Wand. Sie blickte sich zaghaft in der Küche um. Es schien eine Ewigkeit her, seit sie das Haus verlassen hatte. Nun war sie wieder da, aber alles kam ihr fremd und unwirklich vor.

«Ach Thomilin, nichts ist mehr, wie es war», seufzte sie kopfschüttelnd und rieb ihre kalten Hände. Thomas schien es ähnlich zu gehen. Seine blauen Augen wirkten leer.

«Das stimmt. Man glaubt gar nicht, dass nur wenige Monate seit unserem Wegzug verstrichen sind, so viel ist unterdessen geschehen.»

«Ja, im Frühling waren wir noch eine Familie. Dann zogen wir zu Epiphanius nach Pruntrut. Jetzt ist bald Weihnachten – und unser Margretlin lebt nicht mehr.»

«Auch Epiphanius ist gestorben.»

«Und Zwingli!»

«Und vor zwei Wochen auch noch unser Nachbar Oekolampad, der Basler Reformator. Sicher hat ihm der Tod von Zwingli zu schaffen gemacht. Er wurde krank und starb.»

«Alle starben in diesem Jahr 1531. Kein Wunder sahen wir im Sommer die Erscheinung am Himmel. Ein Komet ist immer der Vorbote grossen Unglücks.»

«Er war wirklich eindrücklich mit seinem langen Schweif. Und ein Unglück folgte tatsächlich, denn kurze Zeit später gab es ein furchtbares Gewitter mit nussgrossen Hagelkörnern. Die Reben erlitten gewaltigen Schaden, auch die Äpfel und Birnen.»

«Ein Komet kündet noch viel Schlimmeres an, ein Erdbeben, schwere Krankheiten oder den Tod eines Herrschers. Die Sterndeuter wissen viel zu berichten darüber, sie sind überzeugt, die Sterne lügen nicht.» Thomas setzte sich zu ihr auf die Bank und zog seine schwarze Kappe vom Kopf.

«Ich weiss, dass alle häufiger auf die himmlischen Zeichen als auf die Heilige Schrift vertrauen. Lass es gut sein, Anni. Es ist wirklich genug Trauriges geschehen in den letzten Wochen, ob mit oder ohne Komet. Wir müssen vorwärts schauen. Wir sind nun wieder hier in Basel. Vater Myconius wird bald seine erste Predigt in der Kirche St. Alban halten, und ich bin zufrieden, dass du wieder bei mir bist. Als Lehrer für Griechisch an der Schule auf Burg gibt es viel zu tun.»

«Ich bin froh, dass du wieder unterrichtest. Werden wir davon leben können?»

«Natürlich, ich habe einen guten Lohn ausgehandelt. Abgesehen davon habe ich auch noch das Rezeptbuch von Epiphanius abgeschrieben, zusammen mit meinem Freund Oporinus, jeder eine Hälfte. Doch das Doktorbuch wollte die Witwe von Epiphanius gar nicht haben, als sie alle Gegenstände bei mir abholte, die ich für sie aufbewahrt hatte. Nur das Rezept eines Abführmittels liess sie sich geben, damit sie etwas verdienen könne.»

«Damit will sie ihren Lebensunterhalt bestreiten?»

«Kaum. Aber ich denke, sie wird bald wieder heiraten, sie ist ja sehr hübsch.» Anna staunte über die Bemerkung, denn bis anhin hatte sie immer geglaubt, Thomas habe keine Augen für Frauen und würde sie gar nicht bemerken.

«Stimmt, hübsch ist sie, aber auch kalt und berechnend, und sie hat eine scharfe Zunge.»

«Ich weiss, ich möchte sie nicht zur Frau haben.» Anna zuckte mit den Schultern.

«Eine hübsche Frau ist selten geduldig, zurückhaltend und bescheiden, wie es sich gehört, doch sie findet trotzdem einen Mann. Die meisten Männer sehen nur das schöne Gesicht.» Thomas entgegnete nichts, nahm einen Feuerstein, schlug darauf, um etwas Zunder zum Glühen zu bringen, denn das Herdfeuer musste entfacht werden. Es war kalt in der Küche, Anna spürte die Kälte des Bodens, die langsam die Beine hoch kroch. Sie stand auf und begann, ihre Habseligkeiten auszupacken.

«Ich habe hier schon Wein bereitgestellt», meinte Thomas und deutete auf einen Krug auf dem Tisch.

«Gut, ich habe noch etwas Brot in meiner Tasche von unterwegs. Das dürfte ausreichen. Morgen koche ich dann eine Suppe. Ich will nicht, dass dir wieder schwindlig wird, Thomilin.» Er zeigte auf einen Holzteller, der neben dem Weinkrug stand.

«Unsere Nachbarin Wibrandis, die Witwe von Oekolampad, hat als Willkommensgruss ein paar getrocknete Birnenschnitze gebracht.» Anna angelte begeistert einen Schnitz vom Teller und biss mit grossem Genuss hinein. Mit vollem Mund meinte sie:

«Wie überaus nett von ihr. Mir tut sie sehr leid. Sie steht nun mit vier Kindern ohne Ehemann da.»

«Und die Basler ohne Haupt der Kirche.»

«In Zürich war man ebenfalls ratlos nach Zwinglis Tod. Aber dann fand sich doch jemand, der ihn wunderbar ersetzte. Heinrich Bullinger übernahm das Amt und hielt gleich eine donnernde Predigt auf der Kanzel im Grossmünster, dass es mir vorkam, als ob Zwingli auferstanden sei.» Anna hatte unterdessen ihren Hausrat in der Küche versorgt und begab sich nun zur steilen Treppe, um den Rest im oberen Stock unterzubringen. Während sie hochstieg, schloss sie zuversichtlich: «Ich denke, die Basler werden auch jemanden finden.»

Der Winter war kalt und schneereich, der Himmel meist mit einer grauen Wolkendecke überzogen.

Das Wasser in den Brunntrögen begann zu gefrieren. Niemand hielt sich länger als nötig im Freien auf. Jeder Tag war wie der andere, kalt und grau. Die Krähen hockten in den kahlen Bäumen und schwiegen. Einmal mehr sorgten Wolfsrudel vor der Stadt für Aufregung. Wie gut, dass eine Mauer die Häuser schützte und die Stadttore abends geschlossen wurden.

Als endlich der Frühling nahte und die Tage spürbar länger und wärmer wurden, ging Anna daran, das ganze Haus zu putzen und den Boden zu fegen. Danach machte sie sich auf den Weg, um auf dem Fischmarkt Fische zu kaufen. In ihrer frisch gewaschenen weissen Haube, mit dem grauen Schultertuch und dem grünen Rock aus Wollstoff bot sie ein ansprechendes Bild. Sie lief am Münster vorbei und den Schlüsselberg hinunter, eifrig nach rechts und links grüssend. Die meisten Leute kannte sie nicht persönlich, doch es mutete sie angenehm an, dass sie nicht mehr Dienstmagd war, sondern die Frau eines Lehrers, die ehrerbietig gegrüsst wurde. In der Freien Strasse herrschte ein ständiges Kommen und Gehen. Hin und wieder musste sie einem vorbeifahrenden Wagen ausweichen, dessen Räder knirschten. Handkarren wurden geschoben, Mägde huschten über die Pflastersteine, welche vor Nässe glänzten, und einige Frauen strebten dem Markt zu. Das prächtige Rathaus mit dem goldenen Türmchen mutete Anna nun nicht mehr fremd, sondern schon recht vertraut an. Der Kornmarkt erstreckte sich bis unter die drei Bogen des stattlichen Gebäudes. Anna lief daran vorbei, um zum Fischmarkt zu gelangen.

Dort fielen ihr vor allem die breitschultrigen Fischer auf, die ihren tropfenden Fang heranschleppten. Ein intensiver Fischgeruch stieg ihr in die Nase. Sie zog ihr graues Wolltuch fester um die Schultern, denn es blies noch ein kühler Wind. Sie liebte die Stimmung rund um den Fischmarktbrunnen, das Rufen der Fischverkäuferinnen, das Gezänk und Feilschen, Gelächter und Hundegekläff. Anna betrachtete versonnen die schmalen Handwerkshäuser, die den Platz einrahmten und den prachtvollen Brunnen mit den vielen Heiligenbildern am Brunnstock.

«Sie sind alle noch da», lächelte sie in sich hinein, «diese Heiligenfiguren haben den Bildersturm überstanden, Maria, Petrus und Johannes, sogar die drei Nothelferinnen Barbara, Katharina und Agnes.» Sie liebte die bunt gefassten Heiligenbilder, denn sie fühlte sich trotz der Reformation weiterhin mit ihnen verbunden, sie war mit ihnen aufgewachsen, sie gehörten zu ihrem Leben wie die Bäume und Blumen.

Rings um den Brunnen reihten sich die Fischbänke. Anna trat an den Stand ihrer Fischhändlerin, dem «Salmen-Anneli», welches sie stets bevorzugt aufsuchte, und grüsste freundlich. Eine Katze streckte neugierig ihren Kopf unter dem Fischstand hervor. Sie rechnete wohl damit, dass Fischreste auf den Boden fallen würden.

«Hier, diese Fische sind ganz frisch, mein Mann hat sie gerade gebracht», begrüsste das «Salmen-Anneli» sie zuvorkommend. Anna wählte sorgfältig einige aus.

«Die Fastenzeit gehört ja seit der Reformation der Vergangenheit an, trotzdem halte ich mich noch immer daran.»

«Das tun viele. Und unsere frischen Fische schmecken ganz wunderbar», versprach das «Salmen-Anneli» und begann sie auszunehmen. Danach legte sie sie auf die Holzplatte, welche Anna mitgebracht hatte, und deckte sie mit einem Tuch sorgfältig zu.

Nach Hause zurückgekehrt, nahm Anna ihre Haube und das Schürzentuch ab, ordnete ihr braunes Haar, band sich ein gebrauchtes Tuch um und begann, die Fische zuzubereiten, wusch sie, schuppte sie, und teilte sie in Stücke. Die Fischsuppe reichte meist für zwei Tage. Fleisch kam selten auf den Tisch, höchstens vielleicht einmal am Sonntag. Sie musste immer noch sehr sparsam umgehen mit dem Geld, obwohl mit ihrem Spinnen und Garnverkauf noch zusätzlich Verdienst hereinkam. Ihr Lebensstil blieb bescheiden, Thomas und sie waren es nicht anders gewohnt. Abgesehen davon war Anna wieder schwanger, und schon allein beim Gedanken an Fleisch wurde ihr übel.

Während sie mit hochrotem Kopf an der Feuerstelle stand und im grossen Topf die Suppe rührte, wartete sie ungeduldig auf Thomas, der jeden Moment aus der Schule heimkehren musste, denn sie hatte auf ihrem

Gang durch die Stadt Neuigkeiten erfahren. Kaum trat Thomas durch die Tür, platzte sie heraus:

«Stell dir vor, Wibrandis zieht nach Strassburg! Sie heiratet dort Wolfgang Capito.»

«Den Strassburger Reformator?»

«Ja. Capitos Frau ist kurz vor Oekolampad gestorben.»

«Ach so. Da liegt eine Heirat ja fast auf der Hand. Capito wird sich glücklich schätzen können mit Wibrandis, sie meistert ihre vielen Aufgaben ganz beispielhaft.»

«Ja, und ihre vier Kinder haben wieder einen Vater.»

«Capito dürfte allerdings einiges älter sein als Wibrandis, ich glaube, er ist sogar älter als Oekolampad, wenn ich mich recht erinnere.»

«Und der war auch schon mehr als zwanzig Jahre älter als sie. Wenn ich mir vorstelle, dass sie in eine ganz fremde Stadt ziehen wird zu einem viel älteren Mann, den sie kaum kennt ...»

«Nun, das ist das Schicksal der Frauen. Das kommt doch laufend vor.» Anna schwieg. Sie wusste, dass er recht hatte, und hoffte gleichzeitig, dass ihr ein solches Los erspart bliebe. Sie bückte sich und legte ein neues Holzscheit aufs Feuer. Dann suchte sie die getrockneten Kräuter hervor, welche sie sorgfältig aufbewahrt hatte, und würzte die Fischsuppe.

«Ich bedaure sehr, diese nette Nachbarin zu verlieren. Hoffentlich werden wir wieder angenehme Nachbarn bekommen.» Thomas schaute hoch und begann zu schmunzeln.

«Ich verrate dir ein Geheimnis: Es sieht fast so aus, als ob Vater Myconius Nachfolger von Oekolampad werden wird.» Anna starrte ihn an.

«Das ist nicht dein Ernst! Vater Myconius ist doch Schulmeister.»

«Nun ist er aber Prediger zu St. Alban! Und sehr bewandert in der Theologie. Es ist Empfehlung genug, dass er ein Freund von Zwingli war.»

«Ich würde mich natürlich riesig freuen, wenn er und seine Frau unsere Nachbarn werden. Dann wären wir ja fast so nah beieinander wie in Zürich.»

«Noch ist es nicht so weit, aber man erwägt es ernsthaft. Der Fähigste, Simon Grynaeus, will leider nicht Oekolampads Nachfolger werden.»

«Simon Grynaeus? Du meinst den Professor?»

«Ja, den Theologieprofessor an der Universität. Er ist im Lateinischen und Griechischen ein äusserst gelehrter Mann, aber auch in der Philosophie und den mathematischen Fächern sehr bewandert. Doch die Universität braucht ihn dringend, um die Neuordnung der Studien voranzutreiben, denn zahlreiche Professoren haben Basel verlassen, weil sie nicht zum neuen Glauben übertreten wollten. Grynaeus ist der geistige Führer der Basler Kirche, seit Oekolampad gestorben ist, ausserdem ist er wichtig für die Klärung der Kompetenzen zwischen Rat und Kirche.»

«Vater Myconius kann ebenfalls gut vermitteln. Er sagt immer, von jeder Seite gebe er etwas auf und nehme von jeder Seite etwas an. Ich meine, das wäre für alle Menschen in leitender Stellung wichtig.»

Thomas schaute überrascht auf. Das war eine Bemerkung, die er von einer Frau nicht erwartete. Frauen hatten sich nicht um öffentliche Belange zu kümmern. Er hätte Anna besser nicht von den Nachfolgeplänen im Münster berichten sollen, auch wenn sie die Sache mit Vater Myconius näher betraf.

«Du musst dich jetzt vor allem um unser Kind kümmern, welches wir bekommen werden», versuchte er vom Thema abzulenken. Es gelang ihm wider Erwarten sofort.

«Ich weiss. Wenn es ein Mädchen wird, möchte ich es wieder Margretlin nennen, was meinst du dazu?»

«In Erinnerung an unser erstes Kind – ja, das ist schön.»

«Hoffentlich bleibt es uns diesmal erhalten!»

«Wir werden eine Dienstmagd einstellen, damit du Hilfe hast. Wir können sie uns leisten», antwortete Thomas stolz. Anna nickte, obwohl ihr durch den Kopf ging, dass eine Magd kaum Schutz vor Krankheiten bewirkte.

Die Magd hiess Marie und fügte sich in kurzer Zeit in den Haushalt ein. Sie war klein und kräftig gebaut. Durch einen Unfall waren zwei ihrer Finger etwas verstümmelt. Auch schielte sie auf einem Auge, wofür sie natürlich nichts konnte. Sie war jedoch fleissig und scheute keine schwere Arbeit.

Wie es sich zeigte, war Annas Angst vor Krankheiten nicht unbegründet, denn bald gab es erneut eine Pestepidemie am Oberrhein. Die Gassen leerten sich, weit und breit war keine Menschenseele mehr zu sehen. Die Mägde und Frauen hasteten rasch zum Brunnen, um Wasser zu holen, sonst blieb man im Innern, hielt die Fenster geschlossen und hoffte, dass der Schwarze Tod vorübergehen würde. Andere beteten inbrünstig in den Kirchen, oft im Zweifel, ob man den Heiligen Sebastian noch um Hilfe anflehen durfte. Heilige hatten im neuen Glauben nichts zu suchen, aber die Macht der Gewohnheit und die lange Tradition, den Pestheiligen um Hilfe zu bitten, konnte nicht so rasch vergessen werden. Auf den Friedhöfen bestattete man täglich die vielen Toten. Nach Sonnenuntergang ging niemand ohne Herzklopfen daran vorüber aus Angst vor Dämonen, die dort zweifellos ihr Unwesen trieben.

«Ach Thomilin, wenn wir nur gesund bleiben!», meinte Anna bekümmert. Sie bewunderte Thomas, der mitten in diesen Wirren ruhig seine Schulstunden erteilte.

«Mit Gottes Hilfe werden wir die Seuche überstehen. Allerdings ist mir gerade mitgeteilt worden, dass ein Geselle von Oporinus gestorben ist. Er war Korrektor bei Herwagen. Nun fragt der Drucker mich, ob ich nicht das Korrigieren der Druckvorlagen übernehmen könnte, da ich ja auch Latein und Griechisch verstünde und mit Oporinus bestens bekannt sei.»

«Herwagen, der Drucker vom Totengässlein?»

«Nun ja, das war er bis vor Kurzem. Herwagen hat die Witwe des berühmten Druckers Froben geheiratet und führte zuerst die bedeutende Druckerei im Totengässlein zusammen mit Frobens Sohn weiter. Doch jetzt hat er sich selbständig gemacht und druckt im Haus *Zur alten Treu* am Nadelberg. Ich glaube, dass die Arbeit eines Korrektors neben der Schule zu viel Zeit beanspruchen wird. Ich werde es mir durch den Kopf gehen lassen und mich entscheiden, wenn die Pestzeit vorüber ist.»

Anna schwieg. Solange Thomas nicht wieder an einen andern Ort ziehen wollte und genug Verdienst hereinkam, war sie zufrieden. Wichtig war einzig und allein die Geburt ihres Kindes im Herbst.

Es war wieder ein Mädchen und sie nannten es Margretlin, in Erinnerung an das erste Kind. Anna war froh und glücklich, dass die Geburt ohne Probleme vorübergegangen war und sie genug Milch hatte, um das Kind zu stillen, denn mit ihren siebenunddreissig Jahren war sie nicht mehr die jüngste Mutter. Mit glänzenden Augen blickte sie auf das kleine Mädchen. Welch ein Glück, wieder ein Kind zu haben! Leise sang sie ihm ein Wiegenliedchen.

Die Pest war endlich abgeklungen, nachdem die heissen Sommertage vorüber waren. Thomas hatte sich unterdessen überreden lassen und war Korrektor bei

Buchdrucker Herwagen geworden. Neben dem Unterrichten an der Schule war es eine strenge Arbeit und verlangte grosse Konzentration sowie Kenntnisse in vielen Richtungen, denn man druckte Bücher über Theologie, Medizin und Philosophie.

Myconius hatte nun sein Amt als Hauptpfarrer am Münster angetreten. Der Gottesdienstbesuch liess jedoch in allen Kirchen zu wünschen übrig. Auch Pfarrer Gast in der Martinskirche war besorgt.

«Die Laster greifen je länger, je mehr um sich. Die Jungen saufen und die Töchter tanzen liederliche Reigen, man singt schändliche Lieder und besucht die Geliebte im Badehaus. Die Leute werden einfach nicht genügend bestraft», rief er empört aus, als er mit Thomas und dem Theologie-Professor Grynaeus zusammentraf. Pfarrer Gast war ziemlich gross und schlank, hatte ein längliches Gesicht und kräftige schwarze, glatte Haare. Seine Augen blickten herausfordernd zu Thomas. «Man muss in der Schule etwas unternehmen dagegen, diese Zügellosigkeit können wir nicht dulden.» Thomas reagierte betroffen:

«Seid versichert, wir Lehrer tun unser Möglichstes. Wir gehen am Sonntag dreimal mit den Schülern zur Kirche und erst noch am Dienstag. Aber wir brauchen auch die Unterstützung der Obrigkeit. Bis jetzt hat der Rat viel zu vieles stillschweigend geduldet.»

«Stimmt! Und wenn ich von der Kanzel der Martinskirche herab gegen strafbare Dinge wettere, so verbietet er es, weil es seine Sache sei, Verordnungen auszusprechen», beklagte sich Gast und wandte sich an Professor Grynaeus, «was tut denn die Universität dagegen?» Dieser schob energisch seine Wamsärmel zurück und sein spitzer Bart zitterte etwas, als er entgegnete:

«Wir haben schon genug gegen den Widerstand der Pfarrer in Stadt und Land zu kämpfen. Kommt erst einmal in die Vorlesungen!» Während Thomas das lebendige Gesicht von Grynaeus beobachtete, empfand er nicht nur Hochachtung, sondern auch Bewunderung für diesen Mann.

«Von Selbstständigkeit der Kirche kann keine Rede mehr sein», murmelte Johannes Gast betrübt. Thomas blickte erstaunt auf ihn.

«Scheint es Euch besser, wir wären wieder unter der Fuchtel des Bischofs?» Gast machte eine wegwerfende Handbewegung.

«Natürlich nicht. Doch ehrlich gesagt, habe ich es mir anders vorgestellt. Jemand meinte kürzlich, die Kirche fände auf dem Rathaus statt, und ganz unrecht hatte er nicht.»

«Es braucht Geduld. Der Übergang vom alten zum neuen Glauben gibt sehr viel zu regeln …», hob Grynaeus an, doch Johannes Gast unterbrach ihn:

«… und alle wollen in ihrem heiligen Eifer mitreden und bestimmen und sind getrieben von glühendem Ehrgeiz.»

«So ist es. Der Herr gebe uns die nötige Weisheit!»

7. Kapitel

Es folgte ein Jahr ohne besondere Ereignisse, abgesehen davon, dass Anna und Thomilin vom Gässlein hinter dem Münster auf den gegenüberliegenden Hügel in die Nähe der Peterskirche zogen, ins Haus neben dem Schulmeister von St. Peter. Und dass in der Wiege nun ein weiteres kleines Mädchen lag, das sie Ursula genannt und in der Peterskirche getauft hatten. Anna liebte die Peterskirche, hier fand sie es intimer als im Münster, welches bis anhin ihre Kirche für den Gottesdienst gewesen war. Die magische Stille, die sie umfing und vom Lärm draussen abschirmte, tat ihr wohl. Die vielen Malereien waren auch hier übertüncht worden, trotzdem wirkte der Raum im spärlichen Licht, welches die Fenster herein liessen, angenehm beruhigend. Die Kirche thronte, wie auch die andern vielen Kirchen von Basel, erhöht über dem Tal, in welchem das Rathaus und die vielen Zunfthäuser standen, und vor allem entlang des schmalen Flusses Birsig die Handwerker in ihren Häusern lebten und die Werkstätten betrieben.

Am Brunnen an der Petersgasse tauschten die Magd Marie und die Magd von Drucker Herwagen die Neuigkeiten aus.

«Mich nimmt wunder, ob dein Herr Platter bemerkt, dass Herwagen ein Auge auf die Frau vom jungen Froben geworfen hat.» Marie schüttelte energisch den Kopf.

«Der Herr Thomas bemerkt gar nichts, er ist viel zu sehr mit seinen Studien beschäftigt.» Sie kicherten beide.

«Es ist aber kaum zu übersehen, wie sich die junge Frau Froben und Herwagen verliebt in die Augen schauen und das Weib ständig bei uns ein und aus geht.»

«Ich habe Mühe, das alles zu verstehen. Ich weiss, dass die Witwe des berühmten Buchdruckers Froben deinen Meister Herwagen geheiratet hat.»

«Richtig. Zudem hat sie einen Sohn aus erster Ehe, welcher die bedeutende Druckerei Froben nun an der Bäumleingasse weiterführt und der seit einiger Zeit auch verheiratet ist.»

«Und diese junge Frau Froben hat nun etwas mit Herwagen, dem Stiefvater ihres Mannes?»

«Genau so ist es.»

«Und niemand merkt etwas?», fragte Marie lauernd.

«Der junge Herr Froben hat viel zu viel mit seiner Druckerei zu tun, vor allem, weil der berühmte Erasmus von Rotterdam nun sein Gast ist und bei ihm wieder drucken lässt. Abgesehen davon ist er viel zu gutgläubig, um auf die Idee zu kommen, dass seine Frau mit seinem Stiefvater …» Martha trat noch etwas näher auf Marie zu und sagte verschwörerisch: «Sie sind raffiniert und treffen sich heimlich in einer kleinen, abgelegenen Kammer in unserm Haus. Ich sah sie einmal zusammen herauskommen und bemerkte, wie verlegen die junge Frau reagierte, weil sie da ganz und gar nichts zu suchen hatte.»

«Und Herwagens Frau merkt nicht, dass diese Frau so oft auftaucht?»

«Ich weiss es nicht. Was soll sie schon gross unternehmen?»

«Man kann sich doch jetzt scheiden lassen, seit wir den neuen Glauben haben.»

«Da käme sie schlecht weg. Von wem auch der Grund zu einer Scheidung ausgeht, Leidtragende ist doch immer die Frau. Sie müsste mit weniger Geld auskommen, und wie jeder alleinstehenden Frau würde ihr ein Beistand zugeteilt.»

«Da ist es wohl klüger zu schweigen und nichts zu merken.» Sie waren sich einig. Martha setzte den Wassereimer auf den Kopf, während Marie schwungvoll ihren Krug auf die Schulter nahm. Zufrieden mit sich und der Welt strebten sie ihren Häusern entgegen, denn es zeigte sich wieder einmal, dass es auch bei den Herrschaften moralisch nicht einwandfrei zu und her ging, und Probleme auftauchten, die nicht mit Geld zu lösen waren.

Einige Wochen später trat Thomas mit leichten Schritten ins Haus. Anna sass in der Küche mit dem sechs Monate alten Urseli im Arm und stillte es. Das kleine, blond gelockte Margretlin rannte Thomas freudig entgegen. Während er ihm über das Haar strich, meinte er:

«Anni, ich werde nun Druckerherr. Als Drucker kann man mit wenig Arbeit viel Geld verdienen.»

«Wenn ich sehe, wie die Frauen der Drucker herausgeputzt daherkommen, so muss das Gewerbe tatsächlich viel Geld einbringen», meinte Anna spöttisch.

«Möchtest du denn nicht Frau eines Druckerherrn sein? Ruprecht Winters Frau beschwatzt ihn schon lange, er soll sich mit Oporinus zusammentun und eine Druckerei aufmachen.»

«Welcher Mann hört schon auf seine Frau!»

«Wir haben mit Balthasar Ruch einen ausgezeichneten Setzer gefunden, der bereit ist mitzumachen. Er arbeitete bis jetzt in der Froben Druckerei.» Anna starrte ihn entgeistert an.

«Du meinst es ernst und redest nicht einfach so daher? Du willst tatsächlich Druckerherr werden? Gibt es nicht schon mehrere Dutzend Druckereien in der Stadt? Woher willst du denn die Gerätschaften nehmen und wo willst du drucken?»

«Gleich unten an der Petersgasse. Das hat sich wunderbar ergeben: Wir können Andreas Cratanders Werkstatt benutzen und seine Werkzeuge für 800 Gulden kaufen, denn er ist jetzt Buchhändler geworden und druckt nicht mehr. Er sagt, seine Frau wolle nichts mehr mit der Sudlerei zu tun haben.» Anna schluckte.

«800 Gulden? Woher haben wir denn so viel Geld?»

«Wir sind zu viert, Oporinus, Ruprecht Winter, Balthasar Ruch und ich. Ich habe 200 Gulden aufnehmen müssen, und Ruprecht hat ein paar Dinge versetzt. Es wird sich bestimmt auszahlen, das versichere ich dir.

Meine Lehrtätigkeit werde ich weiterhin ausüben.» Anna merkte, dass alles längst beschlossen war. Mit einem Seufzer legte sie das kleine Urseli in die Wiege zurück. Dann richtete sie sich auf und mass Thomas mit einem langen bohrenden Blick. Sie wusste, dass sie bei ihm einen Wutausbruch auslösen könnte, deshalb versuchte sie, die Tatsachen möglichst gleichgültig zu formulieren.

«Du willst also Druckerherr werden, hast 200 Gulden Schulden sowie eine Familie zu ernähren», fasste sie zusammen und ihre Stimme klang bitter. Schliesslich musste auch sie es ausbaden, wenn kein Geld vorhanden war.

«Ja, und ich werde nun Basler Bürger und bin bei der ehrenwerten Zunft zu Hausgenossen zünftig, anders kann man kein eigenes Geschäft führen.»

«Und wie wollt ihr die gedruckten Bücher an den Mann bringen?»

«Wir werden regelmässig nach Frankfurt an die Messe reisen – ich bringe dir dann jeweils etwas Schönes mit, hübsche Kissen oder Zinngeschirr.»

«Wenn ihr das ganze Geld für Krämerei ausgebt, bleibt bestimmt nicht mehr viel übrig.»

Thomas fuhr sich genervt durch seinen dünnen Bart. «Ich freue mich darauf, in Strassburg als Druckerherr aufzutreten. Als ich das letzte Mal dort war, konnte ich noch nicht einmal lesen und schreiben und musste die Stadt wieder verlassen, weil ich kein Geld hatte. Aber jetzt sieht alles anders aus.»

Anna konnte verstehen, dass ihn dieser Gedanke beflügelte.

«Vermutlich erinnert sich niemand mehr an dich, das ist doch schon so lange her.»

«Es genügt, dass ich es weiss! Lass mich nur machen, Anni, du wirst sehen, dass dir das Leben als Druckerfrau gefallen wird.»

«Ich habe meine Zweifel. Es bedeutet, dass du bessere Kleider tragen musst aus kostbareren Stoffen, das gehört sich so», entgegnete sie mit besorgtem, widerwilligem Blick und musterte seine Kleidung. Ihre braunen Augen schienen dunkler als sonst. Sie selbst hatte sich noch nie etwas aus schönen Kleidern gemacht. Ob ihre Haube aus Zwirn, Leinen oder Samt war, kümmerte sie wenig.

«Für mich ist es eine neue Herausforderung. Einst war ich Geisshirt, dann lief ich jahrelang bettelnd durch Europa, danach war ich Hilfslehrer und Korrektor, doch nun bin ich Druckerherr, und das mit 36 Jahren. Es hängt natürlich viel von unserm Verstand ab und braucht ein gehöriges Mass an Kaltblütigkeit.» Anna schüttelte den Kopf.

«Die Leute werden etwas zu reden haben! Drei Dinge sind es, die besonders geschätzt werden beim Tratsch: etwas zum Staunen, etwas, um darüber den Kopf zu schütteln, oder etwas, um darüber zu lachen – du sorgst im Moment für mindestens zwei dieser gewünschten Dinge. Ich werde in den nächsten Tagen Marie zum Einkaufen schicken, damit ich es mir nicht anhören muss.» Thomas verliess den Raum und setzte, während er die Türe unsanft schloss, unwirsch hinzu:

«Frauen verstehen einfach nichts vom Geschäft.»

Der Anblick der Pressen machte Thomas stolz. Es roch nach Leder und Druckerfarbe, denn ein Mitarbeiter war gerade am Einfärben, ein anderer drehte kräftig am Schraubstock der Druckplatte. Balthasar Ruch stand vor dem Setzkasten, an welchem eine Vorlage befestigt war, und fügte konzentriert die einzelnen Bleilettern in einen Setzrahmen ein. Auf einem separaten Tisch standen Federkiel und Federn, ein Tintenfass und Siegelwachs, auf einem andern Tisch lag ein Stapel von sorgfältig bedruckten Papieren. Der Wand entlang waren an Seilen einige frisch gedruckte Papiere zum Trocknen aufgehängt. Thomas betrachtete zufrieden ihr Druckersignet, die Minerva. Sie galt als Hüterin des Wissens und war die Schutzgöttin der Dichter und Lehrer.

Anna hatte mit Recht bemerkt, dass die Konkurrenz gross war. Die vielen Drucker versuchten, sich mit besonderen Werken und bekannten Verfassern gegenseitig auszustechen. Dazu gehörte auch der junge Froben, der das grosse Glück hatte, dass vor kurzem Erasmus von Rotterdam aus Freiburg im Breisgau nach Basel zurückgekehrt war. Thomas bewunderte dessen Werke – er erinnerte sich immer noch an das *Lob der Torheit*, das ihm Myconius einst stolz gezeigt hatte – vor allem die gewählte und elegante Sprache beeindruckte ihn. Sie war sprühend und wohlklingend und manchmal mit einem leisen Spott versehen. Sie begeisterte jeden Leser. Von solchen Werken konnten Thomas und seine Mitstreiter nur träumen.

Anna hatte unterdessen begonnen, Kostgänger aufzunehmen, um zusätzlich Geld zu verdienen. Die Schulden mussten ja irgendwie abbezahlt werden. Die jungen Männer erschienen stets zum Essen, schliefen aber an einem andern Ort. Zusammen mit der Magd Marie war sie rund um die Uhr beschäftigt mit Wasser holen, Feuer machen und kochen, Garn spinnen und Kinder versorgen. Die vielen Leute, welche jeweils zum Essen kamen, zwangen sie, täglich eine Menge einzukaufen, auch wenn sie bescheidene Mahlzeiten auf den Tisch brachte. Nur am Sonntag gab es eine Nachspeise, süssen Reis oder gedörrte Apfelschnitze.

Anna zog eine frische, weisse Haube über den Kopf und lief zusammen mit den beiden kleinen Mädchen Margretlin und Urseli das Totengässlein zum Marktplatz hinunter. Margretlin bemühte sich, mit der Mutter Schritt zu halten, das einjährige Urseli sass vergnügt auf ihrem Arm. Weil es in der Nacht stark geregnet hatte, war der Boden morastig. Anna hatte sich unter ihre braunen Lederschuhe Trippen geschnallt, eine Art Holzsandalen mit hinten und vorne erhöhtem Absatz. Trotzdem musste sie den Saum ihres dicken, dunklen Wollrockes manchmal etwas anheben, damit er nicht zu stark verschmutzte, denn es lag viel Unrat in der Gasse, vor allem Knochen und Fäkalien. Ein stinkendes Rinnsal bahnte sich seinen Weg abwärts. Sie nahm Margretlin an die Hand, damit es mit seinen nackten Füsschen nicht hineintrat. Ein paar Hühner stoben aufgeregt gackernd auf die Seite, weil ein grosser Hund dahergerannt kam, während sich die Mädchen ängstlich an Annas Rock drückten.

Als sie schwer beladen wieder zurückkehrten, sank Anna auf die Bank in der Küche. Sie war in letzter Zeit oft erschöpft, denn sie erwartete wieder ein Kind. Sie wusste, wie sehr sich Thomas einen Sohn wünschte, und hoffte, dass sich der Wunsch diesmal erfüllen würde, denn mit ihren über vierzig Jahren glaubte sie nicht, noch oft schwanger zu werden.

Das Herdfeuer qualmte, der Rauch biss in ihren Augen. Sie musste rasch handeln und stand leise seufzend auf, um das Feuer wieder anzufachen. Wo sich nur die Magd Marie wieder herumtrieb? Über der kniehoch gemauerten Feuerstelle hing der grosse Topf mit dem Erbsmus. Es war eine schwenkbare Hebevorrichtung über dem Feuer platziert. Anna liess die Flammen und den Topf nicht aus den Augen. Urseli hatte gerade vor wenigen Tagen Gehen gelernt, und Anna wusste, im Handumdrehen konnte etwas passieren. Manchmal war es einfach nicht zu erahnen, was in den kleinen Köpfchen vorging. Margretlin rannte ununterbrochen hin und her, Urseli versuchte, hinterherzulaufen, fiel aber immer wieder hin. Manchmal stritten sie auch miteinander und schubsten sich. In der engen, dunklen Küche gerieten sie deshalb oft zu nahe an die Herdstelle. Kleinere Brandwunden waren fast nicht zu vermeiden. Anna hatte stets die Salbe griffbereit, welche sie aus Teilen von Wacholder, ungesalzenem Schweineschmalz und einem rohen Ei zusammen verrührt und gekocht hatte.

Da trat die Magd Marie mit einem schweren Kessel frischen Wassers in die Küche und stellte ihn seufzend auf den Boden. Sie schob aufgeregt mit der Hand einige vorwitzige braune Haare aus dem Gesicht. Ihre Augen blickten bekümmert.

«Im Nebenhaus ist etwas Schreckliches passiert: Der kleine Hugo ist in einen Kessel mit heisser Suppe gefallen!», berichtete sie aufgelöst, «er hat es nicht überlebt.» Anna schaute sie entsetzt an und sank auf die Bank.

«Das ist ja furchtbar! Wie ist das denn passiert?»

«Ihr kennt doch Veronika, die Magd? Sie hielt den Kleinen auf dem Arm – ich darf mir gar nicht vorstellen, wie sie sich jetzt fühlt.»

«Um Himmels willen! Die Magd hat ihn nicht halten können?»

«Hugo war ein sehr lebhafter Knabe. Veronika rührte im Kessel und er beugte sich plötzlich abrupt vor und kippte von ihrem Arm, bevor sie reagieren konnte. Und bis sie sich gefasst hatte und ihn aus dem heissen Kessel …» Marie versagte die Stimme und Anna schauderte.

«Ich weiss gar nicht, was ich in so einem Fall tun würde.» Dann wandte sie sich an die kleinen Mädchen: «Habt ihr gehört? Man darf nicht zum Feuer gehen, sonst passiert etwas Schlimmes!» Beide blickten sie mit grossen Augen an. Anna hoffte, sie hätten es begriffen. «Kommt, wir gehen hinauf, um die Zimmer in Ordnung zu bringen. Marie, schaut bitte nach dem Erbsmus.» Die Kleinen sprangen begeistert die Wendeltreppe hoch. Anna lächelte mild. Was für ein Glück, zwei gesunde Kinder zu haben. Obwohl sie das Schicksal im Nachbarhaus schwer getroffen hatte, begann Anna leise zu summen: «Ein feste Burg ist unser Gott». Luthers Choral passte in allen Lebenslagen.

Es war Sonntag. Es hatte aufgehört zu regnen, der Wind blies weniger stark als in den vergangenen Tagen, und hin und wieder liessen die Wolken sogar einige Sonnenstrahlen durch. Nach dem Gottesdienstbesuch unternahmen Anna und Thomas mit den Kindern zusammen einen Spaziergang auf dem Petersplatz. Diesen Park mit seinen vielen Bäumen, der ganz in der Nähe ihres Hauses lag, besuchten sie gerne. Er befand sich innerhalb der Stadtmauer, so dass man ohne Angst vor wilden Tieren spazieren gehen konnte. Ringsum den Platz war stachliges Gehölz gepflanzt, damit sich keine Hühner oder anderes Getier darauf verirrten. Für die Kinder war der Park voller Geheimnisse. Unter den hohen Bäumen entdeckten sie Seiltänzer, Kartenleger,

Petersplatz (Stich von Matthäus Merian)

Zauberer, Gaukler und Spielleute. Eifrig schauten die Kinder auch bei den Wettrennen, den Ballspielen oder beim Steinstossen zu. Bei der Stadtmauer, die sich direkt hinter dem Platz und dem Stachelschützenhaus entlangzog, wurden etwas abgesondert Schiessübungen mit der Armbrust durchgeführt. Frauen und Kinder durften nicht in die Nähe, während die Männer sich drängten, um zusehen zu können. Beim Wettschiessen wurde auf gemalte, bewegliche Figuren gezielt. An besonderen Tagen erhielt der beste Schütze einen Preis, meist ein Paar neue Hosen.

Während sie zusammen mit den Kindern gemächlich herumspazierten, eröffnete ihr Thomas:

«Anni, sobald es richtig Frühling wird, ziehen wir um zur Druckerei ins Haus *Zum schwarzen Bären* an der Petersgasse.» Anna blieb überrascht stehen.

«Umziehen? Unser Heim ist doch ganz in Ordnung», verteidigte sie ihr Zuhause.

«Aber es wird zu eng werden, wenn unser drittes Kind auf die Welt kommt. Auch für unsere Kostgänger gibt es an der Petersgasse mehr Platz. Ich kann darüber hinaus stets ein Auge auf unsere Druckerwerkstatt haben. Und abgesehen davon kostet es uns nicht mehr als hier.» Das letzte Argument überzeugte Anna.

«Gut, wenn du meinst. Doch es muss bald sein. Im Herbst kommt unser Kind auf die Welt.»

«Es ist eine gute Wohngegend mit wohlhabenden Familien ringsherum.»

«Ja, ich weiss: *Mürli, Sürli, Zschekkenpürli, Ofentürli, Grieb und Schweinefleisch sind der beste Adel, den ich in Basel weiss*»[2], zitierte Anna den Abzählvers, welchen sie immer wieder von den Kindern auf der Strasse gehört hatte. Thomas lächelte zufrieden. Er hatte sorgfältig diesen lockeren Moment gewählt, um Anna den Wechsel schmackhaft zu machen.

Den Umzug ins neue Heim an der Petersgasse[3] bewältigte sie mithilfe der Magd zum Glück ohne weitere Probleme. Die Wohnung über der Druckerei war tatsächlich grösser und behaglicher als vorher. Vom fensterlosen Flur führte eine hohe Schwelle zur getäferten Stube mit einem breiten, mehrteiligen Fenster. Auch Kammern waren zahlreich vorhanden, während ein kleiner Garten neben dem Haus für Anna die Möglichkeit bot, etwas Gemüse anzupflanzen.

Manchmal dachte sie zurück an die Zeit im Wallis, als sie mit ihrem ersten Kind schwanger war. Die Tage dort gehörten zu ihren schönsten Erinnerungen. Es waren glückliche Stunden gewesen, als sie mehr und

---

2 Die wohlhabenden Familien Murer, Sürlin, Zschekkenbürlin (ursprünglich Ceccopieri) Offenburg, Grieb und Eberler wohnten an der Petersgasse.

3 Petersgasse 13, heute der hintere Eingang zum Spiegelhof

mehr bemerkte, dass sie keine Magd mehr war und schalten und walten konnte, wie es ihr behagte, und darüber hinaus ein Kind erwartete. Unterdessen hatte sie viel erlebt. Sie sah der Geburt weniger hoffnungsfroh entgegen als damals. Ihr Alter machte sich bemerkbar, die Schwangerschaft ermüdete sie mehr denn je.

Kaum waren sie umgezogen, geschah etwas Aussergewöhnliches: Im Juli 1536 starb der berühmte Erasmus von Rotterdam. Die ganze Stadt war bestürzt und mit Trauer erfüllt Gleichzeitig herrschte auch eine gewisse Ratlosigkeit vor, denn Erasmus hatte ja nie dem alten Glauben abgeschworen. Thomas fuhr sich nachdenklich durch den Bart.

«Wo wird er nun begraben? Als Katholik im reformierten Basel wird es keinen passenden Ort geben, oder?», fragte er besorgt seine Kollegen in der Druckerwerkstatt. Oporinus wusste es besser.

«Der Rat hat beschlossen, diesen berühmtesten aller Gelehrten im Münster zu bestatten, obwohl dieses seit sieben Jahren nicht mehr als Grablege dienen darf.»

«Im Innern des reformierten Münsters? Und nach welchem Ritus? Nach dem alten Glauben ginge es mir wirklich zu weit, obwohl ich Erasmus sehr schätzte.»

«Nein, nein. Die Abdankung wird nach reformierter Ordnung durchgeführt werden. Man bettet ihn auch nicht nach alter Regel ins Grab, nicht mit dem Kopf im Westen mit Blick nach Osten, sondern umgekehrt.»

«Was man sich für Gedanken macht und welche Kompromisse man eingeht! Und wo im Münster soll seine Grabstätte sein?»

«Beim Lettner vor dem Altar der ehemaligen Marienkapelle, dort, wo das Grab vom Schiff aus gut zu sehen ist», mischte sich Ruprecht Winter ein. «Bonifacius Amerbach legt sich sehr ins Zeug, um seinem Freund die ihm zustehende Ehre zukommen zu lassen. Bürgermeister, der Rat und die Professoren der Universität werden den Toten geleiten, es gibt also eine Beerdigung, die nur Leuten in höchstem Amt und Würden zusteht.»

«Das scheint mir durchaus am Platz zu sein. Diesen berühmten Gelehrten kann man nicht hoch genug ehren. Er hat ja stets eine gewisse Toleranz gegenüber anderen Glaubensrichtungen gezeigt.»

«Das hat vielen nicht gepasst. Die Menschen wollen immer klare, griffige Regeln, nach denen sie sich richten können.»

«Antistes Myconius hält die Leichenpredigt», fügte Ruprecht bei, ohne auf die andern einzugehen. Thomas nickte erfreut.

«Sehr schön. Wenn ich daran denke, dass Myconius das *Lob der Torheit* von Erasmus seit vielen Jahren hütet wie einen Schatz, so kann ich dem nur zustimmen. Für mich ist in jenem Buch alles wunderbar zusammengefasst: Das ganze Treiben der Menschen ist ein Spiel der Torheit.»

Die Herbstmesse hatte begonnen, ein Ereignis, das für die Bevölkerung der Stadt guten Verdienst und auch viel Unterhaltung bot. Anna liebte den Herbst, denn die Blätter liessen ihre schönsten Farben spielen, goldgelb und rot. Sie konnte davon allerdings wenig sehen, denn sie kam nicht dazu, ausserhalb der Stadt die Natur zu betrachten, sie musste sich mit den Bäumen innerhalb der Mauern begnügen. Es war schon recht kalt. Anna gefiel der Gedanke an den nun bald folgenden Winter gar nicht.

Gerade hatte sie beschlossen, auf den Marktplatz zu gehen, als die Wehen einsetzten. Sie hiess die Magd Marie schnell die Hebamme rufen. Es gab deren acht in der Stadt, welche von der Obrigkeit vereidigt waren. Ein Arzt hatte nichts zu suchen am Bett einer Gebärenden, er wurde nur zugezogen, wenn das Leben der Mutter auf dem Spiel stand. Anna hatte sich die Hebamme Elsa ausgewählt. Sie war schon bei der Geburt des kleinen Urseli dabei gewesen.

Anna schien es einmal mehr, sie hätte noch nie so starke Schmerzen erleiden müssen, dabei hatte sie gehofft, bei der vierten Geburt ginge es etwas schneller und weniger schmerzvoll. Als das Kind nach langen Stunden endlich auf die Welt kam, lag sie erschöpft da.

«Es ist ein Sohn», verkündete die Hebamme Elsa feierlich und legte das Neugeborene in Annas Arme. Thomas blickte strahlend auf die beiden.

«Ein Sohn! – Eine grössere Freude hättest du mir nicht machen können, Anni.» Sie lächelte selig. Ihr innigster Wunsch war in Erfüllung gegangen. Was wollte sie noch mehr?

«Wir nennen ihn Felix, denn wir sind glücklich und er soll glücklich werden, nicht wahr? Vater Myconius hat mir den Namen ans Herz gelegt. Er hatte selbst einen Sohn namens Felix.»

«Mir ist das sehr recht. Es erinnert mich an Zürich, dort ist es ein sehr beliebter Name. Felix und Regula sind ja die Stadtpatrone.»

Die beiden Mädchen freuten sich sehr über das kleine Brüderchen, auch wenn es sich zeigte, dass man noch nicht mit ihm spielen konnte. Thomas las sehr sorgfältig die Paten aus. Niemand Geringerer als Simon Grynaeus war bereit dazu. Anna konnte bei der Taufe, die drei Tage nach der Geburt stattfand, nicht dabei sein. Strenge Bettruhe war allen Müttern in der ersten Zeit angeraten, damit sich kein Kindbettfieber einstellen und keine Ansteckung irgendwelcher Art erfolgen konnte.

Am folgenden Tag kam die Magd begeistert von der Herbstmesse nach Hause und konnte vor Aufregung kaum berichten, was sie erlebt hatte.

«Ein Spielmann führte einen lebendigen Affen mit sich. Das muss man gesehen haben! Es ist unglaublich, wie er sich drehen und wenden kann. Und plötzlich sprang er auf die Schulter eines Zuschauers und griff nach dessen Haaren! Alle schrien und lachten.» Ein neues Brüderchen und jetzt noch ein lebendiger Affe! Die Kinder schwankten. Sollten sie das neue Brüder-

Petersgasse 13, Haus Zum schwarzen Bären

chen für einige Zeit in Ruhe lassen und den Affen ansehen gehen? Die Abenteuerlust lockte sie zu den Buden in der Stadt. Sie warteten fieberhaft darauf, hingehen zu dürfen, um dieses Wunderbare, Unglaubliche sehen zu können. So erbarmte sich Thomas und erlaubte der Magd, die Kinder zu den vielen Gauklern zu führen, die während der Messe jeweils auf dem Barfüsserplatz zu sehen waren. Die Mädchen mit ihren blonden Zöpfen schauten hingerissen zu, nachdem sie sich durch die Schaulustigen nach vorn gedrängt hatten, staunten über die Kleider, welche man dem Affen angezogen hatte samt einem Federhut. Als sie heimkamen, waren sie müde und durchfroren, aber sie stürzten begeistert ins Zimmer von Anna und berichteten mit wilden Bewegungen und glänzenden Augen vom Tanz, den der Affe vorgeführt hatte.

«Dann nahm er seinen Federhut vom Kopf und sammelte Geld ein. Wir durften auch etwas reinwerfen.» Anna hörte den Mädchen lächelnd zu. Gaukler und Spielleute zählten zu den Aussenseitern. Stets umgab sie eine Sphäre von Abenteuer, denn es ging oft grossartig, wild und fesselnd zu. In den kommenden Jahren würden sie zur Zeit der Herbstmesse bestimmt wieder auftauchen. Anna dachte bereits daran, wie sich der kleine Felix darüber freuen würde.

8. Kapitel

Thomas war nervös, ungeduldig und ständig in Sorge. Nach drei arbeitsreichen Jahren stellte sich leider mehr und mehr heraus, dass die Druckerei nicht den gewünschten Erfolg brachte, stets überstiegen die Ausgaben die Einnahmen. Die vier Druckerherren hatten unterdessen etwa 2000 Gulden Schulden zu verzeichnen.

Anna bemerkte, dass Thomas bei jeder Kleinigkeit aufbrauste. Dann wiederum sass er still da und grub das Gesicht in beide Hände. Thomas sah einfach keine andere Lösung als auszusteigen. Doch er wusste, dass die andern nicht froh sein konnten, wenn ein Teilhaber wegfiel. Seine Gedanken überschlugen sich, er spielte alle Möglichkeiten immer wieder durch und verwarf sie augenblicklich wieder. Es bangte ihm vor der Entscheidung. Schliesslich rang er sich zu einem Entschluss durch und überlegte Wort für Wort, was er sagen wollte. Zwar wusste er, dass er bei den Freunden doch wieder anders sprechen würde, doch je gründlicher er die Situation überdachte, desto klarer schien ihm die Lösung. Nun kam es darauf an, ruhig zu bleiben, die Vorwürfe einzustecken und nicht Ankläger oder Reformator spielen zu wollen. Er versuchte sich die Gesichter vorzustellen, sah sie kalt werden, abweisend reagieren.

Schliesslich raffte er sich auf, um mit schmerzlich entschlossener Miene seinen Entscheid den Freunden mitzuteilen. Er hoffte sehr, dass sie spürten, wie schwer es ihm fiel. Er holte tief Atem.

«Unsere Druckerei wirft einfach zu wenig ab für vier Leute und ihre Familien. Ich möchte aussteigen. Glaubt mir, ich habe es mir wirklich lange und gründlich überlegt, und ich bin mir bewusst, wie unangenehm es für euch ist.»

«Du lässt uns mit den Schulden einfach sitzen? Das kannst du uns nicht antun! Wenn du wegfällst, erhöht sich für uns der Anteil am hohen Schuldenberg. Und wenn wir dich auszahlen müssen, haben wir noch mehr Probleme», beschwerte sich Oporinus äusserst ungehalten und seine Stimme klang bitter, während er sich schwer auf einen Tisch stützte, auf dem frisch gedruckte Papiere gestapelt lagen. Thomas hatte Verständnis für den wütenden Freund.

«Lasst uns erst das Geld eintreiben, welches uns einige Leute noch schulden, danach verrechnen wir, was wir an Büchern haben, und wenn alles zusammengezählt ist, stellt sich vielleicht heraus, dass ich meinen Anteil herausnehmen kann, ohne dass ihr euch noch mehr verschulden müsst», antwortete Thomas hoffnungsvoll. Oporinus strich sich durch seinen wallenden Bart. Er war blass geworden, hatte sich aber wieder vollkommen in der Hand. Herausfordernd blickte er in die Runde.

«Will sonst noch jemand aussteigen?», fragte er kurz angebunden. Der Setzer Balthasar Ruch hob etwas unsicher die Hand und sagte mit seiner zurückhaltenden Stimme:

«Ja, ich möchte mich auch sehr gern selbstständig machen.» Seine leicht hervorquellenden Augen blickten unsicher, aber sein Mund schloss sich trotzig.

«Es soll wohl so sein. Dann machen nur noch Ruprecht und ich hier weiter. Wir werden euch zeigen, dass wir es auch ohne euch schaffen! Ich bin überzeugt, dass wir nur einen einzigen Bucherfolg brauchen, um gute finanzielle Resultate zu erzielen.»

«Darauf hoffte ich die ganze Zeit. Aber es gelang uns nur bei Calvins *Institutio*[4]. Wir haben drei Neue Testamente gedruckt und ein paar Luther-Schriften. Es müssten aber besondere Bücher sein, sonst bleiben wir nur eine von vielen Druckereien. Bis vor einigen Jahrzehnten haben Bücher dazu gedient, Wissen zu bewahren, jetzt aber sind sie auch dazu da, Meinungen zu verbreiten und neues Wissen zu lehren. Ich denke da an ein Buch, wie Sebastian Münster gerade eines herausgegeben hat zu den Konstruktionen von Sonnenuhren.»

«Sebastian Münster hat die richtige Frau geheiratet, die vermögende Witwe des Verlegers Adam Petri. Da kann man einiges riskieren.»

---

4 Calvins *Institutio Christianae Religionis*, die erste Dogmatik des Protestantismus, 1536 erschienen

«Man müsste mehr Illustrationen in die Bücher setzen, das bringt neue Käufer, auch solche, die nicht lesen können», bemerkte Balthasar Ruch leise.

«Papperlapapp. Die Leute sind mit dem gedruckten Text durchaus zufrieden.» Es war eine der Diskussionen, welche sie schon oft miteinander geführt hatten.

«Ich denke wie immer an eine lateinische Ausgabe des Korans», murmelte Oporinus halblaut. Thomas widersprach sofort.

«Der Druck eines lateinischen Korans wird kaum erlaubt werden! Darüber haben wir ja schon oft geredet. Nach der Belagerung Wiens und den verschiedenen Angriffen der Türken ist alles Muslimische ein rotes Tuch.»

«Wäre es nicht besser, man kennt die Gedanken seines Feindes?»

«Ich wünschte, die Dinge lägen so einfach. Du kannst ja jetzt tun und lassen, was du willst, ich jedenfalls steige aus und werde mich selbstständig machen. Ich halte mich an den Wahlspruch von Paracelsus: *Alterius non sit qui suus esse potest.*[5]»

«Ein schöner Spruch, aber er führt nicht immer zum Erfolg.»

---

5 Es sei niemand eines anderen Knecht, der sein eigener Herr sein kann.

Tatsächlich erhielt Platter seinen Anteil ausbezahlt, er übergab ihn aber leihweise an Ruprecht Winter. Er wollte nicht, dass die Druckerei seiner Freunde durch sein Ausscheiden zugrunde gehen musste.

«Und, was hast du jetzt vor, Thomilin?», fragte Anna. Ihre Zukunftsangst und Hilfslosigkeit konnte er leicht aus der Frage heraushören. Sie wusste, er gab selten preis, was ihm durch den Kopf ging. Aber sie musste wissen, wie es weitergehen würde. Thomas rieb sich die Hände.

«Ich habe meine Lehrtätigkeit am Pädagogium, dazu werde ich weiter drucken, aber auf eigene Rechnung und vor allem im Auftrag und ohne viele Mitarbeiter, denen ich einen Lohn bezahlen muss. Und dann verkaufe ich auch Bücher, bin also noch Buchhändler.» Anna verstand ihn nicht ganz.

«Aber wo willst du drucken? Du hast doch gar keine Werkstatt mehr.»

«Ich habe bereits etwas gefunden. Wir müssen hier sowieso ausziehen, wir können ja nicht über der Werkstatt von Oporinus wohnen bleiben. Wir ziehen in die Nähe des Marktplatzes ins Haus *Zum Tor* an der Eisengasse. Dort habe ich genug Platz für eine kleine Druckerei mit einer Presse, und gleichzeitig führe ich einen kleinen Laden. In den oberen Stockwerken können wir zusammen wohnen. Ich werde einen Lehrbuben aufnehmen, denn ich kann gerade sehr günstig Stempel zu allerlei Schriften kaufen, andere kann ich giessen lassen ...» Anna fiel ihm ins Wort:

«Stempel kaufen? Giessen lassen? Mit welchem Geld denn? Du hast doch deinen Anteil Ruprecht überlassen. Willst du dich schon wieder verschulden?»

«Davon verstehst du nichts», antwortete Thomas aufbrausend. Anna sah darin ein Zeichen, dass es so war, wie sie es vermutete.

«Dann werde ich wohl noch mehr Tischgänger bei uns aufnehmen müssen, damit wir unsere Schulden bezahlen können», entgegnete sie mit verhaltener Wut.

«Kostgänger zu haben ist keine Schande.»

Aber es bringt mehr Arbeit, dachte Anna, schluckte die Antwort jedoch hinunter und fügte sich in ihr Schicksal. Noch mehr Leute bei Tisch zu haben, war das eine, einen Lehrbuben das andere. Ein Lehrling lebte im Haus seines Meisters und war etwa zwölf Jahre alt. Das bedeutete für Anna, praktisch noch für ein weiteres Kind sorgen zu müssen.

«Und in der Werkstatt können du und die Kinder beim Papier falten helfen. Damit spare ich eine weitere Arbeitskraft.» Es machte Anna keine Mühe, dass Thomas mit grosser Selbstverständlichkeit über sie und die Kinder verfügte, denn es war allgemein üblich, auf diese Art und Weise zu wirtschaften. Frau und Kinder halfen stets in der Werkstatt mit, wenn es nötig wurde. Man war eine Grossfamilie, jede Arbeitskraft zählte, um den Alltag zu meistern. Besonders wichtig war die Hausfrau, die nicht nur bei einem Grossauftrag in der Werkstatt helfen konnte, sondern auch fürs Essen zuständig war. Ein schlechtes Essen führte meist dazu, dass die Gesellen unzufrieden wurden und fortgingen. Der geschäftliche Erfolg hing immer auch von der Hausfrau ab.

Womit Thomas allerdings bei seinen Plänen nicht gerechnet hatte: Er wurde gezwungen, seine Lehrtätigkeit am Pädagogium einzustellen. Man verlangte, dass zukünftig neben dem Lehramt nicht noch eine Druckerei geführt werden dürfe. Anna konnte es kaum fassen. Diese Unsicherheit bei den unregelmässigen Einkünften, welche bei einer Druckerei zu erwarten war, brachte sie fast zur Verzweiflung.

Anna hatte in den vergangenen Jahren Thomas immer besser kennengelernt und wusste, er war eigensinnig und dickköpfig, aber auch ehrgeizig, und er folgte seinen Intuitionen. Bis anhin war auch stets alles gut herausgekommen, was er sich vorgenommen hatte. Nur an das Schuldenmachen konnte sich Anna schwer gewöhnen. Sie hatte Angst vor der Armut, denn sie hatte von klein auf mit sehr wenig auskommen müssen. Doch sie fügte sich, denn sie war schon zufrieden, wenn Thomas bei seinem unsteten Lebenswandel und seiner Sehnsucht nach Unterwegssein sich auf den Wechsel von Beruf und Wohnorten innerhalb der Stadt beschränkte.

Mit diesen Aussichten zog die Familie ins Haus *Zum Tor* an der Eisengasse[6]. Thomas richtete im Erdgeschoss eine kleine Druckerei ein. Die Küche hinter der Werkstatt war düster und rauchgeschwärzt, ihr Fenster ging auf einen kleinen Hinterhof, dort konnte man Brennholz stapeln, und daneben stand der Abort. Für einen Gemüsegarten blieb wenig Platz, stellte Anna unzufrieden fest, denn gleich hinter dem Haus begann der Hügel zur Martinskirche steil anzusteigen. Im ersten Stock war eine grosse, mit einem mehrteiligen Fenster versehene Stube. Hier standen ein langer Tisch und eine Truhe. In den oberen Stockwerken befanden sich die Schlafkammern für Anna und Thomas, die drei Kinder sowie unter dem Dach die beiden Kammern für die Magd Marie und den Lehrling. Sonne fiel selten in die Stuben, denn gegenüber säumten recht hohe Häuser die enge Gasse, gegen den Marktplatz hin bildete das stattliche *Haus Zum Pfauen* den Abschluss.

Jeden Tag, sobald es dämmerte, regte sich das Leben in der Stadt. Marktfrauen zogen mit ihren Waren am Haus vorbei, um sie auf dem Marktplatz feilzubieten, Männer mit Handkarren liefen vorüber, Mägde mit einem Korb auf dem Kopf, oder Reiter mit Pferden sorgten für viel

[6] Heute Globus

Der Marktplatz, Blick zur Eisengasse, links das Haus Zum Pfauen, rechts das Rathaus

Unterhaltung. Die Rufe der Marktweiber drangen manchmal bis zu ihrem Haus, auch der Trommelwirbel für die Sammlung der Wachtleute. Die Kinder standen oft am Fenster und staunten. Am meisten Freude machte es ihnen, wenn ein Fuhrwerk anhalten musste, weil das Pferd ein Hufeisen verloren hatte. Sehr gerne betrachteten die Kinder auch das Haus zum Tanz, dessen Fassade reich mit Bildern von Hans Holbein bemalt war. Es stand schräg gegenüber. Selbst Anna entdeckte immer wieder neue Einzelheiten, sei es eine Katze oder auch eine Person, die sich irgendwo zwischen zwei Säulen zeigte.

Eines Tages unterbrachen die eiligen Schritte der Magd Marie den gewohnten Ablauf.

«Ein Mann ist auf dem Marktplatz am Pranger, er sitzt auf dem Esel!», berichtete sie aufgeregt, als sie vom Wasserholen zurückkam.

«Ein Mann?», staunte Anna «meist ist es ja eine Frau, deren böses Lästermaul damit bestraft wird, dass man sie dem Spott der Leute aussetzt».

«Diesmal ist es ein Mann in extravaganter Kleidung.» Anna nahm ihre Kinder an die Hand und führte sie zum Marktplatz, um ihnen zu zeigen, welcher Schande man sich aussetzen musste, wenn man sich nicht anständig aufführte. Eine grosse Zahl von Neugierigen drängte sich rings um den hölzernen Esel mit dem spitzen Rücken, der mitten auf dem Platz stand. Alle gafften den Mann an. Sie wussten nicht genau, was er angestellt hatte. Viele Mutmassungen wurden geäussert. Es war eine wunderbare Abwechslung im täglichen Trott. Erst wenn sie sich satt gesehen hatten, gingen die Leute ihres Weges.

Das goldene Türmchen auf dem Rathausdach glitzerte in der Sonne und erinnerte Anna daran, dass es Zeit war, ans Kochen zu denken.

«Mir scheint, die Sonne steht schon sehr hoch. Wir müssen heim, Marie, es ist Zeit, das Essen zuzubereiten. Unsere zwanzig Kostgänger, die gegen Bezahlung ein einfaches Mahl mit uns teilen wollen, möchte ich nicht warten lassen.» Die Magd machte ein gleichgültiges Gesicht.

«Sie stellen keine grossen Ansprüche, es sind ja lauter junge Leute.»

«Aber junge Menschen essen grössere Portionen! Wir haben einiges zu rüsten. Zudem muss es auch für die Kinder, den Lehrbuben und vor allem für meinen Mann reichen.» Marie strich über ihre Schürze und meinte trocken:

«Getreidesuppen, Erbsmus oder Linsen sind nahrhaft, da haben sich noch immer alle daran satt essen können – und erst am Sonntag gibt es eine Wurst ins Gemüse.»

«Wir haben genug geredet und gestaunt, Marie. Die Kammern sind noch nicht einmal gemacht und die Nachttöpfe noch nicht geleert. Los, an die Arbeit!»

Mit dem Lehrling hatten sie Glück, es war ein stiller, in sich gekehrter zwölfjähriger Knabe mit dunklen Kraushaaren, der widerspruchslos gehorchte. Anna hatte den scheuen Buben bald ins Herz geschlossen und sorgte für ihn genauso wie für ihre eigenen Kinder. Den zweijährigen Felix hütete sie wie ihren Augapfel, während sie das vierjährige Urseli und das sechsjährige Margretlin bereits zum Helfen anleitete. Mädchen konnten nicht früh genug lernen, was ein Haushalt mit sich brachte.

Thomas verkaufte ein paar wenige Bücher, druckte, was an Aufträgen hereinkam, reiste mit eigenen Büchern nach Frankfurt, aber das Geschäft liess sich harzig an. Seine Erwartungen wurden rasch gedämpft. So sehr er sich auch anstrengte, weder sein Buchdruck noch sein Buchhandel liefen gut, und er verschuldete sich immer mehr.

Eines Tages musste Thomas eingestehen, dass er sich elend fühlte, Kopfschmerzen und leichtes Unwohlsein verspürte. Er sank ins Bett. Es folgten Wochen mit hohem Fieber. Anna erschrak. Bis anhin hatte sie sich ganz auf Thomas verlassen können, auf seine Zähigkeit und Ausdauer in allen Situationen. Nun erzählte er wirre Dinge in seinem Delirium. Die Jugenderlebnisse beherrschten seine Fieberträume, ein Gewirr von Träumen. Oft schrie er plötzlich laut auf, dann wieder liefen Tränen seine eingefallenen Wangen hinunter. Anna war sich bewusst, dass er von klein auf die Geborgenheit einer Familie hatte vermissen müssen. Doch was wusste sie schon von seiner entsagungsreichen Jugendzeit, ausser dass er ausgeliefert gewesen war und alles nicht gewollt hatte, was man von ihm verlangte, und er mit harten Schlägen dazu gezwungen worden war. Vielleicht hatte er sich vor Gewittern gefürchtet wie der kleine Felix? Man hatte es ihm ausgetrieben, zertreten und ausgeprügelt. Schliesslich war bei ihm alles untergegangen und abgestorben – kein Wunder, kam es mit diesen Fieberträumen an die Oberfläche. Wenn er schweissgebadet mit angstvollen, fieberglänzenden Augen zu ihr hochblickte, konnte Anna nur beruhigend nicken.

«Es wird alles gut, Thomilin», redete sie ihm zu.

Anna und die Magd Marie wechselten sich in der Pflege ab, sassen an seinem Bett und wickelten kühle Essigtücher um seine Beine, um das hohe Fieber herunterzudrücken, Tag und Nacht. Tagsüber hatten sie zu den Kindern zu schauen und die Kostgänger bei Laune zu halten. Während der Nacht quälten Anna unendlich grosse Sorgen. Immer wieder glaubte sie sich angesteckt, doch es war nur die Anspannung und grosse Müdigkeit, die sie erschöpfte. Die langen Nachtstunden liessen ihre schweren Gedanken ins Unermessliche anwachsen. Düster und verhängnisvoll schien ihr alles zu sein. Die Talgkerze brannte zwar, aber um sie herum herrschte nur trostlose Dunkelheit. Sie war ihren Empfindungen unerbittlich ausgeliefert. Sie hörte den Turmwächter der

Martinskirche regelmässig in sein Horn blasen, sonst herrschte draussen Stille und Finsternis vor. Die Nacht wollte kein Ende nehmen.

Was, wenn er die Krankheit nicht überlebt?, fragte sie sich bange, während Thomas mit glühenden Wangen und fiebrig glänzenden Augen apathisch vor sich hin dämmerte. Da war das Geschäft, von dem sie nichts verstand, Schulden, von deren genauer Höhe sie keine Ahnung hatte, und drei Kinder, für die sie sorgen musste – wie sollte sie all diese Probleme bewältigen?

Mit der ihr von Kindheit an eingeimpften Ergebenheit ins Schicksal meisterte sie Tag um Tag. Je länger das Fieber andauerte, desto mehr hoffte sie, dass Thomas die Krankheit überleben werde. Sie hielt die Kinder vom Krankenbett fern, weil sie nicht wusste, ob Ansteckungsgefahr bestand, sich selbst schonte sie jedoch nicht. Die Kostgänger erschienen treulich jeden Tag. Anna war sehr froh darüber, es blieb ihre einzige Einnahmequelle. Wenn alle um den Tisch versammelt waren und ihre Suppe schlürften, klang es Anna wie Musik in den Ohren, und das beklemmende Gefühl des Ausgeliefertseins fiel von ihr ab.

Der Lehrling hatte es übernommen, am Brunnen beim Marktplatz Wasser zu holen, Holz zu spalten und Feuer zu machen, denn in der Werkstatt stand alles still. Oporinus war kurz vorbeigekommen und hatte einige anstehende Aufgaben erledigt oder dem Lehrling übertragen, aber neue Aufträge kamen keine herein. Pfarrer

Johannes Gast von der Martinskirche erschien fast jeden Tag, betete mit Thomas und Anna und bat um Genesung. Seine grossen, strengen Augen liessen Anna nicht los und bestärkten sie in der Überzeugung, die Krankheit als Strafe und Prüfung Gottes anzusehen. Wenn der spitzbärtige Mann sich endlich erhob und ihre Hand fasste, war sie erleichtert und dankte leise für seinen Besuch.

Der zugezogene Arzt wusste leider nicht viel zur Linderung beizutragen. Mit flinken Augen musterte er den Kranken, murmelte etwas von Ungleichgewicht der Säfte im Körper und machte einen Aderlass. Dann zog er sich zurück mit dem Hinweis, er wolle sich mit den andern Ärzten über weitere Massnahmen beraten. Woche um Woche verging, es trat keine Besserung ein. Sogar Vater Myconius erschien zu einem kurzen Besuch, wollte jedoch nicht ins Zimmer des Kranken, um der Ansteckung aus dem Weg zu gehen. Anna konnte es ihm nicht verdenken.

«Thomilin ist zäh, sonst hätte er die schweren Erlebnisse und Entbehrungen in seiner Kindheit gar nicht überlebt. Er wird auch dieses Fieber überstehen», tröstete er. Anna war ihm dankbar für diese aufmunternden Worte, sie griff nach jedem Strohhalm.

Als noch Durchfall hinzukam, wuchs jedoch ihre Verzweiflung. Thomas war zu schwach, um auf einen Nachttopf zu sitzen. Das Betttuch mussten nun häufig gewechselt werden. Die Wäsche besorgte die Magd, aber sie hatte sich nun fast täglich mit den grossen Tüchern herumzuschlagen, was sie sonst jeweils erst nach drei, vier Monaten besorgte. Krank, erschöpft und abgezehrt lag Thomas im Bett, und auch Anna sah blass und übernächtigt aus.

Die Wende trat unerwartet ein. Eines Morgens war das Fieber plötzlich deutlich gesunken.

«Fühlst du dich besser, Thomilin?», fragte Anna hoffnungsvoll, während sie sein bleiches, eingefallenes Gesicht musterte.

«Ich fühle mich unendlich schwach und ganz leer, wie ausgelaugt. Wie lange liege ich jetzt schon darnieder?»

«Es sind etwa acht Wochen.»

«Ich habe jegliches Gefühl für die Zeit verloren. Wie seid ihr über die Runden gekommen? Wovon habt ihr gelebt? Ach, und meine Werkstatt mit den Schulden …», fiel es Thomas siedend heiss ein.

«Hauptsache, du wirst wieder gesund. Unsere Kostgänger haben uns durch diese Zeit hindurch gerettet. Alle zwanzig bezahlten ihr Scherflein. Damit konnten wir uns recht gut über Wasser halten. Aber deine zahlreichen Schuldner haben immer wieder vorgesprochen. Da ich keine Ahnung hatte, wem du wie viel schuldest, konnte ich sie abwimmeln mit dem Hinweis, du seist auf dem Weg der Besserung.»

«Jemand hat mir einmal geraten, ich solle besser nur einem einzigen Mann viel Geld schulden, als mehreren wenig. Ich hätte darauf hören sollen, denn die kleinen

Hündlein machen ein gar böses Geschrei. Einen grossen Hund kann man viel besser beruhigen.» Die Kinder drängten hinzu.

«Welcher Hund, Papa?» Anna schob sie wieder hinaus, es war besser, sie noch nicht näher zu ihrem Vater zu lassen. Damit war das Gespräch über das Geld beendet, sehr zur Beruhigung von Thomas. Er hätte Anna ungern gestanden, dass seine Schulden auf 1400 Gulden angewachsen waren. Anna hätte sich über diese Summe mit Recht aufgeregt. Er musste eine Lösung suchen, wie er wieder schuldenfrei werden konnte. Die Kostgänger brachten regelmässig etwas ein, darauf konnte er zählen. Jedoch musste er sich eingestehen, dass er als Buchhändler keinen Erfolg hatte.

Thomas suchte deshalb den Rat seines Freundes Oporinus. Anna half ihm beim Ankleiden. Als Oporinus eintraf, stand Thomas vorsichtig auf, um ihn zu begrüssen, und taumelte etwas bei den ersten Schritten. Oporinus musterte mit ernstem, eindringlichem Blick die ausgemergelte Gestalt des Genesenden. Thomas sah wirklich elend aus. Sein dünner, struppiger Bart und die lockigen Haare, welche lang und ungeordnet herabhingen, gaben ihm ein fast liederliches Aussehen. Trotzdem fühlte sich Oporinus verpflichtet, ein ehrliches Wort an ihn zu richten.

«Ich denke, du hast dir zu viel zugemutet, darum bist du krank geworden. Ich bin froh, dass es dir wieder besser geht, Thomas.»

«Ich bin aus zähem Holz geschnitzt. Aber diesmal hat es mich erwischt.»

«Du bist tüchtig, aber auch risikofreudig und dazu noch eigensinnig. Doch lass dir gesagt sein: Du hättest dich nicht so exponieren sollen! Buchdrucker und erst noch Buchhändler – du hast dich übernommen mit deinen Plänen. Aber Irrtümer gehören wohl zum Leben. Wie viele Dummheiten und Plagen könnte man sich ersparen! Es sind müssige Gedanken. Es gibt tausend Wege und Möglichkeiten, darunter bleibt zum Glück immer auch ein Ausweg.»

«Ich bin in meinem Leben oft Umwege gelaufen, aber immer mit dem Ziel, vorwärts zu kommen.»

«Das ist mir klar. Du hast es auch zu etwas gebracht, denn du bist nicht nur zäh, sondern auch ausdauernd und fleissig. Lass mich dir raten, den Buchhandel besser andern zu überlassen und dich auf die Druckerei zu beschränken. *Quidquid agis, prudenter agas …»*

«… et respice finem», fiel ihm Thomas ins Wort, *«Was immer du tust, tue es klug und bedenke das Ende.* Lass dir gesagt sein, dass ich das Ende durchaus bedacht habe. Ich war überzeugt, es sei klug, neben der Druckerei auch noch in den Buchhandel einzusteigen – nun weiss ich es besser. Das Druckereigewerbe ist reines Handwerk, während man als Buchhändler über den Inhalt der Bücher Bescheid wissen muss. Das hat mich gereizt. In meinem Kontobuch fanden sich am Anfang hin und wieder einzelne Zahlungen von eini-

gen Gulden gutgeschrieben, doch nun steht auf der Seite des Habens gar nichts mehr.» Oporinus schwieg und strich sich durch seinen vollen Bart. Gedankenvoll blickte er durch das Fenster. Von der Strasse her tönten Wagenrollen und Hufschlag, aber er achtete nicht darauf.

«Zugegeben, Herstellung von Druckerschwärze, Farbauftrag und Druckvorgang erfüllen den Geist wenig. Nur als Lektor ist eine akademische Vorbildung nützlich. Allerdings trägt man immer die Verantwortung für den kommerziellen Erfolg.»

«Ich druckte ja vor allem im Auftrag, deshalb fiel der Anreiz weg, zu beurteilen, welches Buch Verkaufserfolg bringen könnte. Ich bräuchte einen grösseren Raum, um vom Drucken allein leben zu können. Mein Druckerstübchen hier im Haus ist viel zu klein, um genug Pressen aufzustellen. Mit einem grösseren Haus könnte ich auch Kostgänger aufnehmen, die nicht nur zum Essen kommen, sondern auch übernachten. Mir fehlen im Moment allerdings noch die Kräfte, um ein Haus zu suchen, das sich dafür eignet. Vielleicht hörst du dich etwas um?» Oporinus bedachte ihn mit einem aufmunternden Lächeln.

«Sollte ich von einem Haus hören, lasse ich es dich sofort wissen. Bei mir kannst du sicher nicht mehr einsteigen, es zahlt sich gerade knapp aus für Ruprecht und mich. Und Schulden haben wir immer noch.» Thomas lauschte mit leicht gesenktem Kopf.

«Ja, es ist alles nicht so einfach… der Schuldenberg trübt die Zukunftsaussichten», gestand Thomas mit brüchiger Stimme, «hier in dieser kleinen Druckerei konnte ich vieles selbst abdecken. Wenn ich daran denke, dass ich nun weitere Kredite aufnehmen muss, um eine grössere Druckerei zu führen und mehr Gesellen anstellen zu können, stehen mir die Haare zu Berge. Man hat ja zuerst immer nur Ausgaben.»

«Wem sagst du das! Du brauchst einen grösseren Posten Papier, dann die Farbe und die Löhne für den Setzer, Drucker, Korrektor und weitere Hilfskräfte. Aber vergiss nicht, du hast Anna, sie ist enorm tüchtig und wird dir beistehen. Ihr werdet es zusammen schaffen, da bin ich mir sicher. Du musst dem Herrgott dankbar sein, dass du wieder gesund geworden bist. Das ist auch eine Verpflichtung, weiterzumachen.»

Johannes Oporinus, (1507–1568). In seiner Druckerei erschien der weltweit erste Druck des lateinischen Korans (1542/43) und brachte Oporinus in erhebliche Schwierigkeiten, er wurde sogar gefangen genommen. Der Basler Stadtrat wollte zuerst den Druck verhindern, gab aber nach der Intervention von Luther und Melanchthon sein Einverständnis.

9. Kapitel

Es war ein heller, wolkenloser Frühlingstag, der Himmel leuchtete fast silbrig. In den Gassen der Stadt herrschte bereits ein reges Kommen und Gehen. Alle waren froh, die dunkle und kalte Jahreszeit hinter sich zu haben, weniger frieren zu müssen und sich wieder längere Zeit im Freien aufhalten zu können. Aus den offenen Werkstätten drang emsiges Hämmern und Klopfen, übertönt von den groben Rufen der Strassenhändler und Gemüsefrauen. Einige verwahrloste Hunde und Katzen räkelten sich in der Sonne. Die Schwalben waren wieder gekommen mit ihrem lieblichen Gezwitscher, Meisen und Amseln pfiffen um die Wette, während auf dem Dach der Barfüsserkirche die Störche mit ihren langen Schnäbeln klapperten.

Auch Anna fühlte sich unbeschwerter, denn vieles war leichter geworden, weil die Sommerzeit nahte, aber auch, weil sie wieder einen Umzug hinter sich gebracht hatte. Sie waren diesmal in grössere Räume gezogen. Thomas hatte ein Doppelhaus gemietet am oberen Teil der Freien Strasse[7], *Gross Rothenfluh* und *Zum Gejägd*[8]. Der Sekretär eines Domherrn hatte ihnen die beiden Häuser überlassen mit der Auflage, dass ein Raum im Gejägd von ihm weiterhin genutzt werden könne.

«Er will seinen Plunder in Basel lassen, während er bei den Domherren in Freiburg im Breisgau weilt. Offensichtlich träumt er zusammen mit den Domherren immer noch von einer Rückkehr nach Basel, auch noch zehn Jahre nach der Reformation. Sie glauben trotz allem an die Wiederherstellung der päpstlichen Macht.»

«Und wie viel verlangt er für die beiden Häuser?», fragte Anna vorsichtig.

«Sechzehn Gulden Miete für beide Häuser fürs ganze Jahr. Jetzt haben wir Platz für die Druckerei und erst noch Räume, um Studenten unterzubringen.»

«Du willst, dass wir eine Pension führen?»

«Was soll ich denn sonst mit zwei Häusern? Bis jetzt waren mehr als zwanzig Leute an unserm Tisch, nun können sie in den Räumen über der Druckerei auch noch schlafen – das bringt viel ein.»

«Und viel Arbeit.»

«Aber auch regelmässige Einkünfte. Damit kann ich die Schulden abbezahlen, und es wird mir über die

---

7 Dieser Strassenabschnitt wurde damals *uf den schwellen* genannt, weil dort vor den Häusern Balken (Schwellen) lagen, welche bei starkem Regen vor dem herunterströmenden Wasser schützten

8 Freien Strasse Nr. 90 und Freien Strasse Nr. 92

Runden helfen, wenn ich hin und wieder keine Aufträge haben sollte.» Das leuchtete Anna ein. Sie hatte nie gefragt, wie hoch der Schuldenberg angewachsen war, aber sie war gerne bereit, zu helfen ihn abzubauen. Sie nickte ergeben.

«Ich möchte, dass unser Bub Felix einmal ein besseres Leben hat als wir. Dafür ist mir keine Mühe zu gross.»

Thomas richtete nun drei Pressen ein und begann mit einigen Gesellen eifrig zu drucken, einen Setzer hatte er auch gefunden. Der Lehrling war froh, wieder sinnvoll beschäftigt zu sein, das bald siebenjährige Margretlin und das fünfjährige Urseli halfen bereits mit beim Papierfalten, manchmal auch einer der Pensionäre. Es waren meist junge Leute im Alter von fünfzehn bis dreiundzwanzig Jahren, Söhne von Patriziern und Bürgern aus der ganzen Schweiz, oft auch aus dem Wallis. Thomas überwachte ihre Studien. Zudem sollten die Gespräche bei Tisch ihre Kenntnisse und ihre Bildung erweitern helfen. Es war wie eine Fortsetzung des Unterrichts in privater Atmosphäre. Deshalb wurde am Tisch meist Latein gesprochen.

Wenn ihr neben der Hausarbeit und den Kindern etwas Zeit blieb, liess sich auch Anna in der Druckerei einspannen. Thomas begann zufrieden, Schulden abzubezahlen.

An die Fassade des grossen, weiträumigen Hauses *Zum Gejägd* liess er von Meister Mathis einen Hirsch mit

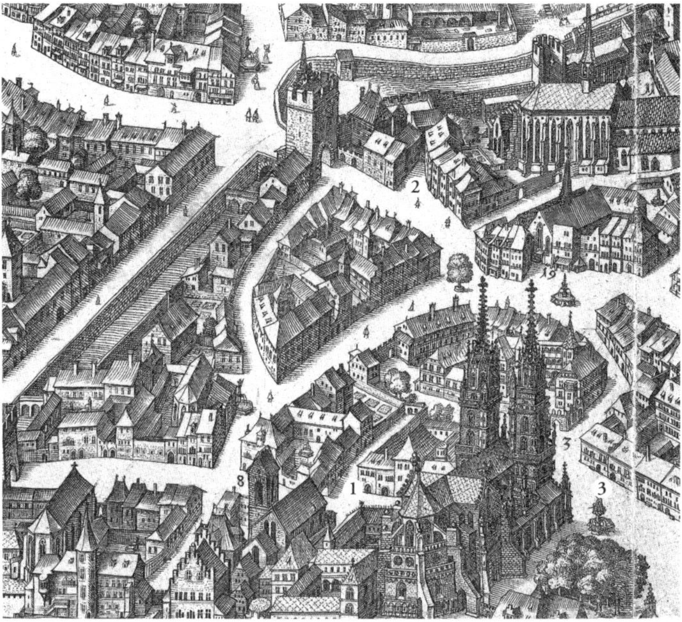

Das Haus am *Gässlein hinter dem Münster* (unten Mitte), die Schule (rechts) und seine Häuser an der Freien Strasse (oben), Ausschnitt aus dem Merian-Plan 1615
Das Gässlein hinter dem Münster (Nr 1, unten Mitte), die Schule (Nr. 3 rechts) seine Häuser (Nr. 2 oben)

mächtigem Geweih malen sowie Hunde und Jäger. Der kleine Felix stand dabei und verfolgte mit offenem Mund die Arbeit, schaute zu, wie der Mann vom Fenster aus aufs wacklige Gerüst kletterte und mit den Farben hantierte und wie langsam ein Hirsch, Hunde und Jäger an der Hauswand entstanden. Anna schwieg dazu, obwohl ihr der Gedanke daran, was das wohl wieder kosten würde, nicht gefiel. Sie wusste, es war allgemein üblich, den Namen des Hauses auch bildlich darzustellen.

Die Nachbarschaft war bunt gemischt. Man lebte Tür an Tür. Es wohnten Handwerker und Gewerbetreibende in den schmalen Häusern, vor allem mehrere Schuhmacher, aber es stand auch ein alter Adelssitz an der Freien Strasse, der *Truchsessenhof*[9]. Er wurde aber nicht von der wohlhabenden Rheinfelder Familie gleichen Namens bewohnt, sondern vermietet. Die Bewohner dieses keineswegs vornehmen Teils der oberen Freien Strasse pflegten miteinander regen Kontakt, es war wie eine kleine Dorfgemeinschaft. Es gab Hühner und Tauben sowie zwei Hunde und ein paar streunende Katzen. In Thomas Platters Stall wurde auch des Nachbars Pferd untergebracht, und hinter dem Haus befand sich ein kleiner Garten, den Anna sofort mit Gemüse bepflanzte.

---

9 Freien Strasse Nr. 113

Im folgenden Sommer brach wieder die Pest aus. Die atembeklemmende Hitze und die starken Gewitterregen schienen der Krankheit den Weg zu ebnen. Angstvoll schloss man die Fensterläden, wartete besorgt, betete und hoffte ergeben. Es dauerte nicht lange und das kleine Margretlin sank mit Fieber und Schmerzen in der Leistengegend ins Bett. Bleich und mit fiebrig glänzenden Augen lag das Mädchen da, teilnahmslos und leise wimmernd. Bald waren die ersten Pestbeulen zu sehen und schmerzten. Anna sass verzweifelt am Bett, welches die beiden Mädchen teilten, rang ihre Hände und hoffte auf ein Wunder. Als Thomas hinzutrat, hob sie den Blick, bitter und gequält.

«Ach Thomilin, sollen wir wirklich noch einmal ein Kind durch die Pest verlieren? Margretlin ist so reizend mit seinen blonden Locken, meine ganze Freude – und schau es dir jetzt an! Die unbekümmerte Fröhlichkeit ist dahin. Es hat starke Schmerzen, wimmert nur noch und ich kann ihm einfach nicht helfen!»

«Ich darf nicht daran denken, was es bedeutet. Oder dass auch noch Urseli und Felix angesteckt werden könnten», murmelte Thomas niedergeschlagen. Selten hatte er so inbrünstig gebetet.

Nach drei Tagen starb das Mädchen still und leise. Es schien Anna wie das Erlöschen einer Kerze. Sie kniete erschüttert und erschöpft nieder und legte den Kopf auf die Arme, nahe neben dem Kind, das Gesicht verborgen. Sie war berührt von der Ruhe, die das Mädchen nun erlangt hatte, es hatte ausgelitten, wand sich nicht mehr in Schmerzen, die letzte schreckliche Nacht war zu Ende. So jung hatte es Abschied nehmen müssen von der Welt. Anna wünschte aus tiefstem Herzen, dass das Kind nun in den Himmel eingehen durfte, wie man es immer predigte. Noch fühlte sie den Schmerz nicht wirklich, sie war einfach nur erleichtert, dass das Mädchen nicht mehr länger leiden musste.

Sie wand wieder ein Kränzchen aus Blumen und legte es auf den leblosen Körper. Wie sich die Geschichte wiederholte! «Ach mein Margretlin», murmelte sie, während sie ihm über das Köpfchen strich und Tränen ihre Backen hinunterkullerten. Der Pfarrer begrub das Kind auf dem Elisabethen-Kirchhof, Anna und Thomas standen daneben, still und ergeben. Der Kirchhof war ein recht grosser Begräbnisplatz, denn hier begrub man auch alle armen Sünder, die Hingerichteten, Ertrunkenen, aber auch Pilger und Ortsfremde und alle Spitalinsassen. Der Gemeindefriedhof war jedoch mit einem Mäuerchen deutlich vom verruchten Begräbnisplatz der armen Sünder getrennt, in welchem nachts eine Totenleuchte brannte.

Anna kämpfte sich durch die Tage, sang nicht mehr und verrichtete verbissen und schweigsam ihre Arbeit. Das bescheidene Sich fügen, die gelassene Ergebenheit ins Schicksal, die sie von Kindheit an gelernt hatte, halfen ihr über die schweren Wochen hinweg. Alles schien wie vorher zu sein, der Sonnenaufgang, das Vogelgezwitscher, die gackernden Hühner, die täglichen Verrichtungen, das Spinnen am Abend, aber es fühlte sich leer und unsinnig an. Auch Thomas vergrub sich in seiner Arbeit. Die Kinder Ursula und Felix gingen bald zum Alltag über, sie akzeptierten auf erstaunlich leichte und gläubige Weise die Tatsache, dass ihr Schwesterchen zu den Engeln im Himmel gegangen war. Anna jedoch hatte einmal mehr anzuerkennen, dass es keine ruhige, harmonische Welt gab, wie sie es sich so sehr wünschte, sondern eine unruhige, bewegte, schmerzvolle. Sie wusste, so stand es auch in der Bibel. Vom Jammertal war da die Rede und vom Tal der Tränen. Es war einzig darauf Verlass, dass die Sonne im Westen unterging und bei klarem Himmel rot zu leuchten begann, wenn sie im Elsass den Horizont berührte.

Das Jahr verabschiedete sich mit stürmischem, mildem Westwindwetter. Es regnete viel im Dezember, die Leute flüchteten in ihre Häuser. Sie ahnten nicht, wie kostbar der Niederschlag in Kürze werden sollte. Im Januar regnete es kaum mehr, die Trockenheit und die aussergewöhnlich warmen Temperaturen kamen Anna sehr gelegen, weder Eis noch Schnee beeinträchtigten das Alltagsleben. Doch bald wunderten sich die Menschen über den fortwährenden Sonnenschein und die sternenklaren Nächte. Es blieb nicht nur den ganzen Frühling trocken, sondern auch die folgenden Wochen, und es wurde mit jedem Tag wärmer.

Der Sommer war bis an sein Ende glühend und schrecklich. Je länger dieser Zustand dauerte, desto öfter war das Wetter das Tagesgespräch am Brunnen und auf den Strassen, sowie bei den Kostgängern der Familie Platter, auch wenn sie, wie üblich, ihre Gespräch bei Tisch in Latein hielten.

«Die Bäume auf dem Petersplatz sind dürr und braun, es sieht aus wie im Herbst, dabei haben wir erst August.»

«Ich kann mich an keinen Regen mehr erinnern, ich meine, es war das letzte Mal im Februar. Der Boden ist ausgetrocknet und mit tiefen Rissen versehen. Und die Tiere verdursten und sterben an Hitzschlag.»

«Nicht nur die Tiere, auch unzählige Bauern auf den Feldern brechen zusammen. Überall herrscht Wassermangel.»

«Und die Fische sterben oder sind durch das viel zu warme Wasser so geschwächt, dass man sie mit blosser Hand fangen kann.»

Dann kam das Feuer. Der trockene Boden entzündete sich, Waldbrände loderten übers Land, und der Rauch kroch in die eng bebaute Stadt, verhüllte wochenlang die Gegend, Sonne und Mond schienen nur noch als blassrote Scheiben am Himmel.

«Jetzt kann man sogar den Rhein von Gross- nach Kleinbasel durchwaten», berichtete Thomas, während er sich bereit machte, ins Bett zu steigen. Anna, welche ihre Haare bürstete und zu Zöpfen flocht, blickte mit ernstem Gesicht hoch.

«Davon habe ich gehört. Und dort, wo noch Wasser fliesst, färbt sich die warme Brühe ganz grünlich. Es ist nun verboten worden, Kleider zu waschen. Das ist sehr unangenehm, ich müsste dringend frische Sachen haben.»

«An den vielen Bächen auf der Landschaft mahlen sogar die Mühlen nicht mehr, weil es kein Wasser hat.»

«Ja, ich spüre es bei den Preisen für das Mehl und auch für das Brot. Sie steigen und steigen.»

«Einzig der Wein wird gut werden, ich meine, ganz ausserordentlich gut.»

«Es hat alles immer zwei Seiten», murmelte Anna schläfrig und begab sich zu Bett. «Man kann jetzt ganz leicht dreimal ums Käppelijoch[10] wandeln, damit man kein Zahnweh mehr bekommt.» Sie gähnte herzhaft.

«Bei St. Alban und im St. Johann hält man sogar Schiessübungen im Rheinbett ab. Dieses Jahr 1540 wird in die Annalen eingehen.»[11] Doch Anna hörte es nicht mehr, sie war bereits eingeschlafen.

Den ersten längeren Regenguss gab es erst wieder im Winter. Ein grosses Aufatmen ging durch die Stadt, obwohl der Regen die Kleider durchnässte, die Wege in

---

[10] Kapelle auf der Mittleren Brücke

[11] Die Jahrhundertdürre von 1540 ist in vielen Quellen festgehalten

Schlamm verwandelte und den Alltag erschwerte. Man nahm es gelassen hin und war froh, zur Normalität zurückzukehren. Nur Thomas sorgte dafür, dass Anna aus dem täglichen Trott gerissen wurde.

«Ich kann nun unsere beiden Häuser kaufen, Anni, dazu auch noch das danebenstehende *Zum kleinen Rothenfluh*», verkündete er begeistert.

«Du willst drei Häuser kaufen? Mit welchem Geld, Thomilin? Ich meine, wir zahlen immer noch unsere Schulden ab», erwiderte Anna aufs Höchste erstaunt.

«Ich habe weitere Kredite aufgenommen und das Doppelhaus als Unterpfand drangegeben.»

«Unser Haus als Pfand? Und die Druckerei darin?»

«Die natürlich auch.» Verwirrt schüttelte Anna den Kopf. Kein Zweifel, Thomas meinte es ernst. Sie versuchte sich zu fassen.

«Das ist … ich meine, ist das nicht ziemlich leichtsinnig? Du könntest ja wieder krank werden, oder auch ich. Ich bin immerhin sechsundvierzig Jahre alt und habe vier Kinder in späten Jahren geboren. Du weisst, es geht mir oft nicht gut, der Husten plagt mich oder es wird mir manchmal schwindlig. Der heisse Sommer letztes Jahr hat mir sehr viel Mühe gemacht. Wenn eines von uns ausfällt, dann steht alles still, und wir haben keine Möglichkeit, die Schulden weiter abzubezahlen. Dann fällt unser ganzer Besitz an die Leihgeber und wir verlieren alles und haben gar nichts mehr! Das kannst du nicht ernsthaft in Erwägung ziehen, Thomilin.»

Thomas hatte diese Argumente selbst durchdacht. Er war sogar ziemlich sicher, dass der Kreditgeber darauf spekulierte, dass er früher oder später in den Besitz der Häuser kommen würde. Anna gegenüber wollte er das aber auf keinen Fall zugeben. Thomas' Stimme wurde lauter und bestimmter.

«Lass mich mit deinem *Wenn und Aber* in Ruhe! Damit kommt man nicht weiter. Ich habe in meinem Leben gelernt, dass man nur mit Risiko und vollem Einsatz vorwärts kommt. Nur wer etwas wagt, gewinnt. Du wirst sehen, dass wir die Schulden mit der Zeit zurückzahlen können. Ich mache nun jedes Jahr mit der Druckerei einen Gewinn von zweihundert Gulden. Und die Kostgänger werfen auch etwas ab.» Anna hob jetzt ebenfalls ihre Stimme, obwohl sie wusste, dass es sich für eine anständige Frau nicht schickte.

«Wenn du immer wieder neue Kredite aufnimmst, werden wir nie aus den Schulden herauskommen! Wir müssen stets in der Werkstatt mithelfen. Den Kindern bluten manchmal sogar die Fingerlein vom Papier falten, und ich komme kaum mehr dazu, zu spinnen, nur noch spät in der Nacht.»

«Frauen und Kinder helfen mit, das ist überall so. Das hat mit dem Häuserkauf gar nichts zu tun. Lass mich einfach machen. Solange ich Leute finde, die mir Geld vorstrecken, braucht es dich nicht zu beunruhigen.»

«Aber dass ich mich mit Kostgängern und Pensionären abrackern muss, nur weil du immer noch mehr Einnahmen brauchst, das darf mich schon kümmern! Du hast ja keine Ahnung, wie oft wir zum Brunnen laufen müssen, um für die vielen Kostgänger genug Wasser zu haben.»

«Ich werde sofort einen Sodbrunnen im Hof einrichten lassen, damit ihr nicht jedes Mal zum Brunnen an der Freien Strasse laufen müsst, um Wasser zu holen.» Anna schüttelte verzweifelt den Kopf.

«Ein neuer Brunnen kostet doch auch wieder viel Geld, oder etwa nicht?» Thomas nickte. Hundert Gulden dürften es etwa sein, dachte er, aber das wollte er Anna nicht auf die Nase binden. Anna seufzte tief.

«Ach Thomilin, es wird nie zu einem Ende kommen, nicht wahr? Eine Druckerei, drei Häuser…» Thomas presste die Lippen zusammen.

«Frauen sollten nicht widersprechen», murmelte er wütend, verliess wortlos die Küche, knallte die Tür zu und liess Anna einfach stehen. Der fünfjährige Felix blickte mit verstörten Augen auf die geschlossene Tür. Er liebte es gar nicht, wenn die Eltern miteinander Streit hatten. Anna schluckte, doch sie wusste, dass die Wut bei Thomas meist rasch verrauchte. Bei ihr dauerte es wesentlich länger, bis sie sich beruhigen konnte. Während der Hausarbeit drehte und wendete sie jedes Wort, das gefallen war, und liess sie nicht los. Warum nur strebte Thomas immer höher hinaus?

Kaum hatte Thomas den neuen Sodbrunnen in Betrieb genommen, brach wieder die Pest aus, dabei war es erst zwei Jahre her seit der letzten Epidemie. Immer wieder tönte die dunkle Totenglocke vom Münster herüber, einschüchternd und beklemmend.

Eines Tages trat Vater Myconius in die Werkstatt ein. Er stützte sich auf einen Stock und warf einen kurzen Blick auf die emsig arbeitenden Gesellen. Erfreut ging Thomas auf ihn zu, bemerkte aber sofort das ernste Gesicht. Es schien etwas vorgefallen zu sein.

«Ach Thomilin, ich bringe schlechte Nachricht: Simon Grynaeus ist gestorben – an der Pest, wie so viele», verkündete Myconius mit heiserer Stimme.

«Das darf nicht wahr sein! Gott behüte seine Seele. Was machen wir nur ohne ihn?»

«Das frage ich mich auch. Ohne seine ruhige, entschlossene Stimme ist im letzten Jahrzehnt keine Entscheidung im kirchlich-politischen Geschehen unserer Stadt gefallen.»

«Und er hat wesentlich zum Aufbau der Universität beigetragen, zuletzt als deren Rektor.»

«Für mich ist es ein besonders schmerzlicher Verlust. Wir haben viel zusammen geredet und erarbeitet.»

«Ich kann es noch gar nicht fassen. Erst kürzlich hat er noch mit mir gesprochen und gemeint, ich solle Rektor der Schule auf Burg werden», murmelte Thomas. Myconius horchte auf.

«Rektor auf Burg? Du? Das wäre ernsthaft zu überlegen, Thomilin, auch wenn ich weiss, dass du dich mit der Universität kaum vertragen wirst. Ich kenne dich, du wirst immer deinen Kopf durchsetzen wollen. Das werden sie dir nicht zugestehen. Doch du wärst ein guter Rektor, davon bin ich überzeugt.»

«Vieles wird jetzt anders werden, wenn Grynaeus nicht mehr ist. Seine Entschlossenheit und sein grosser Weitblick werden uns fehlen.» Das Gesicht von Myconius wurde wieder sehr ernst. Für einen kurzen Moment hatte er vergessen, was geschehen war. Thomas blickte sinnend vor sich hin, er konnte die Mitteilung noch gar nicht einordnen.

«Er wird sicher neben Oekolampad im Kreuzgang begraben, denke ich.»

«Ja, das ist der einzig richtige Platz. Ich werde dafür sorgen, dass man ein schönes, schlichtes Epitaph über dem Grab der beiden anbringt», schloss Myconius, nicht ahnend, dass kurz danach auch noch Bürgermeister Jakob Meyer zum Hirzen an der Pest sterben würde. Damit konnte allen drei wichtigen Männern der Reformationszeit ein bleibendes Denkmal gesetzt werden.

Die Pest wütete weiterhin in der Stadt, zum grossen Kummer von Anna. Wenn es stimmte, was man sich erzählte, gab es wieder Hunderte von Toten. Das Gefühl ständiger Bedrohung liess ihr keine Ruhe. Sie zitterte beim Gedanken an mögliche Folgen für ihre

Reformatorentafel im Kreuzgang des Basler Münsters von 1541, in der Mitte: Oekolampad, gestorben 1531, links Bürgermeister Jakob Meyer und rechts Simon Grynaeus, beide 1541 gestorben an der Pest.

Familie. Sie schlief kaum mehr nachts vor lauter Vorahnungen.

«Bitte, lass uns wegziehen von Basel, damit wir nicht angesteckt werden, Thomilin. Jetzt ist die Pest schon im Nachbarhaus! Der Ehemann dort liegt krank darnieder. Die Bader haben ihm bereits die schmerzenden Beulen aufgeschnitten. Stell dir vor, Felix oder Urseli bekämen die Pest!», flehte Anna angstvoll und rang ihre Hände. Die Magd Marie stand am Herd und wandte sich arglos um.

«Nehmt Knoblauch und Bibernell, dann stirbt ihr nicht so schnell», zitierte sie den gängigen Spruch. Anna schüttelte den Kopf.

«Das ist reiner Aberglaube und Weibergeschwätz! Es ist viel besser, der Pest auszuweichen.»

«Was machen dann unsere Pensionäre, wenn wir weg sind?», fragte Marie gespannt.

«Ja, das ist tatsächlich ein Problem. Die Ratsherren wollen sicher, dass wir sie mitnehmen», überlegte Thomas laut, «aber wo sollen wir dann eine Unterkunft finden? Wir wären mit unsern Studenten über dreissig Personen, so viel Platz hat niemand.» Doch darin täuschte er sich. Er fand nach kurzem Suchen in Liestal jemanden, der gegen eine Entschädigung bereit dazu war, sie zu beherbergen.

«Uli Wentz in Liestal ist gewillt, uns in seinem Haus am Kirchhof aufzunehmen», verkündete Thomas am Mittagstisch ganz erleichtert.

«Uns alle?», fragte Anna höchst verwundert.

«Ja, alle. Ich zahle ihm jede Woche ein Pfund Zins dafür. Wentz ist froh um diese Nebeneinnahmen. Wir werden natürlich zusammenrücken müssen.»

Sie drängten sich in den vier oberen Räumen des engen Hauses zusammen. Vier Laubsäcke in jedem Raum – jeweils zwei Personen schliefen auf einem Sack – mehr hatten nicht Platz. Sie mussten alles mit der Familie Wentz teilen, nicht nur die Küche, sondern auch den einzigen Abort im Hof – über vierzig Personen.

Der fünfjährige Felix schlief in der Wiege, die sie aus Basel mitgenommen hatten. Da kein Platz in der Kammer war, hatte sie Anna auf eine Bank gestellt. Oft sass sie abends daneben und sang ein Gutenachtlied, bis er eingeschlafen war. Er hatte stets Angst vor den Schatten, die sich im düsteren Raum breitmachten. Anna blieb bei ihm, während sie emsig ihr Spinnrad drehte. Ein Kienspan erhellte die Kammer mit spärlichem Licht, sonst umgab sie Dunkelheit und Stille.

Da, mit einem Mal erschien vor dem Fenster ein glühender Totenkopf und rollte in die Stube! Anna schrie entsetzt auf, sprang vom Stuhl und eilte zur Tür. Dabei stiess sie an die Wiege, welche umkippte und mitsamt dem kleinen Felix auf den Boden krachte. Felix schrie wie am Spiess, Anna war bereits bei der Tür, kehrte aber sofort wieder um, um ihn zu bergen. Aus den andern Kammern strömten die Kostgänger entsetzt herbei und betrachteten das Unglück. Felix blutete stark an der Nase, Anna war kreidebleich. Der Totenkopf glühte nicht mehr und lag in einer Ecke. Ein mutiger Kostgänger näherte sich ihm, hob ihn auf und entdeckte eine Wachskerze darin.

«Nichts als ein böser Bubenstreich», verkündete er mit wichtiger Stimme.

«Das geht entschieden zu weit», hob Thomas zornig an, «mein Kind ist verletzt und meiner Frau hätte vor Schreck weiss nicht was passieren können.»

Nachdem sich die Aufregung etwas gelegt hatte, fahndete man nach den Übeltätern. Im kleinen Städtchen Liestal konnte kein Geheimnis lange verborgen werden. Die Burschen wurden verklagt und ins Gefängnis geworfen. Es nutzte nichts, dass sie versicherten, sie hätten den Totenkopf auf eine Stange gesteckt und nur vor dem Fenster hin und her bewegen wollen, doch er sei plötzlich herunter gefallen und in die Stube gerollt. An der Nase von Felix blieb eine Narbe zurück, die von da an immer sichtbar war.

10. Kapitel

Die heissen Sommerwochen vergingen. Thomas und Anna beobachteten angstvoll ihre beiden Kinder, aufs Schlimmste gefasst. Je länger sie in Liestal weilten, desto mehr schöpften sie Hoffnung. Endlich, nach vier Monaten, war die Pestepidemie abgeflaut. Sie konnten alle wieder nach Basel zurückkehren und niemand war erkrankt.

«Hör mal, Anni, wäre es nicht an der Zeit, eine zweite Dienstmagd einzustellen?» Anna schaute überrascht auf. Thomas hatte wohl in Liestal bemerkt, wie viel Arbeit sie mit den Kostgängern hatte, und sich offensichtlich Gedanken darüber gemacht.

«Natürlich, das wäre mir eine grosse Hilfe.»

«Ich habe gestern mit einem Liestaler gesprochen, der seine vierzehnjährige Tochter gerne zu uns in Dienst geben würde. Sie heisst Anna Oswald. Sie macht einen guten Eindruck, ist arbeitsam und kräftig.»

Die junge Magd – man rief sie Nana – war mit einem stämmigen Körperbau gesegnet, hatte ein kugelrundes Gesicht und kräftige Arme. Sie stand in der russgeschwärzten Küche vor ihrer neuen Meisterin und musterte mit unverhohlener Neugier die Umgebung. Sie trug ihre braunen Haare sittsam zu einem dünnen Zopf geflochten, den sie um den Kopf festgesteckt hatte. Es war eine neckische Frisur, denn oben auf dem Kopf endete das Zöpfchen und stand fast senkrecht in die Höhe. Anna dachte bei ihrem Anblick sofort an eine Zwiebel. Als die Magd den kleinen Felix entdeckte, lächelte sie gewinnend.

«Wie heisst du denn?» Felix schien sie gleich ins Herz geschlossen zu haben, wohl wegen der lustigen Frisur. Zutraulich kam er näher und antwortete:

«Felix. Und du?»

«Ich bin die Nana. Wollen wir zusammen Wasser holen?» Felix nickte und nahm sie bei der Hand.

«Felix, zeig ihr, wo unser Brunnen ist», lächelte Anna. Sie konnte sich noch gut an ihre ersten Tage in fremden Diensten erinnern und an die Angst und Zweifel, ob man genügen könne. Es schien ihr, dass ihre neue Dienstmagd weniger unsicher sei, als sie selbst damals gewesen war.

«Die heutigen Mägde sind viel mutiger», meinte sie abends zu Thomas, «ich hatte allerdings auch keine Familie im Hintergrund, so wie Nana eine hat. Ich hoffe nur, sie gehorcht widerspruchslos.»

Die Fasnacht fiel in diesem Winter ausschweifender aus, als man es gewohnt war. Alle hatten das Bedürfnis, sich nach der schlimmen Pestzeit endlich wieder auszutoben. Pfarrer Gast von der Martinskirche war entsetzt.

«So üppig wurde noch nie gefeiert. Selbst die alten Leute sagen, sie hätten so etwas noch nie erlebt. Es ist in meinen Augen gottlos, wie man sich aufführt.» Thomas sah die Sache nicht so eng.

«Ihr meint, die Verlotterung trete bei der Fasnacht besonders stark in Erscheinung? Es ist doch nur ein alter Volksbrauch.»

«Richtig. Es erinnert mich an päpstliche Zeiten. Muss denn in einer reformierten Stadt überhaupt Fasnacht gefeiert werden?»

«Ihr wisst doch, wie unsere Bürgerschaft denkt und nach welchen Dingen sie gierig verlangt.»

«Es ist nichts als Trotz, eine Frechheit gegen das Wort und eine Verachtung der Prediger.» Johannes Gast schien recht verärgert.

«Ihr dürft es nicht persönlich nehmen. Es ist keine Geringschätzung der Pfarrer, es ist einfach das Bedürfnis, sich einmal auszutoben und den ganzen Kummer und alle Sorgen zu vergessen.»

«Es ist auf jeden Fall des Teufels Werk, denn das Böse wird oft durch Umwege tätig! Die Knaben werden disziplinlos bei den schlechten Beispielen, die Schulen gehen zugrunde bei dieser Zügellosigkeit, und nebenbei führt die Ausgelassenheit zu Ehebruch. Nachher plagt dann alle wieder das schlechte Gewissen.» Thomas erwiderte nichts, denn er wusste, Johannes Gast hatte seine Meinung längst gemacht. Er hatte stets etwas leicht Spöttisches an sich, so als verachte er die Welt. Es lag auch an seiner schmalen, leicht gebogenen Nase, die seinem Gesicht etwas Vogelähnliches und den Ausdruck von Anmassung verlieh. Trotzdem schätzte Thomas den belesenen und unterhaltsamen Gesprächspartner und suchte keine Konfrontation. Er kannte seine leicht ausbrechende Heftigkeit und versuchte, ihn abzulenken.

«Habt Ihr schon gehört, dass der Schwarzkünstler Doktor Faustus vom Teufel geholt wurde? Er habe ihm das Genick gebrochen und Faustus sei elendiglich gestorben.» Johannes Gast nickte eifrig.

«Ja, so wurde es mir auch berichtet. Und seine Seele ist sicher der ewigen Verdammnis überantwortet worden. Als ich vor ein paar Jahren im Oberen Collegium an der Augustinergasse mit ihm speiste, da gab er dem Koch Vögel verschiedener Art, von denen ich nicht wusste, wer sie ihm gegeben hat, denn in Basel wurden diese nicht verkauft, und ich habe auch noch nie solche gesehen. Er hatte auch einen Hund und ein Pferd bei sich, die, wie ich glaube, Teufel waren, da sie alles verrichten konnten.» Thomas starrte ihn ungläubig an. Bevor er sich dazu äussern konnte, trat Anna ziemlich aufgeregt in die Stube.

«Unser Felix ist krank, er hat einen Hautausschlag und leichtes Fieber, wollte ich berichten.»

«Ist es schlimm?», fragte Thomas sofort sehr besorgt.

«Ich glaube nicht, dass wir uns Sorgen machen müssen. Er liegt in der Druckerstube auf der Bank und lässt sich verwöhnen. Alle bringen ihm süsse Dinge, Rosinen, Zuckererbsen und Birnenschnitze. Er liebt ja Süssigkeiten und geniesst es.»

«Da beeilt er sich sicher nicht, gesund zu werden», schmunzelte Thomas. «Doch es wird ihm bald verleidet sein. Sicher verspotten ihn meine Gesellen wegen seines Ausschlags. Pass auf, dass er nicht wieder dein ganzes Holdermus isst! Und noch etwas, Anni, bitte hol doch ein wenig Käse für Pfarrer Gast, du weisst, er liebt Käse.» Anna lächelte. Wenn sie unter sich waren, bezeichneten sie Johannes Gast gerne als «Käsemaul». Sie lief rasch die Treppe hinunter und befahl der jungen Magd Nana, etwas Käse einzupacken für den Pfarrer.

Es herrschten keine friedlichen Zeiten. Berichte von Kriegsgerassel zwischen dem französischen König Franz I. und Karl V., dem Kaiser des Heiligen Römischen Reiches deutscher Nation, machten laufend mit beängstigenden Einzelheiten die Runde. Es ging um die Vorherrschaft in Italien, brachte aber viele Länder aus dem Gleichgewicht. Glaubenskämpfe waren ebenfalls an der Tagesordnung. Unruhen und Kriegsgefahr bedeuteten gleichzeitig schlechte Geschäfte für die Druckerherren. Wer wollte schon kostbare Bücher kaufen, wenn eher kriegstaugliche Geräte gefragt waren? Die gewinnbringenden Jahre schienen vorbei zu sein. Thomas begann sich Sorgen zu machen. Auch seine Gesellen verhielten sich ungeschickt, so dass Thomas das ganze Druckereigewerbe mehr und mehr zu verleiden begann. Immer öfter dachte er an das Angebot, Rektor zu werden. Nicht nur die Herren Schulräte, selbst der Bürgermeister sprach ihn eines Tages darauf an. Anna gegenüber verschwieg er seine Überlegungen. Doch sie spürte, dass ihn etwas umtrieb. Sein unsteter Lebenswandel schien sich immer noch nicht gelegt zu haben.

Schliesslich sagte Thomas zu und handelte eine hohe Besoldung aus. Nun stand nichts mehr im Weg, um Anna in seine Pläne einzuweihen.

«Anni, ich werde Rektor der Schule auf Burg», verkündete er eines Abends stolz. Anna sass wie gewohnt am Spinnrad, hielt einen Moment inne und runzelte die Stirn.

«Rektor? Warum nicht? Eine regelmässige Einkunft wäre ganz in meinem Sinn. Doch was geschieht mit der Druckerei?»

«Ich werde sie verpachten oder liquidieren. Ich kann sie nicht weiterführen. Ich verdiene als Rektor genug, zweihundert Gulden. Hundert sind für mich und hundert für die Unterlehrer. Diese Bedingung habe ich gestellt, und man ist darauf eingegangen, weil man mich unbedingt haben wollte. Du darfst aber niemandem sagen, wie viel ich verdiene, denn man hat mir verboten, es weiterzuerzählen, weil bis anhin noch niemand so viel Lohn bekommen hat.»

«Die Schule ist ja fast eingegangen…», murmelte Anna.

«Ich werde sie nun neu aufbauen, ganz ohne Auflagen der Universität, denn ich will keine geistige Bevormundung. Deshalb hat man dort auch keine Ahnung von den Abmachungen.»

«Ohne die Universität miteinzubeziehen? Das wird niemanden freuen.»

«Noch weniger freut man sich über den jetzigen Zustand der Schule. Die Knaben werden mutwillig und zuchtlos erzogen, hat man kürzlich geklagt. Kein Wunder, denn der Rektor wechselte in den vergangenen vier Jahren sechsmal! Nachdem die Klosterschulen nach der Reformation nicht mehr betrieben werden konnten, liess man sich etwas einfallen, aber es scheint sich nicht zu bewähren. Ich reise morgen nach Strassburg, um zu sehen, wie man dort das Schulsystem aufgebaut hat, und was davon für meine Schule zu übernehmen geeignet wäre.» Ein feines Lächeln erhellte Annas Züge.

«Für meine Schule… du scheinst schon ganz damit verwachsen zu sein.»

«Es ist eine grossartige Aufgabe und natürlich auch eine Herausforderung. Vom Geisshirten zum Rektor – das soll mir erst jemand nachmachen», sagte er stolz. Anna konnte es nachvollziehen. Jahrelang war er ein Niemand gewesen, hatte betteln und Schläge einstecken müssen, und nun hatte er sich aus eigener Kraft etwas aufgebaut und war zur Respektsperson geworden. Er war nie an einer Universität gewesen, hatte auch keinen Magistergrad erworben, aber er hatte viel Erfahrung als Lehrer, und seine Ehrlichkeit und sein Durchsetzungsvermögen schienen genau die Voraussetzungen zu sein, die gefragt waren.

Die Mägde Marie und Nana sassen unterdessen in der Küche und tuschelten eifrig miteinander. Sie waren dabei, Rüben zu schälen. Als Anna hinzukam, bemerkte sie die Erregung der beiden.

«Was ist denn los? Es scheint mir, hier wird wieder einmal mehr geredet als gearbeitet.» Die beiden kicherten. Nanas kugelrunder Kopf war rot vor Aufregung.

«Herwagen ist ausgewiesen worden.»

«Ihr meint den Drucker?», fragte Anna unsicher und verscheuchte eine Fliege, die sich hartnäckig in ihre Haare setzen wollte.

«Ja, er hat doch damals die Witwe des berühmten Buchdruckers Froben geheiratet.»

«Ja, und?» Anna wusste nicht, worauf sie hinauswollten.

«Da gab es auch noch den jungen Froben. Stellt Euch vor, Herwagen hatte mit dessen Frau schon länger ein Verhältnis!»

«Vor den Augen seiner Frau? Sie, die einst Gattin des bedeutenden Buchdruckers Froben mit den vielen berühmten Gästen war? Und ihr zweiter Mann geht fremd?» Anna war sprachlos.

«Ja, und ausgerechnet mit der Frau ihres Sohnes. Schamlos, nicht wahr? Martha, ihre Magd, hat uns oft davon erzählt.» Anna schüttelte missbilligend den Kopf.

«Mit der Frau seines Stiefsohns, wie kann man nur! Und die Magd hat davon gewusst?» Nana sprang auf, eine halb geschälte Rübe in der Hand.

«Nicht nur die Magd. Ich denke, alle in der Umgebung haben es bemerkt, alle, ausser dem jungen Froben selbst.»

«Nun, so schnell kommt man auch nicht auf den Gedanken, dass der eigene Stiefvater… nein so was!» Die Mägde kicherten erneut.

«Empörend, nicht wahr? Darum hat man Herwagen jetzt ausgewiesen. Aus den Augen, aus dem Sinn, hofft man wohl.»

«Und die junge Frau?», fragte Anna neugierig.

«Die darf jetzt spiessruten laufen. Eigentlich sollte sie geschwemmt werden, wie es sich für eine Ehebrecherin gehört. Aber der junge Froben lässt sich nun scheiden. Grund dazu ist reichlich vorhanden.»

«Eine Scheidung? Nun ja, es werden ja jedes Jahr etwa zehn Scheidungen ausgesprochen. Ich möchte aber nicht in der Haut der Schuldigen stecken.»

«Dabei ist Herwagen gewarnt worden. Er hat bei einem Kräuterweiblein auf dem Bruderholz einen Zettel gezogen, darauf stand ein Bibelzitat aus den Sprüchen Salomos: *Denn eine Hure kostet nicht mehr als einen Laib Brot, die Frau eines anderen Mannes aber trachtet nach dem kostbaren Leben*», zitierte Marie. Nana betrachtete sie mit grossen Augen.

«Eine echte Wahrsagerin!»

«Nicht wahr? Herwagen hätte also wissen müssen, dass es auskommt! Er ist nun auf jeden Fall erledigt.» Anna dachte eher an die unschuldigen Partner. Sie konnte sich nicht vorstellen, wie sie sich fühlten. Sie lief zu Thomas, um ihm die Neuigkeit zu erzählen. Immerhin hatte er einst bei Herwagen als Korrektor gearbeitet.

Während Thomas sich auf seinen Rektoratsposten vorbereitete, bemerkte er, dass andere Drucker erfolgreiche Werke auf den Markt brachten. Hätte er beim Druckereigewerbe bleiben sollen? Es war vor allem der Drucker Henric Petri, welcher mit Sebastian Münster verwandt war, und deshalb dessen *Cosmographia* herausgeben konnte. Es war ein grossartiges Werk, das weitherum Beachtung fand, beschrieb es doch in gut verständlicher deutscher Sprache den Wissensstand in Geografie, Naturwissenschaft und Geschichte. Die vielen Illustrationen, Landkarten, Bilder von Städten, aber auch von skurrilen Menschen aus andern Ländern fanden eine grosse, interessierte Leserschaft. Bald danach wurde Henric Petri sogar der Adelstitel zugesprochen.

Auch Oporinus erlebte glänzende Zeiten. An einem Sonntagnachmittag erschien er strahlend bei Platters.

«Jetzt ist mir das besondere Werk angeboten worden, das mir immer vor Augen schwebte», rief er begeistert, als er beschwingten Schrittes aus dem düsteren Flur zu Thomas in die Stube trat. Dieser war gerade in ein ernstes Gespräch mit Pfarrer Johannes Gast vertieft. Die Sonne schien warm durchs Fenster, auf dem Tisch standen ein Krug mit Wein und zwei Becher. Thomas hob neugierig den Kopf.

«Ein Buch, das dir wieder Erfolg bescheren wird?»

«Ja. Es wird nicht nur ein grosser Erfolg werden, es wird auch meinen Ruf fördern. Es handelt vom menschlichen Körper: *De humani corporis fabrica*[12] und ist von Andreas Vesalius. Er kam vor wenigen Wochen in meine Werkstatt, um mir den Druck anzuvertrauen. Seither bin ich so sehr damit beschäftigt, dass ich kaum noch etwas anderes denken kann. Es wird ein prachtvolles Werk, auf bestes Papier gedruckt, mit breitem Rand und Bildern drin. Ein monumentales Werk mit fast siebenhundert Seiten und mehr als zweihundert kunstvollen Holzschnitten!» Thomas nickte anerkennend, obwohl er einen kleinen Stich von Eifersucht nicht unterdrücken konnte. Er beeilte sich, seinen Freund davon nichts spüren zu lassen.

«Du bist weltoffen und mutig, das hast du mit deinem lateinischen Koran bewiesen, dazu arbeitest du sorgfältig. Vesalius hat das sicher zur Kenntnis genommen und deshalb dich ausgewählt. Aber zweihundert Illustrationen? Wovon denn?»

---

[12] Über den Bau des menschlichen Körpers

«Die Bilder ergänzen die Themen. Der erste Teil handelt vom Knochenbau des Menschen, der zweite von den Muskeln, der dritte von den Adern, der vierte von den Nerven, von denen Vesalius festhält, dass selbst die dicksten von ihnen nicht hohl seien. Dann gibt es Teile, welche sich mit dem Unterleib und der Brusthöhle, und schliesslich sogar mit dem Gehirn befassen. Einige fertige Holzstöcke für die Illustrationen hat Vesalius bereits mitgebracht.»

«Vielversprechend, was du da aufzählst. Bei mir weilte Vesalius kürzlich zu Besuch. Das war mir eine grosse Ehre. Ich sehe ihn jetzt noch hinter dem Tisch sitzen. Für mich ist er ein grosses Vorbild. Und morgen will er nun auch noch ein anatomisches Kolloquium abhalten. Die gebildeten Leute von Basel sind schon seit Tagen in heller Aufregung.»

«Ja, Vesalius wird einen Leichnam zergliedern vor aller Augen! Es sind die sterblichen Überreste von Jakob Karrer aus Gebweiler, einem Straftäter, der zum Tode verurteilt wurde.» Pfarrer Johannes Gast sprang auf. Seine lange, weite Schaube, ein Überrock ohne Gurt, streifte den Boden, beinahe wäre er darüber gestolpert.

«Was für ein furchtbarer Übeltäter! Er musste einst aus der Stadt fliehen. Seine züchtige Frau, eine brave Wäscherin, ging nicht mit, weil sie nicht beschuldigt werden wollte, mit ihm unter einer Decke zu stecken. Darauf heiratete er eine andere und wartete, bis seine erste Frau in die Nähe kam. Auf freiem Felde sprang er aus dem Gebüsch und fiel mit einem Messer über sie her, stach auf sie ein und liess sie danach in ihrem Blute liegen.» Die Geschichte hatte in der ganzen Stadt die Runde gemacht.

«Zum Glück konnte ein Wundarzt sie retten und der Ehemann verhaftet werden! Nun ist er zum Tode verurteilt. Morgen wird er gehängt und dann seziert»[13], schloss Oporinus mit Genugtuung in der Stimme. Gast räusperte sich.

«Ich weiss nicht, was ich davon halten soll. Vesalius schneidet die Leichen nicht einfach auf, um an ein bestimmtes Organ zu gelangen, er legt sie Schicht für Schicht frei.»

«Stimmt. Er seziert selber und erläutert gleichzeitig seine Befunde. Und dann lässt er die entnommenen Organe auch unter den Studenten herumreichen. Sie sollen lernen, nur dem zu trauen, was direkt beobachtbar ist.»

«Die christliche Kirche kann diese Respektlosigkeit kaum gutheissen. Dabei schätze ich Vesalius ausserordent-

---

[13] 2. Mai 1543. Das von Vesalius präparierte Skelett ist noch heute erhalten. Dieses älteste anatomische Präparat der Welt befindet sich im Anatomischen Museum der Universität Basel, da Vesalius es der Universität Basel geschenkt hat, als er von Basel wegzog, um die Stelle als Leibarzt am spanischen Hof anzutreten.

lich, er ist mein Freund, obwohl er erst achtundzwanzig Jahre alt ist.» Thomas strich sich gedankenvoll den Bart.

«Ich werde es mir ganz sicher nicht entgehen lassen. Man lernt sehr viel dabei, denn bis jetzt kennt man ja nur das Grundwissen des Arztes Galen, der zur Zeit der Griechen lehrte. Das ist eineinhalb Jahrtausende her.»

«Man sagt schon lange, man würde in der Anatomie bei einem Metzger mehr lernen als in der medizinischen Ausbildung», spottete Oporinus.

«Die Bösen sagen viel Böses! Ich bin der Meinung, Menschen zu sezieren sei ein Beispiel von Anmassung und Respektlosigkeit der traditionellen Medizin gegenüber – und der Kirche», überlegte Johannes Gast laut.

«Man kann die Zeit nicht zurückdrehen und sich auch nicht der modernen Entwicklung verschliessen. Es wird sicher vielen Kranken zugutekommen, was man aus den neuen Methoden lernt.»

«Ich weiss, Paracelsus hat genau gleich argumentiert. Er hat ja hier in Basel die Bücher von Galen öffentlich verbrannt.» Oporinus räusperte sich.

«Dafür musste er die Stadt dann Hals über Kopf verlassen. Seit ich meinen lateinischen Koran herausgegeben habe, weiss ich, wie es ist, wenn man angefeindet wird. Sogar von Leuten, mit denen man viele Jahre lang freundschaftlich verbunden war, wie zum Beispiel Sebastian Münster.»

«Myconius hat sich sehr für dich eingesetzt», widersprach Thomas sofort.

«Trotzdem durfte niemand mehr von der Kanzel herab den lateinischen Koran erwähnen!» Pfarrer Gast zuckte unberührt die Achseln.

«Ich weiss. Doch das alleine macht es nicht aus, ob ein Buch gelesen wird oder nicht, und wir die anders Gläubigen besiegen. Ich denke da vielmehr wie Erasmus und dessen Ausspruch: Wollen wir die Türken zu Christen machen, seien wir erst selbst Christen. Alleine darauf kommt es an.»

«Ich wollte damit niemanden bekehren, sondern nur die Möglichkeit schaffen, dass man die Gedankengänge der Andersgläubigen kennenlernt. Dafür musste ich bei der Veröffentlichung erleben, wie rasch man verhaftet werden kann. Es war sicher klug von Paracelsus, rasch aus der Stadt zu verschwinden, nachdem die Ärzte ihm misstrauten.»

«Leider ist er unterdessen verstorben. Ich hätte ihn zu gerne kennengelernt. Ich fände es wunderbar, wenn man neue Mittel gegen die vielen Krankheiten finden könnte. Und das geht nur, wenn man weiss, wie der Mensch beschaffen ist und was in unsern Körpern vor sich geht. Dann muss man auch nicht mehr die Sterne oder den Einfluss der Planeten bemühen, wie es immer wieder gemacht wird.»

«Die Menschen trauen lieber auf die Wunderzeichen am Himmel als auf die Heilige Schrift», seufzte Johannes Gast.

«Nun, auch Luther war überzeugt, dass sich der Bauernkrieg durch aussergewöhnliche Zeichen am Himmel vorweg ankündigte.»

«Man sucht mit Himmelsbeobachtungen nach Vorzeichen des Unheils, statt das, was man nicht erklären oder vorausahnen kann, einfach als von Gott gewollt zu akzeptieren, seien das Missernten, Hungersnöte, Brandkatastrophen oder Überschwemmungen.» Oporinus wollte Pfarrer Gast zuerst etwas entgegnen, wechselte dann aber abrupt das Thema.

«Ich habe übrigens einen grossartigen Korrektor gefunden: Sebastian Castellio.»

«Das ist doch der Gelehrte, der sich mit Calvin angelegt hat, oder nicht? Und jetzt muss er sein Brot als Korrektor verdienen? Ich denke, dass er damit seine Familie kaum ernähren kann.»

«Nun, er sammelt Treibholz am Rheinufer und ernährt sich vom Fischfang.» Thomas blickte Oporinus entrüstet an.

«Das ist eine Schande. Natürlich müsste er eine Stelle als Professor erhalten.»

«Die Universität will sich nicht in den Streit zwischen ihm und Calvin einmischen. Calvins Arm reicht weit. Man wartet wohl, bis etwas mehr Gras über die Sache gewachsen ist.»

Da trat Anna in die Stube, leicht beunruhigt, weil sie bemerkt hatte, dass recht laut diskutiert wurde. Sie brachte einen weiteren Becher für Oporinus, sowie einen Zinnteller mit gedörrten Apfelschnitzen. Sie begrüsste die Gäste, erkundigte sich bei Oporinus nach seiner Frau und Pfarrer Gast nach dessen vielen Kin-

Andreas Vesalius *De humani corporis fabrica,* gedruckt von Oporinus in Basel 1543. Das Buch war Karl V. gewidmet.

dern. Damit hatte sie, ohne dass man es bemerkte, das Gespräch in andere Bahnen gelenkt.

Als die beiden Gäste gegangen waren, fragte sie Thomas neugierig:

«Was war denn los?»

«Ach, nichts weiter. Wir diskutierten nur darüber, dass Vesalius morgen einen Menschen sezieren wird. Es gibt immer noch Leute, die dagegen sind, weil sie meinen, das sei unchristlich.»

«Er ist ein Schwerverbrecher, nicht wahr? Er würde sonst wohl gehängt. Dann kämen die Raben, und niemand regte sich darüber auf.» Thomas schaute sie überrascht an.

«So habe ich es noch nie betrachtet. Du hast recht, die Verbrecher hängen oft bis zur Verwesung an den Galgen. Ich habe schon über fünfzig Raben gezählt, die eine Richtstätte umkreisten, um den Gehängten und seine Eingeweide zu fressen ... und erst auf den Schlachtfeldern!» Anna schauderte. Sie wollte lieber nichts davon hören.

11. Kapitel

Der folgende Winter nahm wieder einmal kein Ende. Nebelschwaden zogen über den Rhein, es war eisig kalt, und die Sonne sah man nur selten. In den langen, finstern Nächten blies der Wind durch alle Ritzen. Man konnte die Teufel flüstern hören, unheimlich und beängstigend, die Dunkelheit schien voller Geister. Die Gassen bedeckte blankes Eis, so dass man sehr vorsichtig zum Brunnen oder zum Markt laufen musste. Die Strassen wirkten winterlich leer und still. Selbst in der Freien Strasse herrschte nur wenig Verkehr. Von Kälte und Dunkelheit entnervt, warteten alle auf bessere Zeiten und blieben möglichst im Innern der Häuser. Viele wilde Tiere machten die Gegend rings um die Stadt unsicher.

«Gestern kam der Kellerhans und zeigte an, dass man einen grossen Bären gesichtet habe auf der Landschaft. Man hat gleich eine Mannschaft ausgeschickt mit Hellebarden und Schiessgewehr», berichtete Thomas am Mittagstisch.

«Und, hat man die Bestie erwischt?», fragte ein Kostgänger beunruhigt.

«Nein, man machte ein viel zu grosses Geschrei, da lief der Bär davon.»

«Genau wie in Bubendorf. Dort hat man Sturm geläutet, weil ein Bär auf dem Kirchhof herumspazierte», berichtete ein anderer wichtig, «die Bauern haben sich sofort bewaffnet und sind losgezogen, aber auch sie machten einen so unvernünftigen Lärm vor lauter Angst und Aufregung, dass der kluge Bär sich verdrückte. Niemand weiss, wo er jetzt ist.»

«Vielleicht war es ja nur ein grosser Hund und gar kein Bär», spottete ein Kostgänger trocken. Einige nickten und widmeten sich wieder der Erbsensuppe. Solange man innerhalb der Stadtmauern blieb, konnten wilde Tiere nichts ausrichten, deshalb fühlte man sich sicher und geborgen.

Abends hielt man sich so nahe wie möglich beim warmen Herdfeuer in der Küche auf. Dicke Äste wurden eifrig nachgeschoben, hin und wieder flammten sie hoch auf und die Funken flogen zischend auf den Boden der Küche und verglühten. Während das flackernde Licht des Feuers gespenstische Schatten auf die Wand warf, vertrieb man sich die Stunden mit Erzählen. Mit dunklen Stimmen berichtete man von Riesen, Zwergen, Hexen und Geistern. Man war überzeugt, dass immer wieder überirdische Kräfte ins Weltgeschehen eingriffen. Die Kinder hingen an den Lippen der Erzählenden und hatten danach Albträume. Um der unheimlichen Stimmung Herr zu werden, sang man auch oft zusammen, das half, die Ängste abzubauen.

An diesem Abend waren Marie und Nana schwer erkältet, man hörte ihren harten Husten bis zur Strasse.

«Eine Hexe hat den Feuertod verdient oder muss im Rhein ertränkt werden», rief Nana mit Bestimmtheit und ihre heisere Stimme überschlug sich fast. Sie fuchtelte aufgeregt mit den Armen, um ihrem Argument noch mehr Gewicht zu verleihen.

«Mir ist es lieber, wenn man die verdächtigen Leute aus der Stadt verbannt. So wie kürzlich die Catharina Leiderin, welche man beschuldigte, eine Hexe zu sein», entgegnete Marie. Sie besass nur noch ein paar wenige Zähne, so dass der Speichel aus ihrem Mund tropfte und sie ihn rasch mit dem Ärmel abwischen musste.

«Ja, ausweisen ist besser. Oft sind es nämlich nur böse Nachreden und Verleumdungen, was man den Frauen nachsagt. Dann foltert man sie und hofft, man könne sie mit glühenden Zangen zu einem Geständnis bringen», stimmte ihr ein Kostgänger bei.

«Nur wenn es trotz Daumenschrauben oder Strecken mit Gewicht nicht zu beweisen ist, dass sie mit dem Teufel im Bunde sind, werden sie ausgewiesen aus der Stadt», ergänzte ein anderer. Nana legte beruhigend ihre Arme um die elfjährige Ursula und den neunjährigen Felix, weil sie merkte, wie die Kinder die beschriebenen Folterungen in Gedanken ausschmückten.

«Die Männer erhalten höchstens ein Wirtshausverbot», höhnte ein anderer.

«Du meinst Hans Pantli? Der war kein Hexer, sondern hat im Rausch den Teufel gerufen und unchristlich gehandelt.»

«Ich finde, sobald der Teufel im Spiel ist, ist es klar. Der Teufel kennt die geheimen Kräfte der Natur und benutzt die List. Deshalb geschah es im Rausch!»

«Abgesehen vom Wirtshausverbot darf Pantli nun auch keine Waffen mehr tragen. Das ist ein grosser Ehrverlust.»

«Und er darf nur noch ein Brotmesser mit abgebrochener Spitze bei sich haben», ergänzte Felix wichtig.

«Was du nicht alles weisst», spottete ein Geselle, «dabei hast du immer noch Angst vor dem bösen ‹Uelengry›[14].» Felix duckte sich.

«Wenn er doch den Leuten den Kopf abbeisst…», murmelte er sich verteidigend, denn er zweifelte keinen Augenblick daran. Seine Fantasie schien grenzenlos. Es war noch gar nicht lange her, dass Felix in der Nacht nicht alleine schlafen wollte, ausser im Bett seiner Eltern. Seit er die schwarze «Spittelkuh» erblickt hatte, die grosse, schwere Kuh, die man jeden Abend am Haus vorbei zur Scheune des Spitals trieb, war er überzeugt, sie wolle ihn fressen. Einer der Gesellen hatte ihm damit gedroht. Sie machten sich gerne einen Spass daraus, Felix zu necken.

«Man sollte dich bei der nächsten Hinrichtung mitnehmen, Felix. Dann hast du nachher auch weniger

---

[14] Eine Art Bölimann, mit dem man den Kindern drohte.

Angst vor der Spittelkuh. Es ist Zeit, dass du siehst, was passiert, wenn man sich nicht in die Ordnung einfügt.» Felix blickte fasziniert auf. Sein Gesicht leuchtete erwartungsvoll.

«Oh ja! Ich bin jetzt alt genug mit meinen neun Jahren.» Nana schüttelte unwirsch den Kopf.

«Werde nur nicht übermütig! So spannend es auch sein mag, es ist ein unschöner Anblick. Manche brechen völlig zusammen und bieten ein entsetzliches Bild, anderen klappern die Zähne vor Angst oder sie schreien hysterisch um Hilfe. Spiel du lieber auf deiner Laute, das macht dir bestimmt mehr Spass!»

«Hast du vom Lehrbuben gehört, der letzte Woche das Pferd seines Meisters auf den Münsterplatz führte und bestieg, und es dann mit scharfen Sporen antrieb?», fragte ein anderer, um das Thema zu wechseln.

«Natürlich. Das Pferd bäumte sich auf, warf ihn ab und rannte im Galopp den Schlüsselberg hinunter zur Freien Strasse, riss dort einen Maurergesellen um und verletzte ihn mit einem Hufschlag so schwer am Kopf, dass er starb.»

«Ein wild gewordenes Pferd im Lauf ist wie ein offenes Grab», murmelte Marie düster.

«Und nicht nur für den, der darauf sitzt, sondern auch für alle andern», fügte Nana mit wichtiger Miene an und strich sich eine Haarsträhne hinters Ohr.

«Wie der Mann, der vorgestern beim Kartäuserkloster im Rhein schwimmen wollte und dabei ertrank.

Einem Retter wäre es kaum möglich gewesen zu helfen, er wäre bestimmt auch ertrunken.»

«Der Mann wollte ja gar nicht schwimmen!», ereiferte sich Felix. «Er ging nur ins Wasser, weil er seinen Hut herausfischen wollte, den ihm der Wind vom Kopf geweht hatte, und dabei wurde er vom reissenden Strom mitgerissen. Er schrie noch um Hilfe, aber es war niemand nahe genug, um ihn zu retten.» Da trat Anna in die Küche. Sie hatte die letzten Worte mitbekommen.

«Und sein kleiner Sohn musste miterleben, wie sein Vater in den Fluten versank.» Die Kinder blickten erschrocken auf sie. «Ich hoffe, es wird euch eine Lehre sein. Bleibt dem Fluss fern!» Kurze Zeit herrschte bedrücktes Schweigen. Das Holz des Herdfeuers knisterte und knackte. Felix hatte sich jedoch bald wieder gefasst.

«Die Knaben turnen hinter dem Münster immer auf der Pfalzmauer herum. Es ist eine Mutprobe, so hoch über dem Rhein auf der Mauer hin und her zu spazieren.» Anna erschrak und schüttelte heftig den Kopf.

«Dass du mir da ja nicht mitmachst, Felix! Das ist reine Tollheit! Es ist überaus gefährlich, der Rhein ist an jener Stelle sehr tief und reissend. Wenn man den Sturz von der hohen Mauer überhaupt überlebt...» Ein Kostgänger spann den Gedanken weiter.

«Die jungen Burschen kennen keine Grenzen. Letzten Sommer badete der junge Isaak, der Sohn des Krämers, im hochgehenden Rhein und ertrank. Dabei hätte am Sonntag danach seine Verlobung mit der Tochter des Tuchscherers verkündet werden sollen.»

«Das arme Mädchen hatte schon ein Jahr zuvor grosses Pech», fiel ihm Marie aufgeregt ins Wort, «damals wurde ein junger Mann, mit dem sie sich verloben wollte, überfallen und getötet. Wenn ich ein Mann wäre, würde ich mich mit diesem Mädchen sicher nicht einlassen. Zweimal vor der Verlobung umgekommen – es liegt bestimmt ein Fluch auf ihr.» Anna fuhr herum:

«Pass auf, was du sagst, Marie! Wie kannst du nur eine solche Vermutung laut aussprechen! Es ist gar schnell jemand in Verruf geraten und als Hexe bezeichnet.» In diesem Moment trat Thomas in die Küche. Er hatte noch einiges in der Werkstatt erledigt und wollte sich aufwärmen. Felix sprang sofort auf und blickte ihn erwartungsvoll an:

«Nimmst du mich beim nächsten Mal mit, wenn jemand hingerichtet wird, Papa? Ich bin nun schon neun, und der Hans durfte beim letzten Mal auch zusehen.» Thomas musterte ihn mit ernstem Gesicht.

«Gut, beim nächsten Mal gehen wir zusammen hin», nickte er bedächtig.

Als im August 1546 die grosse, dumpfe Glocke vom Münster herüberhallte, wussten alle in der Stadt, dass ein Verbrecher seinen Weg zum Schafott antrat. Thomas nahm Felix an der Hand. Zusammen mit einer grossen Menschenmenge liefen sie entlang der Steinenvorstadt bis zur Richtstätte, dem «Kopfabheini» ausserhalb der Stadtmauer[15]. Alle redeten aufgeregt miteinander und beobachteten jede Regung des Henkers. Hochaufgerichtet stand er da in seinem schwarzen Gewand. Geheimnisumwittert und unheimlich war seine Gestalt. Die Leute verfolgten mit staunender Ehrfurcht und gleichzeitiger Abscheu jede seiner Bewegungen. Als er das blanke Schwert hob, das im Sonnenlicht blinkte, ging ein entsetztes Raunen durch die Menge...

Felix kam bedrückt und bleich nach Hause. Anna musterte ihn besorgt. Sie ahnte, was das Kind gesehen hatte. Es gehörte jedoch zur Erziehung, solchen Hinrichtungen beizuwohnen. Die abschreckende Wirkung, die jede Enthauptung erzielte – auch das Rädern oder an den Galgen hängen – war für die ganze Bevölkerung gedacht.

«Er war schon ganz schwach, als man ihn zum Hochgericht führte», berichtete Felix mit versagender Stimme und tief aufgewühlt, «und geronnenes Blut war überall auf seinen Händen... er konnte sich kaum mehr aufrechthalten... dann sank er auf die Knie und der Henker nahm sein Schwert und hieb ihm den Kopf ab. Danach warf man ihn in ein Grab und trieb ihm einen Pfahl durch den Leib...»

---

[15] Der sogenannte «Kopfabheini» befand sich etwa beim heutigen Eingang zum Zoologischen Garten Basel.

«Siehst du, genau so geht es, wenn man nicht folgsam tut, was verlangt wird, Felix.» Er nickte heftig. Nie würde er sich etwas zu Schulden kommen lassen! Thomas las nun aus der Heiligen Schrift vor und predigte ihnen, so dass Felix sich fragte, woher es wohl käme, dass die Leute gottlos sein wollten. Fürchteten sie den Henker und die Hölle denn nicht?

Anna beschloss, mit den Kindern zum Totentanz zu spazieren, diesem eindrücklichen Gemäldezyklus an der Friedhofsmauer beim ehemaligen Dominikanerkloster. Sie würden sicher begeistert die Bilder betrachten, den Papst, den Kaiser, die Edelfrau, den Herold, welche alle vom Tod zum Tanz aufgefordert wurden. Allerdings war zu befürchten, dass Felix nachts von der Gestalt des Todes träumte, dem grauslichen Lächeln, den gemalten Gebeinen. Die Kinder bekamen ja nur selten Bilder zu sehen, seit man nach der Reformation die religiösen Gemälde in den Kirchen übertüncht hatte.

«Und auf dem Rückweg kann ich gleich noch zum Fischmarkt, um einzukaufen», murmelte sie.

Es folgte ein heisser, trockener Sommer. Eine drückende Hitze lag über der Stadt und lähmte die Leute bei der Arbeit. Hoffnungsvoll betrachteten sie täglich den Himmel. Über dem Schwarzwald türmten sich oft dunkle Wolken und wuchsen in die Höhe, aber sie brachten keine Abkühlung. Endlich ballten sich im Elsass mächtige Wolken am Horizont und zogen lang-

Basler Totentanz an der Friedhofsmauer der Predigerkirche. Konrad Witz (?) um 1440. Aquarellkopie von Rudolf Feyerabend

sam näher. Die Luft stand still. Selbst die Hühner sassen bewegungslos auf ihrer Stange, die Köpfe in die Federn gesteckt. Während die schwarze Wolkenwand näherrückte, zogen sich die Leute angstvoll in die Häuser zurück. Sie waren überzeugt, bei einem Gewitter mit Donner und Blitz drohe ein Unheil und es warteten schlimme Geister darauf, auszuschwärmen. Irgendwo lauerte etwas Böses, die Sünden würden gebüsst und das Unrecht gerächt werden.

Dann wurde es mitten im Tag dunkel. Es schien, als ob der Jüngste Tag angebrochen wäre. Und mit einem Schlag öffnete der Himmel seine Schleusen, der Regen prasselte auf den Boden, gemischt mit grossen Hagelkörnern. Grelle, gleissende Blitze zuckten über den schwarzen Himmel, gefolgt von hallendem Donner. Die Sturmglocke begann zu läuten. Irgendwo musste es eingeschlagen haben. Anna und die Kinder sassen zusammen mit den beiden Mägden in der Küche und unterhielten sich flüsternd, von unbestimmten Ängsten erfüllt. Sie lasen Steinchen aus den Getreidekörnern, obwohl man in der dunklen Küche kaum mehr etwas sehen konnte. Da hob Anna den Kopf und begann zu singen, die andern fielen nach einigem Zögern mit ein und die Angst begann spürbar zu weichen.

Am nächsten Tag traf Thomas zufällig Oporinus auf der Rheinbrücke. Während sie sich begrüssten, blickten sie auf den träge dahinziehenden Fluss und aufs Münster, welches dominant das Grossbasler Ufer mit seiner Häuserzeile prägte. Bei der Einmündung des Flusses Birsig lagen einige schmale Boote vertäut, ein grösseres wurde gerade entladen. Gegenüber, am Kleinbasler Ufer fuhr langsam ein aus Holzstämmen gefertigtes Floss rheinabwärts.

«Der Rhein hat wenig Wasser, man merkt kaum, dass gestern ein schweres Gewitter niederging, man sieht immer noch die Steine am Kleinbasler Ufer», meinte Oporinus sinnend.

«Ja, das Gewitter hat nur wenig geändert, es war ein Tropfen auf den heissen Stein. Der Teufel hat die Natur wieder einmal fest im Griff. Ich denke immer noch an den schrecklich heissen Sommer zurück. Ist das jetzt drei oder vier Jahre her?»

«Vier Jahre. Diesmal wird es aber keinen guten Wein geben, denn die Trauben sind an den Rebstöcken fast vertrocknet. Der Mai war noch so kalt, dass man meinte, es sei Winter, doch danach wurde es heiss und regnete kaum mehr. Und jetzt der Hagel…»

«Der Rat verbietet nun sogar, den Baselwein an Auswärtige zu verkaufen. Das Mass kostet bereits einen Schilling. Auch die Fische sind teurer geworden, obwohl ich das Gefühl habe, sie fangen viele. Es ist alles teurer geworden, selbst die eingesottene Butter kostet jetzt acht Rappen das Pfund, hat Anna gestern berichtet.»

«Handkehrum bewirtet man die Gäste, wie den Herzog Christoph von Württemberg mit seiner Gemahlin ausgesprochen fürstlich. Der Rat empfing ihn gestern mit zehn Kasten des besten Weines.»

«Wenn das alles wäre! Auch zwei lebende Salmen wurden ihm geschenkt und ich weiss nicht wie viele Säcke Hafer. Aber es gehört sich nun mal, Ehrengäste mit Geschenken zu überhäufen. Der Herzog hat in seinem Gefolge vier Baroninnen und natürlich noch viele Edelleute.»

«Morgen gehen sie ins Münster zur Predigt, der Herzog, seine Gemahlin, alle Edelleute und das weibliche Gefolge. Das wird ein eindrücklicher Anblick, viele werden es sehen wollen.»

Tatsächlich lohnte sich der Abstecher zum Münsterplatz, um den Einzug der Herrschaften zu betrachten. Als die Glocken zu läuten begannen, liefen die Mägde Marie und Nana rasch den Münsterberg hoch, um das Geschehen zu verfolgen. Viele Neugierige hatten sich eingefunden. Dicht gedrängt standen sie mit gebührendem Abstand vor dem Münster. Alle reckten die Hälse. Der Herzog in moosgrünem Wams, das mit Silberfäden durchwirkt und mit geschlitzten Ärmeln versehen war, sowie seine Gemahlin in prunkvollem blauem Gewand zogen zusammen mit allen Edelleuten bei Glockengeläute durch das reich verzierte Hauptportal des Münsters. Es folgten die kostbar gekleideten Edeldamen des Hofstaats in roten Mänteln und mit goldenen Ketten geschmückt, die ledigen Damen trugen alle ein seidenes Schappel auf dem Kopf, einen ringförmigen Kopfputz. Tief beeindruckt standen alle Zuschauer da. Nur ein altes Weib rief keifend:

«Ich sage euch, das ist der Anfang vom Ende. Dieser Prunk, diese Gefallsucht! Das kommt von den verteufelten Erfindungen, welche uns noch zugrunde richten werden ...» Nana kicherte und stiess Marie in die Seite.

«Die Alte bringt alles durcheinander.»

Als schliesslich die mächtigen Torflügel des Hauptportals geschlossen wurden, gingen Marie und Nana höchst befriedigt zurück an ihre Arbeit. Etwas vom Glanz der hochgestellten Personen war auf ihren matten Alltag gefallen.

Gegen Abend kam Pfarrer Gast zu Thomas und Anna. Sie sassen in der guten Stube, Anna am Spinnrad, die Herren bei einem Becher Wein. Eine schnabelförmige Tonlampe, deren Flamme mit Öl gespeist wurde, stand auf dem Tisch. Die beiden Männer sprachen gemessen und strichen sich im Gespräch immer wieder durch die wohlgepflegten Bärte. Johannes Gast berichtete ziemlich erbost und mit gerunzelter Stirn und erhobenen Brauen über den hohen Besuch.

«Im Münster hielt der Prediger Gyrfalk eine plumpe und taktlose Predigt. Ich schämte mich für unsere Stadt. Trotzdem wurde er nachher zum Mittagessen eingeladen – und er erschien sogar dort. Mir ist sein Benehmen schleierhaft.» Thomas erwiderte nichts darauf. Er wusste, dass Pfarrer Gast nicht gut auf Gyrfalk zu sprechen war. Gast hatte seine festen Vorstellungen, denen man am besten nicht widersprach. Eifersucht und Neid sprachen aus seinen Worten.

«Der Herzog war sehr erregt und aufgebracht, weil er seiner Meinung nach zu wenig fürstlich empfangen wurde.»

«Was hat er denn erwartet?», fragte Thomas erstaunt.

«Beim ersten Abendessen sei kein einziger unserer Regenten anwesend gewesen. Ich weiss beim besten Willen nicht, weshalb.»

«Das kann ich dir sagen. Er reiste am Tag der Wahlen an, da hatten die Häupter anderes zu tun, die Vereidigung auf dem Petersplatz und die anschliessenden Festlichkeiten in den Zunftstuben. Man liess es den Herzog sicher wissen und hat sich entschuldigt.»

«Der Herzog hat auch übel genommen, dass im Münster kein fürstlicher Schmuck vorhanden war. Ich selbst habe es ebenfalls festgestellt. Die Bänke im Münster waren mit Staub überzogen und nicht wie üblich mit Tüchern abgedeckt.» Anna unterbrach das Spinnen und blickte erstaunt auf.

«Der Herzog hat bemerkt, dass Staub auf den Bänken lag?» Diese Bemerkung schien Johannes Gast zu amüsieren, sein eigenwilliges Gesicht zuckte.

«Wie auch immer, ich finde, allen Kindern Gottes sollte ein grosser weltlicher Prunk zuwider sein.»

«Das werden unsere Ratsherren wohl auch gedacht haben», brummte Thomas und nahm einen Schluck Wein. «Der Herzog bleibt sowieso nicht lange hier, morgen reist er schon weiter. Möge er an andern Orten fürstlicher empfangen werden!» Anna trieb mit Schwung das

Spinnrad wieder an und mischte sich nochmals ins Gespräch.

«Er hat meiner Meinung nach genug Geschenke erhalten, mehr muss nicht sein in diesen teuren Zeiten.»

Das Amt als Rektor der Schule auf Burg[16] liess sich gut an. Die Liquidation der Druckerei hatte einiges eingebracht, wenn auch weniger, als Thomas erhofft hatte. Für die Bücher erhielt er kaum den Preis des Papiers, auf dem sie gedruckt waren, die Werkzeuge überliess er für wenig Geld einem andern Drucker.

Als er schliesslich die Leitung der Schule übernahm, fand er nur eine kleine Zahl von Schülern vor. Es reichte gerade, um die untere Schulstube zu füllen, was sich im Winter als Glücksfall erwies, denn sie war als einzige heizbar. Der Unterricht beschränkte sich auf die Fächer Latein, Griechisch, Religion und etwas Gesang – weder Mathematik noch Deutsch standen auf dem Lehrplan. Rechnen lernte man entweder privat oder später in Kursen der philosophischen Fakultät. Jeden Sonntag wurden die Schüler drei Mal von den Lehrern zur Kirche geleitet und am Dienstag das vierte Mal. Anschliessend wurden sie über den Inhalt der Predigten abgefragt.

---

[16] Heute Gymnasium am Münsterplatz

Es war der ehrliche Wunsch und Wille von Felix, bei seinem Vater ein guter Schüler zu sein. Den hochgesteckten Erwartungen genügte er jedoch meist nicht. Mit der Rute wurde nicht gespart. Thomas war stets überzeugt, mit Schlägen etwas erreichen zu können. Das galt ganz besonders für Felix. Thomas hatte ihn zuvorderst hingesetzt, direkt bei seinem Katheder, denn sein ganzer Stolz und höchster Wunsch war es, ihn rasch vorwärtszubringen.

Eines Tages führte er Felix blutüberströmt nach Hause. Er hatte seinen Kopf mit einem Tuch verhüllt, damit er mit ihm überhaupt den Münsterberg hinunter und zum Haus an der Freien Strasse laufen konnte, ohne dass die Leute zu reden anfingen. Anna sprang entsetzt hinzu, als sie Thomas erblickte, wie er den blassen, blutenden Felix am Arm führte.

«Um Himmels willen, was ist passiert?», rief sie laut und bemerkte zu ihrer Erleichterung, dass Felix ansprechbar war. Tränen liefen über seine Wangen. Er zitterte.

«Vater hat ...», versuchte Felix sich zu fassen, «Vater sass auf dem Katheder und wollte mir... er wollte mit der Rute auf meinen Rücken hauen, weil ich nicht wusste, was das griechische Alpha purum ist. Gerade als er zuschlug, blickte ich zu ihm hoch ... und er traf nicht den Rücken, sondern mitten in mein Gesicht», schluchzte er.

«Das darf nicht wahr sein!» Anna konnte kaum an sich halten, am liebsten hätte sie sich auf Thomas gestürzt. Die Wut jagte ihr das Blut in den Kopf, dass sie dunkelrot wurde. Sie hatte keine Ahnung von Griechisch und wie wichtig dieses Alpha purum war, jedoch sah sie das geschwollene Gesicht von Felix und die blutenden Stellen. Es sah zum Fürchten aus. Sie führte ihn rasch ins Haus und legte ihn behutsam auf die Bank in der Küche.

«Was ist mit deinen Augen?», fragte Thomas ernsthaft beunruhigt, «kannst du alles gut sehen?» Felix nickte. Anna bemerkte, dass auch Thomas aufgeregt war, ganz offensichtlich hatte er so etwas nicht beabsichtigt. Er trocknete mit dem Tuch den kalten Schweiss von der Stirne ab und fuhr sich durch die blond gelockten Haare. Die Spitze seines Bartes zitterte vor innerer Erregung.

«Warum bist du auch immer so grob zu Felix! Er wird bei deiner Behandlung noch zum Krüppel und dann hast du gar nichts davon», fuhr Anna ihn an. Sie hatte schon mehrmals mitbekommen, dass er Felix nicht nur mit der Rute schlug, sondern auch mit Fusstritten anspornen wollte. Thomas schwieg betreten. Er wusste, dass Anna mit Recht wütend war, er musste Felix in Zukunft etwas milder behandeln.

«Ich meine es doch nur gut. Ich habe schliesslich selbst erfahren, wie wichtig und entscheidend eine gute Bildung ist», versuchte er sich zu rechtfertigen.

«Du mit deinem Ehrgeiz! Aus Felix wird sicher einmal etwas Rechtes, da musst du gewiss nicht mit solchen Schlägen nachhelfen.»

«Es braucht nun einmal Disziplin und Fleiss, um weiterzukommen. Die Erziehung dazu ist mir eine Herzensangelegenheit.» Anna konnte sich nicht beruhigen. Jedes Mal wenn ihr Blick auf das verunstaltete Gesicht von Felix fiel, stieg die Wut wieder in ihr hoch.

«Eine Herzensangelegenheit? Aber nur, bis dich der Jähzorn übermannt bei deinen Züchtigungen.» Anna angelte aus einer Schale ein paar getrocknete Rosinen und steckte sie Felix in den Mund.

«Wer seinen Sohn lieb hat, der züchtigt ihn», murmelte Thomas.

«Man erzählt sich in der Stadt, du seist stur und eigensinnig. Du würdest sogar Knaben zur Strafe verbieten, den Abtritt zu benutzen – das gehört sich nun wirklich nicht», antwortete Anna. Thomas funkelte sie erbost an.

«Was verstehen die Leute schon vom Unterrichten!» Er verliess wütend das Haus. Doch von da an nahm er sich zusammen und schlug nicht mehr so oft zu mit der Rute, schonte nun seinen Sohn, und die Strafe mit dem Abort liess er ebenfalls weg. Er war es gewohnt, kritisiert zu werden, denn auch die Universität war oft nicht einverstanden mit seinem Vorgehen, vor allem kreidete sie ihm an, dass er mit den Schülern Autoren lese und Stoffe behandle, die der Fakultät vorbehalten seien. Doch das kümmerte ihn wenig.

Disziplin und Fleiss, wie es seinem Vater vorschwebte, liessen Felix eher kalt. Er fand immer wieder Möglichkeiten, sich vor dem Lernen zu drücken. Im Hof spazierten die zahlreichen Hühner umher, die man füttern und deren Eier man holen konnte, natürlich mussten die Kaninchen in den Ställen versorgt werden, und die Tauben in der Dachkammer mit ihrem besonderen Gefieder und dem Gurren waren ebenfalls zu beobachten.

Auch Theateraufführungen hielten ihn vom Lernen ab, er liebte sie über alles. Auf dem Marktplatz wurde gerade «Paulus' Bekehrung» aufgeführt. Der Bürgermeister spielte den Saulus, Balthasar Han sass in der Rolle des Herrgotts in einem runden Himmel oben am Haus *Zum Pfauen*, und schoss von dort den Blitz – eine feurige Rakete – auf Saulus.

«Saulus fiel vom Pferd und die Rakete zündete ihm die Hosen an!», berichtete Felix aufgeregt und begeistert nach einer Aufführung, «alle lachten schallend.» Ein herrliches Theaterstück. Felix beschloss, es im Hof ihres Hauses ebenfalls aufzuführen. Ein Freund spielte den Saulus, Felix den Herrgott. Er sass stolz auf einer Hühnerleiter «im Himmel». Anstelle einer Rakete nahm er ein Holzscheit für den Blitz. Doch das kam nicht gut. Anna hatte einen schreienden und blutenden Saulus zu trösten.

«Was habt ihr denn nur gemacht?», fragte sie erschrocken, als sie dem blutenden Knaben mit einem Tuch das Gesicht abtupfte.

«Als er vorüberritt gegen Damaskus, warf ich den Blitz nach ihm, wie es sich gehört – und traf ihn leider am Kopf», gestand Felix zerknirscht.

«Das hätte bös ausgehen können, Felix. Hör auf, Herrgott zu spielen und komm ins Haus, du kannst mir helfen», befahl Anna schroff und schickte den Freund nach Hause.

Anna litt schon seit längerer Zeit unter Seitenstechen. Immer nach grösserer körperlicher Anstrengung krümmte sie sich vor Schmerzen. Thomas nahm es nicht wahr, aber die Kinder. Für Felix, der seine schon über fünfzigjährige Mutter als ziemlich alt empfand, gehörte es dazu, dass sie immer wieder von Krankheiten geplagt wurde. Eines Tages fühlte sie sich jedoch elend und schwach. Sie litt unter einer schweren Durchfallerkrankung. Der Arzt blickte ernst.

«Es ist die rote Ruhr[17], es scheint, Ihre Körpersäfte sind nicht mehr im Gleichgewicht.»

Der Aderlass, den er vornahm, schwächte sie noch mehr. Der Arzt hatte sorgfältig die Konstellation der Sterne durch einen Astrologen feststellen lassen, bevor er den Eingriff vornahm. Doch es hatte nichts gefruchtet. Anna schleppte sich tagsüber auf schwachen Beinen zum Abort, nachts erreichte sie kaum den Nachttopf. Sie wurde täglich schwächer. Felix und Ursula bangten um ihre Mutter, sie dachten angstvoll daran, dass sie

---

[17] Dysenterie (blutige Durchfallerkrankung).

sterben könnte und man ihnen dann wohl eine Stiefmutter vorsetzen würde. Anna plagten die gleichen Sorgen. Sie war sich bewusst, dass eine Frau die ganze Familie zusammenhielt, und ihre Arbeit, ihr geduldiger Mut und ihr Trost bei allen grossen und kleinen Schmerzen dringend gebraucht wurden.

«Felix, wenn ich sterben sollte, dann halte dich trotzdem gut, werde nicht wie die Studenten, die sich zugrunde richten, weil sie nur noch herumhängen. Es wird sonst nichts aus dir, ausser ein armer, verachteter Tropf. Versprich mir, dass du weiterhin fleissig arbeitest. Und heirate keine Schlampe hörst du, keine, die nicht weiss, wie man einen Haushalt führt.» Felix nickte. Die Worte schnitten in sein Herz. Er würde sie nie vergessen.

Doch es sollte anders kommen.

«Durch Gottes Güte ist eure Mutter auf dem Weg der Besserung», verkündete Thomas eines Morgens zuversichtlich. Ursula und Felix schauten ihn unsicher an.

«Ganz gewiss?»

«Ja, der Durchfall hat endlich aufgehört und der Arzt ist der Meinung, es gehe aufwärts. Sie wird bald wieder auf den Beinen sein.» Der drohende Schatten einer bösen Stiefmutter wich, und die Kinder jubelten.

«Vater, ich glaube, ich will Arzt werden», meinte Felix bald darauf, als sie beim Essen sassen. Thomas hörte es mit grosser Genugtuung, war es doch schon lange sein innigster Wunsch.

«Wills Gott, das wäre schön! Du weisst, ich hätte auch Arzt werden wollen, jetzt freue ich mich, dass nun du diesen Beruf ergreifen willst. Du wirst dir allerdings auch einiges Unangenehme einhandeln. Ich erinnere mich, dass du als kleines Kind sehr empfindlich warst und grossen Abscheu hattest vor unsauberen Dingen. Als Arzt hast du dich aber an solche Situationen zu gewöhnen. Das nächste Mal, wenn es Mutter schlecht geht, kannst du ihr beistehen oder den Kopf halten, wenn Ursula erbrechen muss.»

«Ich schaue immer zu, wie die Tiere geschlachtet werden, denn es ist sehr interessant, wenn der Metzger das Herz oder andere inwendige Dinge herausschneidet. Ich habe bemerkt, dass auch bei jungen Vögeln Blutäderchen zu sehen sind. Allerdings kann man sie nicht zu Ader lassen, sie sterben dabei.» Thomas blickte ihn forsch an.

«Du scheinst es ausprobiert zu haben?» Felix nickte bekümmert.

«Ich wollte nicht, dass der Vogel stirbt, ich habe extra ein ganz feines Schreibmesserlein verwendet. Er ist trotzdem gestorben.» Thomas legte ihm die Hand auf den Arm.

«Du wirst nicht immer Erfolg haben und dich daran gewöhnen müssen, dass der Tod zum Leben gehört.» Dann wandte sich Thomas an die andern am Tisch.

«Ich muss euch etwas Unglaubliches erzählen. Heute ging ich zum Seifensieder in der Gerbergasse. Während wir plauderten, stellte sich heraus, dass er und seine Frau aus München zugewandert sind. Ich berichtete ihnen, dass ich einst bettelnd durch Europa gezogen sei und in München auch einmal bei einem Seifensieder gewohnt hätte. Und wisst ihr, was sich herausstellte? Ich habe tatsächlich bei ihnen gewohnt, damals in München! Wir prüften viele Erinnerungen, es besteht kein Zweifel. Ich erzählte ihnen, dass ich mich daran erinnere, dass hinter dem Ofen ein Bauer gemalt gewesen sei und ein Spruch darüber gestanden habe. Sie wurden ganz aufgeregt, weil es tatsächlich ihr Haus war, und schliesslich erinnerten sie sich sogar an meinen Namen Thomilin. Wir fielen uns vor Freude um den Hals. Ist das nicht ein unglaublicher Zufall?»

«Vater Myconius verkündete stets, Zufälle gibt es nicht», meinte Anna.

«Das bezieht sich auf einen Ausspruch von Calvin», erwiderte ein Kostgänger mit wichtiger Miene, «er sagt, das, was wir Zufall nennen, sei eigentlich Gottes Vorsehung.»

«So oder so, ich werde mich in Zukunft der alten Leute etwas annehmen. Sie waren damals freundlich zu mir, ich möchte ihnen gerne etwas davon zurückgeben.»

Die unglaubliche Geschichte machte in der Stadt bald die Runde, die Mägde erzählten sie sich am Brunnen, man berichtete davon am Herdfeuer, es war etwas, das man wunderbar ausschmücken konnte.

Bald gab es andere Neuigkeiten, welche die Leute beschäftigten. Der Tod von Luther im Februar 1546 wurde von allen mit grosser Bestürzung zur Kenntnis genommen.

«Nun sterben die Männer der ersten Stunde. Vom grossen Dreigestirn Zwingli, Luther und Calvin lebt nun nur noch Calvin», äusserte sich Oporinus Thomas gegenüber. Sie sassen zusammen in der dämmrigen Stube. Anna hatte ihnen etwas Wein gebracht und zwei Becher dazu. Oporinus sass da, hatte seine grossen Hände über dem Knie gefaltet, und schien ganz in Gedanken vertieft. Thomas hingegen nahm einen Schluck und meinte sinnend:

«Unserm Kaiser Karl V. gelingt es dadurch leichter, die Protestanten zum Stillhalten zu verpflichten.»

«In seinem Reich, in welchem die Sonne nie untergeht...»

«Er will nun auf einem Reichstag den Glaubenskrieg zwischen den Katholiken und Protestanten beenden und regeln.»

«Des Kaisers grosse Schulden beim Handelshaus Fugger lassen mich vermuten, dass es eher die Fugger sind, die mit ihrem riesigen Vermögen sagen, wo es langgeht. Dem alten Fugger geht es ums Geschäft, das florieren muss. Nach allem, was man zu hören bekommt, scheint es mir, man rüste wieder zum Krieg.»

«Das möge der Herr verhüten!»

«Von den Fuggern hängt es ab, ob der Kaiser genug Geld dafür bekommt. Das wusste man schon in der

Antike, *in cunctis domina pecunia est*[18], und daran hat sich nichts geändert.»

«Genau, das war schon immer so.» Es war nicht einfach, die Weltpolitik zu durchschauen. Die Nachrichten und Berichte trafen immer recht verspätet ein. Im Dienste der Fugger übermittelten Thurn und Taxis mit ihrem Postwesen die neuesten Begebenheiten. Dazu kamen die Handelsherren oder die Wandergesellen, die Nachrichten weitertrugen. Thomas hob sorgenvoll die Augenbrauen.

«Und die Markgrafen lassen auch keine Ruhe. Vordergründig geht es um den Glauben, doch eigentlich geht es ihnen vielmehr um die Macht.»

«Und ich fürchte, die Türken werden sich alle kriegerischen Auseinandersetzungen sofort zunutze machen und gegen Mitteleuropa vorstossen.»

Beide schwiegen lange, bis Oporinus in einem Zug seinen Becher leerte und abschliessend meinte:

«Wenn das alte Reich in Schutt und Asche fällt, ist den Fuggern bestimmt auch nicht gedient. Du wirst sehen, sie unterstützen den Kaiser mit ihrem Geld.»

---

[18] In allem ist Geld die Herrin.

12. Kapitel

Thomas hatte beim Aeschentor die Stadt verlassen, war durch das Rebgelände mit den besten Trauben der Stadt gelaufen und marschierte nun mit weit ausholenden Schritten auf sein Landgut zu. Es lag im schönsten Sonnenschein – und es gehörte ihm!

Einige Fusswege verloren sich in den Matten, den Gerstenfeldern und den Äckern, Wiesenblumen säumten den Wegrand, Klee, blühendes Gras, Kornblumen und Storchenschnabel. Hin und wieder erfreuten ihn einige Flecken mit roten, zarten Mohnblumen. Irgendwo in der Ferne bellte ein Hund. Es schien Thomas wie eine Heimkehr zu vertrauten früheren Zeiten, als er in den Felsen herumgeklettert war und Ziegen gehütet hatte. Als er sein Gut von Weitem erblickte, spürte er tief in seinem Innern eine grosse Zufriedenheit. Da lag es inmitten der grünen Wiesen. Thomas hatte das Gefühl, als schiene die Sonne hier inniger und leuchteten die verschiedenen Bäume in dunklerem Grün.

Wenige nur können sich ein solches Landgut leisten, ging es ihm durch den Kopf, während er stolz darauf zu schritt, höchstens sehr wohlhabende Leute, wie zum Beispiel Johann von Bruck, der das Binninger Schloss erworben hat. Woher Johann von Bruck so viel Geld

Das Landgut von Thomas Platter, Emanuel Büchel 1752

besass, wusste Thomas nicht. Dieser bewohnte seit einigen Jahren den Spiesshof am Heuberg und lebte mit einer grossen Familie dort, ohne jedoch einen Beruf auszuüben.

Thomas hatte vor Kurzem das Gundeldinger Landgut erworben, obwohl ihn der Kauf in noch grössere Schulden gestürzt hatte. Anna und er waren wieder einmal aneinandergeraten.

«Was nützt alles Arbeiten und Sparen, wenn du immer wieder neue Häuser kaufst?», meinte sie zutiefst entrüstet und mit Tränen in den Augen, Tränen vor Wut. «Du bist jetzt fünfzig Jahre alt und machst immer wieder neue Schulden. Ich kann dich einfach nicht verstehen!»

«Ein eigenes Gut mit Tieren, Obstbäumen und Gemüse war schon immer mein Traum», rief Thomas mit Nachdruck aus, «du weisst, ich bin ein Kind der Berge und vermisse die Natur hier in der Stadt. Zugegeben, es bedeutet, dass wir weitere Schulden machen und weiterhin sparen und mit wenig zufrieden sein müssen, aber dafür haben wir Obst und Gemüse in Hülle und Fülle.» Sie hatte jedoch nur ein müdes Lächeln dafür übrig.

«Und mit welcher Arbeitskraft willst du das viele Obst und Gemüse verwerten? Und wer schaut nach den Tieren, den Hühnern und Hasen? Doch sicher wieder ich mit meinem Fleiss und meiner Arbeit! Ich bin nicht mehr die Jüngste, habe nur zwei Arme und zwei Beine und arbeite den ganzen Tag.»

«Ich werde natürlich einen Pächter einstellen, es liegt nicht alles auf deinen Schultern», versuchte Thomas sie zu beruhigen, und sein Tonfall liess keine Widerrede zu. Anna begriff, dass sie sich vergeblich dagegen sträubte. Es war wie immer, sie musste sich fügen. Warum nur wollte Thomas nicht verstehen, dass das Bewirtschaften eines Gutes zusätzliche Arbeit bedeutete? Und mit Schuldzinsen plagten sie sich nun schon jahrelang herum.

«Gestern ist auch noch unsere Magd Nana am Hauptweh[19] erkrankt. Ich hoffe, sie übersteht die Krankheit, obwohl sie sagt, der Teufel habe sich festgekrallt und lasse sie nicht mehr los. Und unsere Marie ist auch nicht mehr die Jüngste, deshalb liegt immer noch mehr auf meinen Schultern. Ohne Ursulas Hilfe würde ich es gar nicht mehr schaffen», versuchte es Anna nochmals. Thomas gab keine Antwort mehr. Während sie sich für die Nacht fertig machten, herrschte bedrücktes Schweigen.

Das zänkische Wesen von Anna wurde allmählich zur Gewohnheit. Sie kannte sich selbst nicht mehr, war sie doch einst mittellos und sparsam erzogen, still ihrer Arbeit nachgegangen und hatte sich stets ins Unabänderliche gefügt. Kam es daher, dass sie sich zu viel zumuten musste? Sie schaffte es einfach nicht mehr, mit ihren fünfundfünfzig Jahren von früh bis spät auf den

[19] Flecktyphus

Beinen zu sein. Zudem plagte sie ein schlimmer Husten, welcher gar nicht mehr bessern wollte, trotz Huflattich und andern Heilmitteln, die sie alle anwendete. Sie schlief schlecht während der Nacht, weil die Hustenanfälle ihr keine Ruhe liessen. Wenn niemand in der Nähe war, drückte sie die Hände auf die schmerzende Brust und seufzte. Es kam selten vor, dass sie noch sang, dabei hatte sie früher stets ein Lied auf den Lippen gehabt.

Die fünfzehnjährige Ursula und der dreizehnjährige Felix hingegen freuten sich über die Stunden im neuen Landgut, über die Tiere, die sie dort hegen und pflegen durften, Hühner, Hasen und Wachteln. Die Obstbäume hingen voller Früchte, es lockten Stachelbeeren und Brombeeren, Haselnuss und Holunder, oder man konnte Pflaumen schütteln. Der weiche Boden war mit Käfern und Ameisen bevölkert, die Vögel sangen in den Büschen und bauten ihre Nester. Und erst der Stall mit den Tieren! Sie mussten gestriegelt, gemolken oder gefüttert werden, es roch herrlich nach Heu und Gras. Über den Streit der Eltern waren sie weniger glücklich. Ursula half ihrer Mutter nach Kräften, sie hatte längst bemerkt, dass sie erschöpft war und es sich nicht eingestehen wollte. Die Idee, eine Verwandte aufzunehmen, stellte sich als wenig hilfreich heraus. Gretlin Dietschi blieb zwar lange Zeit, aber sie und Anna kamen nicht gut miteinander aus. War es, weil Anna zu viel erwartete, oder weil sich Gretlin nicht viel sagen lassen wollte? Schliesslich holten die Verwandten Gretlin wieder ab.

Den ganzen Sommer hindurch war nun Anna rund um die Uhr beschäftigt mit dem Verwerten des Gemüses, der Beeren und dem Schneiden der Früchte zum Dörren. Die Kinder und die beiden Mägde halfen emsig mit. Im Keller an der Freien Strasse roch es bald nach den eingelagerten Äpfeln und nach dem in Holzfässern eingelegten Sauerkraut. Anna betrachtete stolz die Vorräte, aber sie war trotzdem ständig in Sorge, ob sie die vielen Schuldzinsen aufzubringen vermochten.

Thomas begann sofort, das Landgut zu verschönern und auszubauen, zuerst mit einem Brunnen, dann mit einer Scheune und einem Stall, das Haus wurde umgebaut, er pflanzte Reben und vieles mehr. Die Schulden stiegen weiter, denn die Arbeiter brauchten ihren Lohn und das Essen. Zudem kaufte er noch Wiesenland für 130 Gulden. Es gab viel zu tun, da und dort hatten sich Brombeeren ausgebreitet, deren dornenvolle Zweige man eindämmen musste. Thomas lief vom Haus in den Stall, von der Scheune aufs Feld und vom Tenn in den Hof, alle Arbeit schien ihm dringend notwendig, er sah sich in zwingende Pflichten verwickelt und vor vielfältige Probleme gestellt. Aber es befriedigte ihn sehr. Wenn er abends den erlöschenden Abendhimmel betrachtete, wusste er, dass sich jede Anstrengung lohnte. Es duftete nach Gras und warmer Erde, eine Amsel sang im Gebüsch und ein tiefer Friede breitete sich aus.

Anna hingegen befürchtete, dass Thomas sich zu viel zumutete.

«Die Behörden schauen schon skeptisch, ob du deine Arbeit als Rektor recht machst, weil du ständig im Gundeldinger Gut steckst, Thomilin. Du gehst ja jeden Tag mehrmals dorthin.» Thomas stützte sich auf den Tisch und beugte sich nach vorn.

«Das lass meine Sorge sein. Ich bin zäh. Die Arbeit strengt mich zwar an, aber sie belebt mich auch. Die Schule wird nicht darunter leiden. Ich bin arbeiten gewohnt, notfalls auch nachts, erinnerst du dich?»

«Natürlich. Nur bist du mittlerweile fünfzig Jahre alt und wirst kaum mehr Sand oder Wasser in den Mund nehmen wollen, um nicht einzuschlafen über den Studien!» Thomas schwieg. Er hatte längst bemerkt, dass es wenig Sinn machte, Anna überzeugen zu wollen. Er wusste, sie war ermattet durch die viele Arbeit und durch ihr Alter. Und natürlich auch, weil sie eben ein Weib ist, ging es ihm durch den Kopf. Trotz allem war er gewillt, sie weiterhin zu lieben und zu ehren, auch wenn sie etwas wunderlich geworden war. Ohne Fehler ist niemand auf dieser Erde, schloss er seine Überlegungen.

Der Winter des Jahres 1551 war sehr hart. Wochenlang herrschte bittere Kälte vor, so dass sogar die grossen Seen zufroren. Auch auf dem Rhein hatte sich dickes Eis gebildet, sehr zur Freude der Jugend. Es war für den fünfzehnjährigen Felix ein merkwürdig gruseliges Gefühl, aber auch abenteuerlich, an den bitterkalten

Tagen auf dem Eis des Flusses hin und her zu laufen. Mit heissen Wangen und blauen Fingern machten die Knaben Wettläufe, versuchten sich zu fangen und rutschten auf dem Eis umher, oft bis zum Einbruch der Dunkelheit. Wenn Felix mit leuchtenden Augen und roten Backen endlich nach Hause kam, blickte ihn Thomas tadelnd an, obwohl er ein gewisses Verständnis für diese einmalige Gelegenheit aufzubringen vermochte.

Als es endlich wärmer wurde und der Frühling ins Land zog, begann es intensiv zu regnen – und bald näherte sich drohend die nächste Pestepidemie. Die Leute gaben die Nachricht flüsternd weiter, doch dadurch wirkte sie noch schrecklicher, ja lähmender.

«Es ist gerade erst zehn Jahre her seit dem letzten Mal. Ich erinnere mich, dass Felix damals fünf war. Wir müssen uns wieder in Sicherheit bringen, Thomilin», verlangte Anna mit ängstlicher Stimme.

Doch der Schwarze Tod war schneller.

Thomas hatte sich am folgenden Sonntag mit der Familie zu seinem Landgut begeben. Während sich dort alle vergnügten, starb in ihrem Haus an der Freien Strasse einer der Kostgänger. Ursula fand ihn und erschrak. Rasch sandte sie einen Boten, um dem Vater Bescheid zu sagen.

«Am besten, wir bleiben alle gleich hier», beschied Thomas, «Ursula soll im Haus alles soweit in Ordnung bringen und dann nachkommen.» Anna sah ihn schweigend und flehentlich an. Es brauchte keine Worte, Thomas wusste, sie dachte an die Kinder. Schon am folgenden Tag berichtete er mit ein wenig Hoffnung in der Stimme:

«Für Felix habe ich einen Platz im nahen Röttler Schloss gefunden. Er kann gleich morgen hinreisen.»

Für Ursula hingegen kam jede Flucht zu spät. Noch während sie an der Freien Strasse weilte, erkrankte sie. In der Hoffnung, es sei nicht die Pest, schleppte sie sich noch zum Landgut, wo sie sich aber bereits so schwach fühlte, dass sie ins Bett sank. Am folgenden Morgen entdeckte man die Beulen. Anna sank entsetzt und fassungslos auf einen Stuhl und begann laut zu jammern.

«Immer wieder die Pest! Ich darf gar nicht daran denken, was das bedeutet! Zwei Mädchen habe ich schon verlieren müssen, und nun ist Ursula daran erkrankt – mit siebzehn Jahren. Der Herr sei uns gnädig!» Auch Thomas erschrak zutiefst, versuchte aber, Zuversicht zu verbreiten.

«Wir müssen auf Gott vertrauen. Was immer geschieht, es ist sein Wille.»

Ursula lag mit blassem Gesicht apathisch da, obwohl die schmerzenden Beulen sie furchtbar plagten. Hin und wieder sprach sie ein Gebet und tröstete die Umstehenden, welche sie angstvoll umsorgten. Die Krankheit war ein grausamer, schmerzhafter Kampf, da es keinerlei Linderungen gab. Es verlangte sehr viel Haltung, sie durchzustehen. Voller Mitleid und Sorge betrachtete Anna ihre Tochter. Ursulas Augen lagen in tiefen Höhlen, blickten aber mit engelhafter Sanftmut. Ihr Kopf wurde von den blonden Haaren umrahmt wie von einem Heiligenschein. Niemand übertraf sie an Mut und Gelassenheit. Anna beobachtete mit wachsender Besorgnis das Fortschreiten der Krankheit, wie sie sie nun schon mehrmals hatte miterleben müssen: die schwarze Zunge, der üble Geruch des Atems, die Schmerzen, das Fieber, der unsagbare Durst.

«Ich werde in den Himmel gelangen und Gott schauen», erklärte Ursula am dritten Tag voller Gläubigkeit, aber mit schwacher Stimme und nahm schliesslich Abschied von Vater und Mutter.

«Grüsst mir den Felix ...», flüsterte sie schon sehr schwach und verschied wenige Stunden danach. Man bestattete sie sofort auf dem Kirchhof von St. Elisabethen.

Es kostete Anna Überwindung, danach nach Hause zu gehen. Ihr geliebtes Kind war nicht mehr da! Nachts schlief sie schlecht, der lästige Husten plagte sie, und das Morgenlicht brachte auch keine Erlösung von den düsteren Gedanken. Anna mochte kaum mehr aufstehen. Sie wusste, die Welt war ein Jammertal, und nichts war bei Gott leer und zeichenlos, trotzdem war sie nicht fähig, Ursulas Tod demütig hinzunehmen. Lähmende Unschlüssigkeit überfiel sie jeden Morgen. Manchmal fragte sie sich, wozu der Tag kam und ging, alles schien ihr gleichgültig und sinnlos zu sein. Wozu sollte sie sich noch anstrengen? Der Schwarze Tod holte früher oder später doch alle ihre Lieben! Es lag eine stille Trauer über ihr. Wehmütig und schweigsam stellte sie das Essen auf den Tisch, während die Kostgänger laut und beredsam versuchten, ja keinen Gedanken an Ursula aufkommen zu lassen.

Thomas war für einige Tage zu Myconius gezogen. Er vermochte die Erinnerungen an Ursula nicht auszuhalten, die noch im ganzen Haus zu sehen und zu spüren waren.

«Ich komme zurück, wenn alle Kleider von ihr weggeräumt sind und was sonst noch an sie erinnert, ihre Schuhe, das Strickkörbchen, ihr Spinnrad…», liess er verlauten. Anna blickte ihn mit grossen Augen stumm an. «Ich weiss, ich sollte mich schämen, so empfindlich zu sein. Aber ich vermisse Ursula so sehr, es tut einfach zu weh.» Anna nickte und legte ihre Hand auf seinen Arm.

«Ich weiss, wovon du sprichst, Thomilin. Trotzdem: Unser Felix ist noch am Leben, und für ihn müssen wir weitermachen.»

Es war dieser Gedanke, der Anna aufrecht hielt. Ihre Zähigkeit, Geduld und Leidensfähigkeit halfen ihr, weiter zu kämpfen und den Alltag zu bewältigen. Es gab Tage, da konnte sie sich kaum regen, so schwer schien die Last, dann wieder lief sie von einer Stube zur andern, ohne Sinn und Zweck, wieder hinaus in den Hof und zurück zum Kochtopf auf dem Feuer. Auch Thomas war tieftraurig und stellte sich immer wieder die Frage nach dem Warum. Er versuchte, mit noch mehr Arbeit die schweren Gedanken zu verdrängen, die ihn fast zu Boden drückten.

Es zeigte sich einmal mehr, dass kein ärztlicher Rat und keine der vielen Arzneien wirksam waren gegen den Schwarzen Tod, dass nur wenige genasen, während alle andern innert drei bis vier Tagen nach Ausbruch der Krankheit starben. Die Gassen wirkten öde und leer, niemand ging für längere Zeit aus dem Haus, nur gerade zum Wasser holen oder Einkaufen. Die tiefen Totenglocken läuteten jeden Tag. Das Stubenhocken war gar nicht Annas Sache, denn am Spinnrad kehrten die Gedanken stets zu Ursula zurück. Es gab kein Entrinnen. Erst nachdem die heissen Sommermonate vorüber waren, flaute die Epidemie langsam ab und Thomas konnte Felix vom Röttler Schloss endlich heimholen. Sie hatten ihm den Tod seiner Schwester verschwiegen. Sie brachten es nicht übers Herz, ihm in einem Brief davon zu berichten. Schliesslich erfuhr er es von andern Leuten, was die Sache keineswegs besser machte. Felix mit seinen fünfzehn Jahren fühlte sich ausgeschlossen aus der Familie und haderte mit seinen Eltern. Anna versuchte ihm zu erklären, warum sie es ihm verschwiegen hatten.

«Ich weiss, wir hätten es dir melden sollen, aber wir wollten es dir persönlich sagen, nicht in einem Brief.»

«Trotzdem hättet ihr …»

«Wir waren so traurig, Felix. Mein einziger Trost ist die Hoffnung, dass wir Ursula am Tag der Auferstehung wiedersehen werden», schloss sich Thomas an. Sie schwiegen alle drei, es gab nichts mehr zu sagen, nichts hinzuzufügen. Eine Leere erfüllte den Raum. Endlich hob Thomas den Kopf.

«Wir müssen auf andere Gedanken kommen. Ich werde bald ins Elsass nach Rufach reisen, um einen Esel zu kaufen. Wir brauchen ihn dringend, um das viele Obst und Gemüse vom Landgut in die Stadt zu bringen. Willst du mitkommen?» Felix sagte gerne zu und war froh, das traurige Zuhause, in welchem überall Ursulas Schatten zu spüren war, für einige Zeit verlassen zu können.

Noch bevor sie sich auf den Weg machen konnten, überraschten die letzten Septembertage sie mit einem argen Schneetreiben! Die braunen Hühner im verschneiten Hof wirkten verloren, vergeblich scharrten sie nach etwas Fressbarem. Anna betrachtete sie kopfschüttelnd.

«Schnee im September! Hat man so etwas je schon erlebt?»

«Die Bäume hängen noch voller Äpfel, und man hat auch noch nicht gesät», bemerkte Thomas beunruhigt beim Essen.

«Das würde bedeuten, dass wir auch nichts ernten werden im nächsten Sommer. Mir macht der frühe Schnee Kummer – das gibt einen langen Winter!», erwiderte Anna und fröstelte. Sie wusste, sobald die ersten Flocken fielen, bedeutete das Kälte und Frieren auf unabsehbar lange Wochen.

Der Schnee hielt sich aber nicht lange. Thomas und Felix konnten die Reise nach Rufach schliesslich bei gutem Herbstwetter doch noch in Angriff nehmen, um das Grautier zu holen.

«Es wird der einzige Esel sein in ganz Basel», berichtete Thomas stolz, während er den Kauf abschloss, «aber ich weiss, wie nützlich dieses Tier ist. Ich kenne es gut vom Wallis her.» Sie zogen zusammen mit dem neu erworbenen Esel durch die Elsässer Dörfer langsam zurück nach Basel. Als sie die Stadt in der Ferne erblickten, seufzte Thomas.

«Ach Felix, ich mag gar nicht heimgehen, weil ich Ursula nicht mehr vorfinde.»

«Ich kann mir das Haus ohne Ursula auch nicht vorstellen», meinte Felix bedrückt. Mit diesen Gefühlen zogen sie schweren Herzens mit ihrem Esel nach Hause und stellten ihn in den Stall. Die ganze Nachbarschaft strömte aus den Häusern bei ihrem Einzug, um das Tier mit den grossen, schwarzen Augen und langen Ohren zu begutachten.

Das Wetter spielte weiterhin verrückt. Im Januar fegte ein äusserst heftiger Sturm über die Stadt und richtete grossen Schaden an.

«Ihr könnt euch nicht vorstellen, wie es in den Gassen aussieht. Alles ist voller Ziegel und Steine. Viele Kamine wurden heruntergeworfen, einige Häuser abgedeckt und Fensterscheiben zerschlagen», meldete ein Kostgänger besorgt.

«Sogar das Rathaus hat es getroffen. Dem Fähnrich am Rathausdach wurde die Fahne aus der Hand gerissen», berichtete die Magd Marie aufgeregt, als sie vom Markt zurückkehrte.

«Ein Fähnrich ohne Fahne wirkt lächerlich, aber was ist das schon gegen ein herabgefallenes Kamin oder gar ein abgedecktes Dach?»

Im Februar breitete sich bald eine grosse Wärme aus, so dass die Frösche zu quaken anfingen, die Lerchen sangen und die Störche bereits aus dem Süden zurückkehrten. Ihr Klappern beim Nest auf dem Dach der Barfüsserkirche war nicht zu überhören.

«Was für ein Wetter! Zuerst Schnee im September, dann ein Sturm im Januar und jetzt im Februar brüten schon die Störche. Wo soll das noch hinführen? Was sind das nur für Zeiten!», seufzte Anna und blickte mit besorgter Miene aus dem Fenster zum Sternenhimmel empor, ob da nicht wieder irgendwo ein Komet zu sehen sei.

«Niemand kann sich erinnern, so etwas schon erlebt zu haben», bestätigte Thomas, «wenn nur unsere Obstbäume und die Trauben im Gut keinen Schaden nehmen! Sie beginnen schon auszutreiben. Wenn Frost kommt, während sie blühen, ist die ganze Ernte dahin. Der Herr möge gnädig sein!»

Zuerst einmal sorgte der restliche Winter weiterhin für abwechslungsreiches Wetter, einmal mit Dauerregen, dann mit Schneegestöber und stürmischen Tagen, danach folgte wieder warmer Sonnenschein. Anna hustete hohl aus ihrer Brust, und dieser Husten bekam laufend Nahrung, indem sie immer wieder nasse Füsse bekam, dann bei warmen Tagen den Wollschal auf die Seite legte und ihn gleich danach schmerzlich vermisste, weil plötzlich ein kalter Wind daherfegte.

«Ich bin froh, wenn der Winter bald vorüber ist, doch es wird ein trauriger Frühling für mich», meinte Anna zerknirscht. Thomas blickte sie fragend an. «Weil unser Felix fortreisen wird an die Universität von Montpellier.»

«Das ist doch nicht traurig! Er wird dort Medizin studieren. Einen besseren Ort gibt es nicht. Die Schule von Montpellier ist berühmt», antwortete Thomas stolz, «und Felix wird viel zu sehen bekommen von der Welt. Das formt seinen Charakter.» Anna wusste das alles, doch es erleichterte ihr den Abschied nicht.

Schnell, viel zu schnell, war der Frühling herangekommen. Anna band schweren Herzens für Felix zwei Hemden und einige Taschentücher in ein Wachstuch, Thomas gab ihm vier Kronen in Gold mit auf die Reise, welche Anna sorgfältig in das Wams einnähte. Und natürlich setzte sie Felix zum Abschied ein besonderes Festessen vor, eine Wachtel und ein gebratenes Kaninchen. Sie verschwieg ihm allerdings, dass es sich dabei um sein Kaninchen aus dem Landgut handelte, das er grossgezogen hatte.

Die Glocken vom Münster verkündeten wie immer den neuen Tag. Es war ein trauriger Morgen, als sie voneinander Abschied nahmen. Anna weinte heftig, als Felix davonritt – auf einem Pferd, das ihm Thomas gekauft hatte – um nun für mehrere Jahre wegzubleiben. Sie war überzeugt, sie würde ihn in ihrem Leben nie mehr wieder sehen. Wer wusste schon, was in ein paar Jahren war? Ob sie noch lebte oder ob Felix gesund aus der Ferne heimkehren würde?

Thomas wollte Felix noch bis Liestal begleiten. Während sie die Freien Strasse hoch zogen, verabschiedeten sich die Nachbarn mit Winken und Rufen von Felix, und von allen Seiten wurde ihm noch etwas zugesteckt, Dörrbirnen, Brot oder Käse als Wegzehrung. Anna blickte den beiden mit wehem Herzen nach, bis sie auf ihren Pferden durchs innere Stadttor ritten und verschwanden.

13. Kapitel

Die Tage schienen mit der Abreise von Felix ihren Glanz verloren zu haben. Anna fühlte sich alt, abgekämpft und schrecklich müde. In ihrem Blick lag etwas Dunkles, Bedrücktes. Es fehlte der Gegenstand all ihrer Sorgen. Niemand benötigte mehr ihre mütterliche Unterstützung, kein Felix mehr, den sie umsorgen konnte, ob er warm genug angezogen sei oder genug gegessen habe, keine Möglichkeit mehr, seinen Alltag mit ihm zu teilen, seine Erlebnisse, Sorgen und Freuden.

«Wenn er sich nur nicht verführen lässt oder sich gar in eine Welsche verliebt!», klagte Anna eines Abends, als sie zu Bett gingen. Thomas nickte und strich sich durch den Bart.

«Ja, das macht mir auch Sorgen. Oder wenn er, durch liederliche Gesellen angestachelt, zu trinken anfängt und Schulden machen muss. Er wird dann nicht mehr zum Studieren kommen.»

«Er ist doch noch so jung, erst fünfzehn», jammerte Anna, «hoffentlich passiert ihm nichts auf der wochenlangen Reise.»

«Er wird bald sechzehn, genauso alt wie alle, die auf Gesellenwanderung gehen. Wir müssen Vertrauen haben in ihn – und auf Gott», antwortete Thomas sachlich.

«Es scheint mir, es wäre erst gestern gewesen, als ich ihm Bettgeschichten erzählt habe, von der Katze, die am Fenster sitzt, sich streckt, gähnt und einschläft. Dann haben wir zusammen gebetet...» Anna blickte flehentlich zu Thomas. «Nicht wahr Thomilin, Gottesfurcht und Gottvertrauen haben wir ihm beigebracht?»

«Natürlich, und auch Disziplin und das Streben nach Erfolg. Nur lauern überall die Versuchungen. Ich hoffe, er bewährt sich. Ich habe ihm ja bereits die Frau ausgewählt», gestand Thomas. Anna runzelte die Stirn.

«Ich weiss, du meinst sicher Magdalena, die Tochter des verwitweten Scherers Jeckelmann[20]. Du sprichst immer wieder von ihr. Doch das hat nun wirklich noch Zeit.»

«Jetzt, wo wir keine Tochter mehr haben, würde mich eine brave Schwiegertochter sehr freuen.» Ein feines Lächeln erhellten Annas Züge.

«Ja, wieder eine Tochter im Haus zu haben, würde mir ebenfalls gefallen. Die Jahre des Alters rücken immer näher, die Zeit, in der wir jemanden brauchen, der für uns sorgt.»

Lange lag sie wach, die schweren Gedanken liessen sie nicht schlafen. Wo Felix nun war? Ob es ihm gut ging? Oder lag er irgendwo krank, und kein Mensch sorgte

---

[20] Bader und Scherer waren Vorgänger der heutigen Chirurgen

für ihn? Wenn nur endlich eine Nachricht von ihm eintreffen würde! Jeden Morgen versuchte sie, mit Arbeit die Gedanken der Nacht zu verscheuchen. Die Kostgänger sorgten zum Glück für neuen Gesprächsstoff und lenkten sie ab.

Schon wenige Wochen später war Anna froh, ihren Sohn so weit weg zu wissen. Die Pest wütete wieder heftig in der Stadt. Die Angst und Bedrohung waren allgegenwärtig. Anna rechnete fest damit, dass die Epidemie nicht bis nach Südfrankreich dringen würde. Sie hatte keine Ahnung, wie weit entfernt Montpellier lag, hoffte aber, weit genug. Sie kannte nur Zürich, das Wallis und Basel. Sie wusste, Sicherheit gab es nirgends. Dieses Gefühl war ein erstrebenswerter Besitz, aber die Epidemien und Kriege, die Krankheiten und Unfälle durchkreuzten stets diesen Wunsch.

Der Schwarze Tod diktierte auch in diesem Sommer 1552 das Leben in der Stadt. Die Strassen und Plätze wirkten wieder wie ausgestorben, man mied grössere Menschenmengen und blieb möglichst im Haus. Abends begab man sich zur Ruhe, ängstlich in den eigenen Körper hinein lauschend. Jedermann wusste, die Krankheit erregte zunächst Schmerzen in der Leistengegend oder Achselhöhle und dunkle Flecken zeigten sich.

Wiederum starben Hunderte. Besonders hart traf Thomas eines Tages die Mitteilung, dass Pfarrer Johannes Gast der Pest erlegen sei.

«Wie oft ist er kurz bei uns vorbeigekommen! Wir haben so viel miteinander diskutiert», erinnerte er sich traurig.

«Und seine Vorliebe für Käse ...», ergänzte Anna, «es war richtig schön zu sehen, wie er sich darüber freute, wenn ich ihm ein Stück hinstellte.»

«Ich vermisse den regen Gedankenaustausch schon jetzt.»

Es war noch nicht genug. Eines Tages, Anfang Herbst lief Thomas wiederum bedrückt den Münsterberg hinunter und suchte daheim Anna in der Küche.

«Ach Anni», begann er gepresst, «nun ist auch Vater Myconius der Pest erlegen! Zuerst Sebastian Münster, dann Johannes Gast und nun er – alle wurden sie hinweggerafft.» Anna stand bestürzt da, in ihren Augen schwammen Tränen.

«O nein, sag, dass das nicht wahr ist! Vater Myconius lebt nicht mehr?»

«Ich glaube, er war erschöpft. Seine zittrigen Hände und seinen unsicheren Gang konnte ich schon fast nicht mehr mitansehen.»

«Ich werde ihn sehr vermissen. Wir haben ihm so viel zu verdanken.»

«Ja, er hat uns zusammengebracht und immer begleitet und geleitet. Wie es ohne ihn sein wird, kann ich mir schlecht vorstellen.»

«Nach seinem Schlaganfall kam er eigentlich nie mehr richtig auf die Beine.»

«Das war ja auch eine schreckliche Sache: mitten in der Predigt auf der Kanzel umzusinken!»

«Er hat in seinem Leben viel durchgemacht. Vergangenen Sommer musste er ja seinen einzigen Sohn und erst noch seine Frau zu Grabe tragen. Ich weiss nicht, ob ich es überleben würde, sollte Felix etwas zustossen.»

«Er hat alles mit bewundernswerter Kraft ertragen, mit eisernem Beharren und Gelassenheit. Er hat weiterhin Sterbende getröstet, lateinische Bücher gelesen, der Magd Befehle erteilt und Predigten gehalten. Aber er wurde müde, fast schwermütig und schleppte sich schliesslich nur noch durch die Tage.»

«Gott gebe ihm seinen Frieden.»

Mit grossem Geleite wurden alle zu Grabe getragen, im Mai 1552 bestattete man Sebastian Münster direkt neben Oekolampad im Kreuzgang. Pfarrer Johannes Gast begrub man im Juli im Friedhof seiner Martinskirche, während im Oktober Oswald Myconius ebenfalls im Kreuzgang seine letzte Ruhestätte fand.

Im folgenden Jahr gab es immer wieder einmal erfreuliche Kunde von Felix. Anna und Thomas lebten jeweils auf, wenn eine Nachricht von ihm eintraf. Auch in der Stadt gab es willkommene Neuigkeiten.

«Unsere ehemalige Nachbarin Wibrandis Rosenblatt ist zurück», verkündete Anna beim Abendessen die Nachricht, welche in der Stadt die Runde machte. Thomas und alle Kostgänger hoben interessiert den Kopf.

«Oekolampads Frau?»

«Ja, aber auch die Frau von Wolfgang Capito, du erinnerst dich, Thomilin?»

«Ja natürlich. Doch er ist bei einer Pestepidemie gestorben und sie heiratete dann den andern Strassburger Reformator, Martin Butzer und zog mit ihm sogar nach England!» Das interessierte nun brennend, alle redeten durcheinander. Wie es üblich war, unterhielt man sich in Latein, dazwischen fiel man aber immer wieder einmal in den Dialekt.

«Nach England?»

«Ja, Butzer musste fort aus Strassburg, als die Altgläubigen wieder die Oberhand hatten, und zog nach England. Wibrandis folgte ihm mit den Kindern nach.»

«Das kann ich mir alles gar nicht vorstellen. Eine Frau spricht ja nicht Latein. Wie hat sie sich verständigen können? Das Leben in England ist sicher ganz anders als in Strassburg.»

«Natürlich. Eine ganz andere Sprache, auch eine unterschiedliche Lebensart. Das Bild einer englischen Stadt wird geprägt von vielen Nationen, von Kutschen und Spaziergängern, jungen Männern zu Pferd und den älteren in der Karosse.»

«Und vor allem gibt es ganz andere Mahlzeiten, die nur dort aufgetischt werden: Fleisch in Hülle und Fülle mit allerlei Saucen, dazu vergorenes Bier, Pfannkuchen und gekochte Äpfel und solche Dinge.» Anna verscheuchte eine Fliege, die hartnäckig und unermüdlich um ihren Kopf schwirrte, und versuchte, sich wieder am Gespräch zu beteiligen.

«Auf jeden Fall ist Wibrandis zusammen mit ihrer Mutter wieder nach Basel zurückgekehrt. Ich denke, sie hatte Heimweh.»

«Wohl eher, weil Butzer in England gestorben ist», entgegnete einer der Kostgänger. Anna setzte sich aufrecht hin.

«Sie ist ein weiteres Mal Witfrau geworden? Die Arme! Manchmal bin ich mir gar nicht bewusst, wie gut wir es haben, Thomilin.»

«Ja, wir sind immer noch zusammen.»

«Das ist wirklich ungewöhnlich, so lange dauert selten ein Eheleben», ergänzte ein Kostgänger eifrig, «viele sterben durch Krankheit oder die Frau im Wochenbett, und andere fallen im Krieg.» Anna nickte und zuckte zusammen, als sie einen Löffel der heissen Suppe in den Mund nahm. Sie fasste sich an die Wange.

«O weh, ich habe wieder einmal furchtbar Zahnweh. Wenn der Zahn nur bald ausfällt! Ich will nicht zum Bader oder Scherer gehen müssen, damit er ihn ausreisst.» Alle musterten mitfühlend ihren zusammengepressten, fast zahnlosen Mund. Thomas hingegen warf nur einen kurzen Blick auf Anna.

«Schon wieder ein Zahn weniger, viele hast du ja nicht mehr.» Sie nickte mit trüber, finsterer Miene, doch ihre Augen funkelten.

«Zeig mir jemand, der in meinem Alter noch alle Zähne hat!», murmelte sie undeutlich, «Männer haben es natürlich besser, da verdecken Bart und Schnurrbart die eingefallenen Mundwinkel und man sieht die fehlenden Zähne weniger.»

«Dafür brauche ich jetzt eine Brille.» Thomas, das wusste Anna, war stolz darauf, eine Brille zu besitzen, denn viele konnten sich nicht damit rühmen. «Und die Schmerzen in meiner Schulter und dem rechten Arm hindern mich oft an der Arbeit im Landgut. Dabei sind es nun zahlreiche Tiere, die es zu versorgen gilt, vier Kühe, sieben Kälber, zwei Ochsen, über fünfzig Ziegen, dazu Kaninchen, Tauben, Hühner, die vielen Fische in den Weihern …»

«… und nicht zu vergessen: der Esel!», warf ein junger Kostgänger lachend ein.

«Dazu die Reben und die Obstbäume – viele meinen ja, es sei das schönste Gut rings um Basel», meinte Thomas stolz, «ich glaube, ich werde Magdalena Jeckelmann und ihren Vater einladen, damit sie es sich anschauen können. Sie wird dann vielleicht wieder etwas mehr Geduld aufbringen beim Warten auf Felix.» Während Anna den letzten Löffel Suppe in den Mund schob, betrachtete sie ihn sinnend.

«Felix wüsste sicher ein Mittel gegen deine Schulterschmerzen, Thomilin. Schreib ihm doch und bitte um ein Pulver oder sonst etwas, das du anwenden kannst. Du wirkst wie ein ausgemergelter Bauer, man kann kaum zusehen, wie du dich plagst.»

Sie hätte Felix gerne selbst geschrieben, aber sie hatte es ja nie gelernt und musste jemanden beauftragen, wenn sie einen Brief schreiben wollte. Neidvoll dachte sie an die Mädchen, die in die Schule gehen durften und Lesen und Schreiben lernen konnten. Der Stundenplan sah zwar vor allem Unterweisungen im Glauben, der Taufe und den zehn Geboten vor, aber schreiben lernten sie alle. Pfarrer Gast von der Martinskirche hatte oft davon berichtet, wie die Mädchen in hellen Scharen zur Schule strömten. Sogar ihre Magd Nana konnte Felix einen Brief schreiben! Wenn Anna die unbeholfene Schrift ihrer Magd betrachtete, träumte sie davon, einmal selbst in schöner, gepflegter Schrift einen Brief zu schreiben, am liebsten auf ein Basler Papier mit Wasserzeichen. Natürlich hatten sie auch ihre Tochter Ursula Lesen und Schreiben lernen lassen. Den Brief, den Ursula aus Strassburg an Thomas geschrieben hatte, als sie dort einige Monate bei Verwandten weilte, bewahrte Anna sorgfältig auf. Sie sah Ursula wieder vor sich, wie sie damals aus Strassburg heimgekehrt war, in einem Rock aus goldgelbem Stoff, wie sie noch nie einen gesehen hatte. Anna schluckte. Immer wieder kehrten ihre Gedanken zu Ursula zurück, es verging kein Tag, an dem sie nicht an sie dachte.

Rasch erhob sie sich. Eine Frau blieb nie lange am Tisch sitzen – nur solange ein Vogel braucht, um über das Dach zu fliegen, hiess es im Volksmund. Sie lief zur Küche, um dort nach dem Rechten zu sehen. Im Stillen überlegte sie, was sie Felix im nächsten Brief schreiben könnte. Am folgenden Tag diktierte sie Thomas ihre Vorstellungen.

«*Denke oft an dich*», liess sie ihn schreiben, *«denke oft an dich, wenn wir einen guten Braten haben.»* Thomas hingegen fügte hinzu: *«Studiere fleissig, du musst besser sein als die andern, um den Lebensunterhalt zu verdienen, denn es gibt genug Ärzte in Basel.»* Dann schrieb er aufmunternd: *«Und wenn du dich ermüdet fühlst, so erheitere dich mit deiner Laute oder des Spaziergangs oder durch Ballspiel, welches ebenso den Körper behend macht, wie das Springen.»*

Auf einmal legte Thomas den Federkiel nieder und blickte nachdenklich zu Anna.

«Felix braucht immer wieder Geld – ich muss ihm schreiben, dass wir selbst nichts haben.» Anna schluckte die Bemerkung hinunter, dass man zwar drei Häuser und ein Landgut besässe, jedoch kein Geld für den Sohn und sein Studium.

«Ich habe ihm ein neues Hemd und drei Taschentücher genäht, die kannst du ihm schicken», murmelte sie. Felix schätzte seit eh und je elegante Kleidung, das wusste Anna und freute sich über den Gedanken, ihm eine Überraschung zu bereiten. Nach der herrschenden Mode bestickte man Hemden aus Seide und feiner Leinwand mit Goldfäden oder Seidengarn. Anna hustete heftig. Ausser Atem fügte sie bei: «Und frag ihn, ob er ein Kraut kenne, um meinen Husten zu kurieren, es bräuchte wohl ein Wundermittel. Ich schlafe kaum mehr nachts.» Thomas betrachtete nachdenklich ihr schmales, blasses Gesicht und meinte:

«Ich denke, du solltest in ein Bad zur Kur gehen, nach Lostorf zum Beispiel, das würde dir guttun, Anni.»

«Eine Badekur gegen meinen Husten?», fragte sie spöttisch. «Ich denke, nachdem der Bader meinen schmerzenden Zahn endlich gezogen hat, wird es mir bald besser gehen.»

«Die Kur würde dir helfen, wieder etwas zu Kräften zu kommen.» Anna musste zugeben, sie fühlte sich wirklich erschöpft und ausgelaugt. Sie war jämmerlich mager geworden. Seit Ursulas Tod kam sie einfach nicht mehr richtig auf die Beine, es lastete immer noch zentnerschwer auf ihrer Seele und ihre Augen waren immer noch von Kummer erfüllt. Wie unendlich schwer war die Grausamkeit zu ertragen, die der Tod ihnen zugefügt hatte, als er die geliebte Tochter geholt hatte! Anna blickte gedankenverloren auf ihre Strickarbeit.

«Und wer macht dann meine viele Arbeit?» Es klang unschlüssig, aber nicht ablehnend, stellte Thomas fest.

«Darüber mach dir keine Sorgen. Ich werde für die drei Wochen eine kräftige Magd einstellen und unsere Marie und Nana sollen sagen, was zu tun ist.»

«So leicht kannst du für Ersatz sorgen? Da brauchst du mich ja gar nicht mehr!» Thomas blickte sie schmunzelnd an.

«Ach Anni, auch wenn du etwas beisst, so bist du mir doch die Allerliebste auf der Welt.»

Während Anna zur Kur weilte, beschäftigte Thomas und seine Kostgänger hauptsächlich das Todesurteil über den Spanier Michael Servetus in Genf. Bei den Tischgesprächen fielen sie vor Aufregung immer wieder in die deutsche Sprache, die Mischung von Latein und Deutsch wurde trotzdem verstanden. Weniger jedoch das Handeln von Calvin.

«Dass Calvin diesen Servetus als Ketzer auf dem Scheiterhaufen verbrennen liess, widerspricht unserer protestantischen Gesinnung, meine ich.»

«Das sehe ich genauso. Wir sind nicht besser als die Katholiken, welche die Neugläubigen als Ketzer verbrennen lassen. Dabei hat Luther doch ausdrücklich gefordert, man möge mit Worten kämpfen und nicht mit Morden.» Einer der Kostgänger versuchte Calvin zu verteidigen. Mit heiserer Stimme mischte er sich ins Gespräch:

«Calvin hat immer gedroht, falls Servetus nach Genf kommen sollte, würde er die Stadt nicht mehr lebend verlassen. Servetus ist trotzdem hingegangen. Seine Leugnung der Dreifaltigkeit konnte Calvin schliesslich nicht dulden. Calvin verteidigt nur den rechten Glauben von der heiligen Trinität von Vater, Sohn und Heiligem Geist.» Thomas schob die Unterlippe vor und meinte sinnend:

«Mich erschreckt seine unheimliche Selbstsicherheit, seine Überzeugung, die Wahrheit zu kennen. Wenn ich überlege, was eigentlich ein Ketzer ist, so ist es nichts anderes, als ein Mensch der nicht mit meinem Glauben übereinstimmt.» Alle nickten.

«So ist es. Die heftigen Auseinandersetzungen zwischen Calvin und Servetus werfen kein gutes Licht auf den neuen Glauben. Ein Protestant lässt einen andern Protestanten wegen Glaubensfragen hinrichten – entsetzlich!»

Darin war man sich in allen protestantischen Gegenden einig, doch mehr als einen knurrenden Widerstand und heftige Debatten im Hintergrund gab es nicht. Zu mächtig und angesehen war die Person Calvins. Einzig Sebastian Castellio wagte es, gegen Calvin und sein Urteil öffentlich Stellung zu nehmen. Einige Monate nach der Hinrichtung von Servetus erschien die Schrift *Von den Häretikern und ob sie zu verfolgen seien*[21] und hinterliess einen tiefen Eindruck. Am Tisch der Kostgänger von Thomas Platter gab es lange Debatten darüber.

«Castellio spricht mir aus dem Herzen», rief Thomas und beugte sich vor, «er ist in meinen Augen sehr mutig. Ich kenne ihn, seit er bei Oporinus als Korrektor tätig war, und bewundere ihn. Er ist ein ernster, frommer und gelehrter Mann. Unterdessen lehrt er ja als Professor für griechische Sprache an der Universität und seine Aussagen haben viel Gewicht.»

21 *De haereticis, an sint persequendi*

Sebastian Castellio, Erinnerungstafel am Castellio-Weglein in Basel (bei der Kirche St. Alban)

«Castellio ist sicher einer der gelehrtesten Männer in unserer Stadt. Er beherrscht Deutsch, Französisch, Italienisch, Latein, Griechisch und Hebräisch. Doch gerade darum wird sich Calvin wehren, da bin ich überzeugt. Er kann die Aussagen dieses Gelehrten nicht unbeantwortet lassen.»

«Aber die Sätze sind gedruckt! Niemand wird sie je wieder vergessen können: *Einen Menschen töten heisst niemals, eine Lehre verteidigen, sondern einen Menschen töten.* Das ist schlicht und klar ausgedrückt und grossartig formuliert.»

«Und so wahr!»

Diskussionen über Andersgläubige waren an der Tagesordnung. Auch Simon Sulzer, der Nachfolger von Myconius auf der Münsterkanzel, gab Anlass zu heissen Debatten. Er war für viele Basler zu lutherisch gesinnt. Thomas kannte ihn noch aus der Zeit bei Buchdrucker Herwagen, denn da hatte der junge Sulzer ebenfalls seinen Lebensunterhalt als Korrektor verdient. Einige Jahre später war er Prediger an der Peterskirche und nun zum Nachfolger von Myconius bestimmt worden.

«Mir gefallen seine Predigten, er besitzt eine seltene Beredsamkeit», äusserte sich Thomas nach einem Gottesdient im Münster gegenüber Oporinus.

«Ja, seine Predigten sind gut, seine Stimme kraftvoll und beschwörend. Auch seine Geduld und Zurückhaltung bei schwierigen Problemen sind beeindruckend.

Damit besiegt der kluge Mann die Missgunst vieler einflussreicher Persönlichkeiten. Ich hätte mir nur gewünscht, dass er sich weniger für Calvin einsetzt. Er hat sich zu Castellios Schrift nicht einmal geäussert. Damit hat er wenig zur Einheit unserer Kirche beigetragen.»

«Nicht doch. Es war besser, nicht mit weiteren Worten noch Öl ins Feuer zu giessen. Ich bin überzeugt, es geht ihm um die Solidarität zwischen den reformierten Kirchen der Schweiz. Man hätte Castellios Schrift ja nicht verbieten können. Man kann gegen den Druck von Büchern nichts tun, da sind allen Grenzen gesetzt, auch wenn Calvin das nicht verstehen will.»

«Natürlich ist Basel nicht Genf, hier weht eine andere Luft, was andernorts als ketzerisch gilt, wird hier toleriert. Trotzdem muss es nicht gerade sein, dass das Orgelspiel wieder eingeführt oder gar mit der Papstglocke geläutet wird», meinte Oporinus erbost. Anna, welche bis dahin schweigend neben den beiden Herren gestanden war, mischte sich ins Gespräch.

«Mir würde es gefallen! Ich singe doch so gern. Und von der Orgel begleitet, einen Choral zu singen, würde mich glücklich machen und meine Frömmigkeit vertiefen helfen.» Oporinus brummte in seinen Bart.

«Zuerst muss man einen Organisten finden! Es bleibt nur ein Musiker vom alten Glauben, reformierte Organisten gibt es keine. Zwingli hat das Orgelspiel schliesslich verboten, und seit in Basel die Reformation eingeführt ist, wurde in keiner Kirche mehr Orgel gespielt.»

Anna war unterdessen längst aus ihrer Kur zurückgekehrt. Die Ruhe hatte ihr gutgetan. Zeitlebens war sie fleissig der Arbeit nachgegangen, ohne Pause. Etwas gestärkt und erholt fühlte sie sich schon, doch die Sorgen um Felix und der Verlust von Ursula nagten immer noch an ihr, und auch der Husten war keineswegs besser geworden. Morgens wachte sie beim kräftigen Schrei des Hahns auf und stellte jeweils fest, dass sie sich ihre ersten Schritte mit steifen Beinen und schmerzenden Knien abringen musste. Das Alter machte sich bemerkbar, bald würde sie sechzig Jahre alt sein. In ihren Haaren zeigten sich immer mehr Silberfäden, die Falten um die braunen Augen und den Mund hatten sich vermehrt.

Auch Thomas war älter geworden, stellte Anna fest. Seine Augen blickten immer noch lebhaft, jedoch zeigte sich durch das gelichtete Haar die hohe Stirn immer deutlicher. Der Schnurrbart und sein kleiner Bart waren dünner geworden. Den Bart trug er nun zweigeteilt, wie es Mode war. Dafür sah man den fein geschwungenen Mund besser, er zeigte ein strenges Gelehrtengesicht, dem man den starken Willen ansah. Er lachte nicht oft, schon deshalb nicht, weil man sonst die fehlenden Zähne bemerkt hätte. Täglich schritt er mit festen, gleichmässigen Schritten den Münsterberg hoch zu seiner Schule, warf einen Blick auf die Uhr an der roten Fassade des Münsters und begann pünktlich seine Schulstunden.

Thomas Platter im Alter von 82 Jahren

Eines Tages stellte Thomas freudig fest, dass Anna vor sich hin summte, eine kleine Angewohnheit, die sie zum Glück nicht abgelegt hatte, und ihm jetzt zeigte, dass sie langsam über den Tod von Ursula hinweg kam. Ihre gemeinsame Sorge um Felix schweisste sie zusammen, es war ein Thema, das ihnen beiden sehr am Herzen lag. Thomas erteilte Felix Ratschläge, wie er sein Studium gestalten solle, wobei ihm die Chirurgie besonders am Herzen lag, obwohl sie in die Hände der Bader und Scherer gehörte. Doch Thomas war überzeugt, dass Kenntnisse in Chirurgie für einen Arzt von Nutzen sein würden. Genauso wie er Felix den Rat gab, sich auch in der Pharmazie Kenntnisse zu erwerben, weil er dann unabhängiger und vor Schadensfällen besser geschützt wäre. Thomas las Anna die Briefe von Felix immer wieder vor, sie kannte bald jeden Satz auswendig. In seiner jungen, empfänglichen Seele spiegelten sich die neuen Erlebnisse und die farbenfrohe Welt. Auch schienen seine Augen offen für alle Schönheiten der Landschaft und den feinen Reiz fremdartiger Gebäude. Es gefiel Anna sehr, wenn Felix von seinen Ausflügen berichtete. Er erzählte von den verwinkelten Gassen der Stadt, der flirrenden Hitze, der südlichen Sonne oder dem emsigen Leben und Treiben am Hafen und dem unvermeidlichen Fischgeruch. Was er nicht alles zu Gesicht bekam!

«Des Morgens zogen wir nicht weit von dannen, die Wunderbrücke, die dreifach über das Wasser geht, zu besichtigen, Pont du Gard genannt, wo die unterste

zunächst über dem Wasser sechs Bogen hat, die andre, die auf der untersten steht, elf und die oberste, die auf der mittleren steht, fünfunddreissig von ungeheuer grossen Quadersteinen; sie ist gar hoch, geht von einem Berge zum andern, ist oben bedeckt, inwendig wie ein Kanal, durch den vor Zeiten das Wasser geführt worden ist.»

Anna sah alles vor sich und staunte über die Erlebnisse ihres Sohnes. Offensichtlich fand Felix an allen Orten herzliche Aufnahme, nicht zuletzt durch sein Lautenspiel, das sehr geschätzt wurde.

«Man nennt ihn L'Allemend du luth, berichtete Thomas stolz seinem Freund Oporinus, die Musikalität hat er sicher von meiner Anna. Er bringt in Montpellier immer wieder Ständchen dar, zusammen mit deutschen Studenten, mit denen er studiert. Und das Tanzen liebt er auch leidenschaftlich. All diese Modetänze, besonders die Gaillarden.»

«Das wird den jungen Damen sicher gefallen! Und Felix liebte ja schon immer schöne Kleider.» Das hörte Thomas gar nicht gern.

«Ich will nicht, dass er eine Welsche heimbringt», murrte er, «dir brauche ich ja nicht zu sagen, wie rasch ein Feuer entzündet ist – und der Teufel ist dann auch nicht weit.» Für ihn stand fest, dass Felix bald nach der Berufsausbildung Magdalena Jeckelmann heiraten sollte.

«Lass ihm doch ein bisschen Vergnügen», spottete Oporinus sanft, «du kannst ihn nicht vier Jahre lang in einem reizvollen, fremden Land studieren lassen, ohne dass die Damen von ihm Notiz nehmen und er von ihnen.»

«Er soll vor allem fleissig studieren und ein reichhaltiges Wissen heimbringen.»

«Ich habe nur Gutes von ihm gehört. Leute, die kürzlich aus dem Süden zurückkamen, lobten seinen Fleiss. Er habe bereits mehrere Leichen seziert – gestohlene vermutlich.»

«Stimmt. Mithilfe eines Mönchs drang er mit einer Gruppe Kommilitonen um Mitternacht in den Friedhof eines Klosters ein. Weil die Erde noch locker war, gruben sie mit blossen Händen eine Leiche aus, wickelten sie in einen Mantel und trugen sie wie eine Jagdbeute an Stangen vor das Stadttor. Dann lenkten sie den Pförtner ab und trugen die Leiche in die Stadt hinein, wo sie sie sezierten. Die Aktion wurde natürlich ruchbar. Felix unternimmt immer wieder riskante Dinge, wie du bereits festgestellt hast.»

«Das geht weit über einen Studentenstreich hinaus, war aber für sein Studium wichtig und sicher lehrreich. Hatte es Folgen?»

«Nur, dass unterdessen der Friedhof nachts bewacht wird.» Oporinus schmunzelte.

«Ihr dürft stolz auf ihn sein. Das Paket, das euch kürzlich jemand mitbrachte mit dem von Felix präparierten Mäuseskelett darin und den vielen Orangen, Rosinen und Feigen für dich und Anna, zeigt, dass er sich wacker schlägt.»

«Die Rosinen isst Anna, ich bleibe bei meinem Habermus, wie andere Bauern auch. Aber Samen für mein Landgut hat er mir schicken lassen. Das freut mich besonders. Anna wartet allerdings sehnsüchtig auf seine Rückkehr.»

«Und Magdalena wohl auch! Ratsherr Jeckelmann hat mir gesagt, dass sich viele junge Männer um sie bemühen. Sie ist ja im heiratsfähigen Alter und besonders hübsch.»

«Aber auch zurückhaltend und scheu, und sie wird streng behütet. Sie geht nie aus, ausser in die Kirche oder auf den Markt.»

«Eine zu lange Wartezeit ist nicht gut, lass es dir gesagt sein, Thomas», schloss Oporinus und machte sich auf den Weg. Thomas blieb beunruhigt zurück. Er wusste, dass sein Freund nicht unrecht hatte mit seinen Befürchtungen. Im Stillen teilte er sie. Ratsherr Jeckelmanns Tochter war eine gute Partie, Magdalena hatte es nicht nötig, auf Felix zu warten.

«Schneller als ein Pferd laufen kann, wird Felix nicht zurück sein», murmelte Thomas in seinen Bart.

14. Kapitel

Anna wusste nicht, wie ihr geschah. Sie war gerade bei den Nachbarn, als völlig unerwartet Felix vor der Tür stand! Sie nahm ihn jubelnd in Empfang. Diesen glücklichen Moment hatte sie sich in Gedanken sicher tausendmal ausgemalt, aber immer wieder daran gezweifelt, ob sie ihn noch erleben würde. Nun stand Felix gesund und munter vor ihr – ein warmes, unbeschreibliches Glücksgefühl erfüllte sie.

Felix hingegen nahm ihre schmale Gestalt im grünen Kleid etwas erschrocken zur Kenntnis. Sie war sichtlich gealtert in den fünf Jahren, ihre Haare waren grau geworden. Sie trug ein wollenes Brusttuch um die Schultern, dazu ein sauberes Schürzentuch, dessen Falten ihren schmächtigen Leib bedeckten. Auf den ersten Blick wirkte ihre leicht gebeugte, abgemagerte Gestalt fast zerbrechlich auf ihn. Es war ihm nicht mehr bewusst gewesen, dass sie nun zweiundsechzig Jahre zählte. Doch ihre strahlenden Augen zeigten die Energie, die trotzdem in ihr steckte. Felix versuchte, seine Verlegenheit zu überspielen und strich beruhigend über das Fell eines braun gefleckten, aufgeregt bellenden Hundes, welcher neben ihm stand.

«Mutter, das ist Pocles, ich habe ihn aus Frankreich mitgebracht. Er war mein treuer Begleiter. Er hat immer auf mich aufgepasst.» Anna streichelte ihn vorsichtig. Noch ein Maul mehr zu stopfen, dachte sie. Laut sagte sie jedoch:

«Da er gut auf dich aufgepasst hat, so sei er willkommen.»

Abends kam Vater Thomas endlich von seinem Landgut zurück und empfing Felix hoch erfreut, klopfte ihm auf die Schulter und liess sich gleich vom Studium und den Erfolgen in Montpellier berichten.

«Du hast es geschafft, Felix! Ich freue mich unsagbar und bin auch mächtig stolz auf dich. Du darfst mit dir zufrieden sein. Fleiss bedeutet Arbeit, Ausdauer, Willen und ernsthaftes Bemühen. Nun noch das Doktorat hier in Basel und dann kannst du ans Heiraten denken.» Felix fühlte sich bei diesem Willkommen etwas überrumpelt, machte aber gute Miene dazu. Er wusste ja längst von den geheimen Wünschen und Zielen seines Vaters. Sie deckten sich auch weitgehend mit den seinen, so dass er zufrieden war.

Zufrieden? Nie in seinem Leben war Felix so unruhig, so zerstreut und gereizt gewesen. Er wollte endlich Magdalena sehen, die Frau kennenlernen, die ihm sein Vater zugedacht hatte. Sie zu sprechen war jedoch ohne Begleitung nicht möglich. Es brauchte die Hilfe und die Findigkeit seiner Eltern. Thomas und Anna hatten sich längst überlegt, wie man es anpacken könnte. Lächelnd unterbreiteten sie Felix ihren Plan.

«Wir laden Vater und Tochter Jeckelmann ein, nicht hierher an die Freie Strasse, sondern in unser Gundeldinger Landgut. Wir haben das vor einigen Monaten schon einmal gemacht, damit wir uns kennenlernen konnten. Man ist dort ungestörter als in der Stadt, wo alles an den Fenstern lauert.»

«Ja, und wir könnten gleich zusammen die verschiedenen Abmachungen treffen, während du, Felix, Magdalena etwas näher kennenlernen kannst.» Felix liess sich gerne überzeugen. Er wusste, es waren die Väter, die bestimmten. Anna aber wollte für die beiden Jungen sorgen. Sie hatte die scheue Magdalena sofort ins Herz geschlossen und bemühte sich, Felix die Gelegenheit zu verschaffen, einmal persönlich mit ihr zu reden, ohne Beisein einer anderen Person.

Es war ein warmer Tag, die Luft erfüllt von Heugeruch. Während sie zusammen durch den Obstgarten schlenderten, betrachtete Felix Magdalena von der Seite. Sie war auf eine zarte, unaufdringliche Art hübsch. Ihre schlanke, biegsame Gestalt und die blonden, lockigen Haare, welche ihren Kopf umrahmten, gefielen ihm sehr. Ihre runden, wasserblauen Augen blickten scheu umher. Die Lippen umspielte ein sanftes Lächeln. Für Felix mutete sie seltsam verschlossen an, ganz anders als die Mädchen, die er bis jetzt kennengelernt hatte. Sie schien ihm zierlich und von besonderem Liebreiz. Leicht war der Anfang nicht. Er pfiff seinem Hund Pocles, um seine Verlegenheit nicht zu zeigen und streichelte ihn. Schliesslich nahm er seinen ganzen Mut zusammen.

«Ich bin noch am Tag meiner Heimkehr an Eurem Haus vorübergegangen, habe Euch aber nicht gesehen», begann er vorsichtig das Gespräch. Magdalena errötete. Sie konnte nicht gut gestehen, dass sie ihn vom Fenster aus erblickt hatte, aber sofort in die Küche geflohen war. Ebenso wenig, dass sie ihn auch am nächsten Tag von Weitem gesehen und rasch in die Metzgerei verschwunden war, um ihm nicht vor aller Augen direkt zu begegnen. Doch die Metzgerleute hatten es trotzdem bemerkt und sie hochgenommen.

«Unsere Magd hat Euch zusammen mit Eurem Hund kommen sehen, irgendwo beim Gerbergässlein», hauchte Magdalen und errötete wieder, «vor einer Woche, als Ihr zurückgekehrt seid.»

Beide waren befangen, es lähmte ihr Gespräch. Magdalena kannte die Kunst nicht, mit einem Mann ein heiteres Gespräch zu führen oder gar die Aufmerksamkeit auf sich zu lenken, sie ahnte nicht einmal, ob Felix von ihrer stillen Liebe wusste, welche durch die monatelangen Andeutungen des Vaters langsam in ihr gewachsen war. Was ihr alles durch den Kopf schoss, konnte sie nicht in Worte fassen. Sie erwartete irgendetwas Wunderbares, Einmaliges, irgendwelche zauberhaften Ereignisse oder Worte. Sie wagte nicht, dem Auserwählten in die Augen zu blicken, wurde rot und wieder blass, blieb aber immer ausgesprochen hübsch dabei, sodass Felix sich über den Anblick freute. Sie besass auch eine melodische Stimme, die ihn betörte. Ihre fast übertriebene Bescheidenheit fand er hinreissend, ihre Anmut bezaubernd.

Später kehrten alle zu Fuss in die Stadt zurück, kurz vor dem Stadttor trennten sich die beiden Familien und gingen jede für sich nach Hause, obwohl beide an der Freien Strasse wohnhaft waren. Basel war eine verhältnismässig grosse Stadt[22], trotzdem konnte innerhalb der Stadtmauern nichts geschehen, ohne dass es sofort alle wussten. Jedes Haus, jedes Fenster hatte Augen. Es gab selten grosse Ereignisse, deshalb begnügte man sich mit kleinen, und eine Liebesgeschichte zu verfolgen war besonders spannend. Jede Bemerkung der Magd des Hauses, jeder Besuch, jedes Treffen, alles wurde ausgiebig begutachtet, sei es am Brunnen oder auf dem Markt.

Felix kam nun oft zur Hintertüre des Hauses Jeckelmann und schlüpfte dort hinein, um mit seiner Braut zu plaudern – in allen Ehren natürlich. Es gab selten die Gelegenheit, ein Wort im Vertrauen zu wechseln. Felix brachte manchmal seine Laute mit, um etwas zu spielen, oder er tanzte sogar eine Gaillarde, wenn ihn ein Kollege mit der Laute begleitete. Magdalena bestaunte die vielen fröhlichen Sprüngen des Tanzes, sie versuchte

[22] Zwischen 10 000 und 15 000 Einwohnern

aber keineswegs, mitzumachen. Sie war nicht dafür geschaffen und unfähig, sich zu verstellen. Einmal brachte Felix zusammen mit drei Kameraden seiner Magdalena sogar ein Ständchen dar mit Laute, Harfe und Viola.

Die Nachbarn registrierten jeden Besuch und machten ihre Bemerkungen dazu. Und so selbstverständlich, wie der Rhein jeden Tag Wasser mit sich brachte, wartete man auf die Ankündigung der Hochzeit von Felix Platter mit Magdalena Jeckelmann. Man hatte die triumphale Heimkehr von Felix miterlebt, danach folgte sein Doktorexamen und nun fehlte gleichsam als Höhepunkt die Heirat. Vater Jeckelmann liess Felix gewähren, schob jedoch den endgültigen Entscheid zum Hochzeitstermin immer wieder hinaus. Zuerst mit dem Hinweis, dass Felix zuerst die Doktorprüfung zu machen habe, dann – nach deren erfolgreichem Abschluss – meinte er, es sei ein schlechter Zeitpunkt, vor der Herbstmesse eine Hochzeit abzuhalten.

Die Mitgift der beiden Väter gab ebenfalls einigen Gesprächsstoff her. Gemeinsam sassen der Scherer Jeckelmann und Thomas um den Tisch in Platters Stube. Die Trauzeugen waren bei der Besprechung dabei, sie mussten die Abmachungen bestätigen. Anna hatte einen Krug mit Wein und jedem einen Becher hingestellt. Während Thomas an seinem Wein nippte, musterte er vorsichtig sein Gegenüber. Vater Jeckelmann fuhr sich durch den grauen Bart, der sein energisches

Kinn bedeckte, und seine scharfsinnigen Augen umfassten Thomas.

«Ich gebe Magdalena dreihundert Pfund, davon zweihundert in Werten und hundert Pfund in bar», unterbreitete er stolz seinen Beitrag. Seine stattliche Erscheinung und seine überzeugende Sprache machten Eindruck. Es kam deutlich zum Vorschein, dass er ein befehlsgewohnter Mensch war. Thomas wand sich, einen Moment lang war er unschlüssig, wie er seinen Anteil verständlich formulieren sollte. Schliesslich entschloss er sich, ohne langes Drumherum zu sagen, was Sache war. Mit bedauerndem Stirnrunzeln meinte er:

«Ich selbst kann gar nichts in bar beisteuern, aber Ihr wisst, dass Felix Erbe von drei Häusern und einem Landgut sein wird.» Woher sollte er Bargeld nehmen? Seine Schulden waren noch längst nicht abgetragen. Doch sein Besitz konnte sich sehen lassen, dachte er stolz.

«Ein verschuldeter Haushalt und eine unruhige Kostgängerei – dahin soll ich meine Tochter geben? Das erwartet Ihr von mir? Dafür ist mir meine Tochter zu schade. Sie hat jede Menge andere Bewerber.» Thomas räusperte sich. Er wusste, im Nebenraum sassen Anna, Magdalena und Felix und verstanden jedes Wort.

«Im Moment bin ich ohne flüssige Mittel. Das Studium und Doktorexamen von Felix hat mich einiges gekostet. Aber ich werde den beiden das Wohnrecht und das Essen bei uns geben. Das ist immerhin ein guter Start, schliesslich muss Felix als Arzt erst einmal Fuss fassen können.»

«Ich weiss gar nicht, weshalb ich mich überhaupt auf diesen Handel einlassen soll», knurrte Vater Jeckelmann herablassend, «was wird das für ein Leben für meine Tochter, nur Schulden und viele Kostgänger! Die beiden können auch bei mir Wohnrecht haben.»

«Die Anzahl der Kostgänger werde ich reduzieren. Abgesehen davon: Ihr habt doch selbst eine Art Pension!», entgegnete Thomas ziemlich erbost, «Eure Patienten wohnen oft wochenlang in der vorderen Stube, bis Ihr sie geheilt habt. Und Ihr müsst unterdessen mehr oder weniger in der Küche leben. Noch dazu mit unappetitlichen Kranken. Meine Kostgänger sind jung und gesund und machen nicht viel Arbeit.» Anna im Nebenraum unterdrückte die Bemerkung, dass das mit der Arbeit ziemlich untertrieben sei. Die Männer hatten keine Ahnung, was eine Pension mit sich brachte.

«Wollen Sie andeuten, dass ...», begann Jeckelmann mit schmalen Lippen und seine Augen funkelten wütend. Thomas liess ihn nicht zu Wort kommen.

«Verehrter Meister Jeckelmann, ich will gar nichts andeuten. Unsere Kinder passen gut zueinander, und ihre Zukunft sieht nicht schlecht aus. Mein Felix hat ein ausgezeichnetes Examen abgelegt, ist fleissig und strebsam und wird als Arzt sicher Erfolg haben. Arztgattin zu werden ist doch vielversprechend, oder nicht?» Jeckelmann fuhr sich aufgeregt durch den Bart. Er hatte sich die Mitgift anders vorgestellt. Und am liebsten hätte er weiterhin seine Tochter um sich gehabt. Sie führte seinen Haushalt, so dass er sich seinen Geschäften widmen konnte. Eine Heirat passte ihm ganz und gar nicht. Andererseits hatte er dafür zu sorgen, dass sie in jungen Jahren einen Mann erhielt und nicht als alte «Jumpfere» endete.

Felix im Nebenraum hätte am liebsten Reissaus genommen, weit weg, wo ihn niemand mehr kannte. Dieser Handel berührte ihn seltsam, er fühlte sich richtig schlecht. Schliesslich mischten sich die Trauzeugen ein. Sie versuchten, einen Bruch zu vermeiden. Wie peinlich das wäre!

«Kost und Unterkunft sind eine Menge wert, wenn ich es mir überlege», meinte der eine Trauzeuge, «und der Bräutigamvater kann ja später noch etwas in bar beisteuern, wenn er wieder zu Geld gekommen ist.»

«Felix ist das einzige Kind, er wird drei Häuser und ein Landgut erben, das sind gewichtige Argumente, die man nicht unterschätzen darf», ergänzte der andere, «und in der Stadt erwartet man nichts anderes, als dass die beiden nun heiraten werden. Da sollte es an der Mitgift nicht scheitern.»

Alles war besprochen, was es zu besprechen gab. Es folgten bange Minuten, bis sich Jeckelmann endlich durchrang und zu einer positiven Entscheidung kam. Ausschlaggebend war wohl der Gedanke, dass es für seine Tochter peinlich wäre, wenn die Besprechung um die Mitgift zu einem negativen Entscheid führen würde.

Schliesslich hatte man lange genug Zeit gehabt, die äusseren Umstände der Familie zu begutachten. So wurde das Paar zusammengegeben. Felix überreichte Magdalena ein goldenes Kettchen, das er für sie auf der Reise erstanden hatte, aber Festfreude wollte nach dieser Unterredung nicht richtig aufkommen.

Nicht nur Thomas, auch Anna sah beim Gedanken an die Hochzeit nicht über den Berg. Während sich Thomas darüber Sorgen machte, woher er das Geld nehmen sollte, um die vielen Gäste zu verköstigen, konnte Anna vor lauter Angst, womit sie die vielen Gäste bewirten sollte, nicht schlafen. Ausgerechnet am Abend vor der Hochzeit warf Thomas Felix erzürnt und verbittert vor, dass er ihn gar nicht unterstütze und immer nur viel Geld koste.

«Du hilfst gar nichts! Du sitzt nur bei deiner Braut und suchst dir teure Kleider aus. Du wirst mich noch unter den Boden bringen.» Anna beeilte sich, der Antwort von Felix zuvorzukommen. Sie kannte den Jähzorn ihres Mannes und seine Dickköpfigkeit.

«So bescheiden, wie wir damals Hochzeit gefeiert haben, Thomilin, wird es bei unserm Sohn nicht zugehen. Und das ist recht so. Woher soll Felix denn Geld nehmen? Wir haben ihn bis anhin immer unterstützt und freigehalten. Du kannst jetzt nicht plötzlich etwas anderes erwarten.» Felix stand mit hängenden Armen da. Seine ganze Vorfreude auf die Hochzeit war verschwunden.

«Ich will dir nicht auf der Tasche liegen, Vater, aber so rasch kann ich kein Geld verdienen, wie du es dir vorstellst.» Anna liess keine weiteren Diskussionen zu.

«Hört endlich auf! Morgen ist Hochzeit, wir erwarten unzählige Gäste und haben nun wirklich anderes zu tun, als uns gegenseitig Vorwürfe zu machen. Die Tische stehen bereit – und Geschenke treffen auch ein. Ein Onkel aus Burgdorf hat sogar einen grossen Emmentalerkäse mitgebracht! Nun gehen wir schlafen und reden nicht mehr lange.» Sie sagte es entschieden und liess Felix keine Zeit zum Antworten, denn sonst hätte er seinen Vater wohl noch mehr aufgebracht. Sie nahm ihn entschlossen bei der Hand und zog ihn aus der Stube.

Am 22. November 1557 war es so weit. Felix wurde als Bräutigam aufs Schönste ausstaffiert, er trug ein Hemd mit goldbesticktem Kragen und vielen goldenen Spangen, ein rotseidenes Wams und fleischfarbene Hosen. Er holte seine Braut im Hause ihres Vaters ab, wo man ihm noch ein Barett mit Perlen und Blumen aufsetzte. Magdalena trug eine fleischfarbene Schärpe und war ebenfalls eine sorgfältig geschmückte, liebreizende Braut mit Blumen im Haar.

Nach der feierlichen Zeremonie im Münster begaben sich alle ins Haus von Anna und Thomas. Das Fest dauerte zwei volle Tage, was für Anna hiess, für zwei Mittag- und zwei Abendessen zu sorgen: «Lummel» (Lendenfilet), Suppe, Hühner, gesottener Hecht, Karpfen,

Wildbret, Tauben, Gänse, Lebersülze, Käse und Obst wurden aufgetragen sowie süsses Reismus, Küchlein und das traditionelle «Brautmus» – ein Brei von feinem Mehl mit Milch, Safran und Zucker. Natürlich spielte man auch zum Tanze auf und es sang sogar ein Schülerchor aus Thomas Platters Schule. Über hundertfünfzig Gäste waren geladen. Sie wurden an fünfzehn Tischen untergebracht, die Männer unten im Saal gegen den Garten hin, die Frauen in der Druckerstube und die ledigen Jungfrauen in der oberen Stube. Alle unterhielten sich glänzend. Die hundert Pfund Brautgeld wurden für dieses Fest aufgebraucht. Anna wusste kaum mehr, wo ihr der Kopf stand. Thomas hatte zum Glück noch zusätzliche Helferinnen eingestellt. Doch allein das viele Geschirr, die Schüsseln, Platten, Teller und Becher bereitzuhaben, verlangte viel an Organisation. Man konnte sich schliesslich nicht lumpen lassen. Anna lächelte, als sie an ihre eigene Trauung dachte, dort hatte niemand bemerkt, dass eine Hochzeit stattfand, so bescheiden ging es damals zu und her. Und nun dieses rauschende Fest für ihren Sohn!

Es war Brauch, dass die Brautnacht nicht ohne Streiche vor sich gehen durfte. Die Burschen versuchten, das junge Ehepaar zu stören, sei es mit Scherzen oder mit Lärmen. Anna hatte sich bereits Gedanken darüber gemacht, denn sie erinnerte sich an die unhaltbare Anlaufzeit, die Thomas und sie durchgemacht hatten nach der Heirat. Sie führte Magdalena und Felix heimlich über die Hintertreppe in eine abgelegene Kammer, die sich gegen den Garten zu befand. Dort würde sie niemand vermuten. Allerdings war die Kammer nicht heizbar und das Pärchen musste sich in der kalten Novembernacht schlotternd schlafen legen. Anna sang danach lauthals in der Nähe, um jeglichen Verdacht, sie könnte die Brautleute irgendwo versteckt halten, von sich abzuwenden, so dass Magdalena laut auflachen musste.

Magdalena und Anna kamen recht gut miteinander aus, wenn auch die junge Frau jeden Tag zum Haus ihres Vaters lief, um dort ebenfalls im Haushalt zu helfen. Magdalena war niemals launisch, sondern demütig, wie es sich gehörte, ordnete sich stets unter und schwieg die meiste Zeit. Alles in allem war sie eine junge Frau mit anmutiger Zurückhaltung, mit der man gut zusammenleben konnte. Sie hatte keine grosse Aussteuer mitgebracht, so dass Felix mit ihr zusammen sehr bescheiden leben musste. Ein Bett, wie üblich ein mit Schnüren bespanntes Gestell mit Strohsack und Matratze, zwei Leintüchern, zwei Kissen und eine Art Steppdecke, «Guttere» genannt, sowie einiges an Geschirr gehörte zu ihrer bescheidenen Aussteuer. In Anbetracht des gemeinsamen Haushalts mit den Eltern wären zusätzliche Waren überflüssig gewesen.

Sie ist schön und fromm, doch etwas gar still, dachte Anna, während sie wie immer vor sich hin summte bei der Arbeit, doch schliesslich ist die beste Hausfrau die, von der man am wenigsten spricht. Sie war dabei, zusammen mit Magdalena und den beiden Mägden Kirschenmus herzustellen, gekocht mit Honig, Ingwer und Gewürznelken. Die Arbeit mit den vielen Erzeugnissen vom Landgut beschäftigte die Frauen den ganzen Sommer, das Einkochen und Dörren der Früchte und das Verarbeiten des Gemüses für den Wintervorrat waren aufwendig und arbeitsintensiv. Die düstere Küche war erfüllt mit Düften von Beeren, Obst und verschiedenen Gemüsen. Als Hausherrin sagte Anna, wo es langging und Magdalena unterstützte sie still. Sie fühlte sich eher als Gast im Hause. Dazu kamen die Blicke der Leute, welche sie – je länger die Zeit voranschritt – auf Schritt und Tritt musterten. Sie wurde nicht schwanger! Anna machte sich ebenfalls Gedanken darüber.

Sie ist eine schöne, junge Frau. Liebesglut ist allerdings nirgends zu finden oder nur schattenhaft vorhanden. Aber ich war da auch nicht anders, trotzdem hat es mit dem Kinderkriegen geklappt. Woran es nur liegen mag? Anna wusste nichts von Magdalenas Gedanken und Gefühlen, jedoch war sie sich bewusst, dass ihre eigene karge Art nicht dafür geschaffen war, zu ihrer Schwiegertochter durchzudringen. Deshalb versuchte sie es schon gar nicht. Stille Ergebenheit stand stets in Magdalenas Gesicht, ihr weicher Mund liess wohl Rückschlüsse auf den Charakter zu, aber Anna hatte keine Ahnung, ob sie zufrieden war. Über dem geschäftig häuslichen Leben stand ein Schatten, nämlich der unerfüllte Wunsch nach einem Kind. Das junge Paar hatte nur gerade ein einziges Zimmer zum Schlafen zur persönlichen Verfügung, zudem durfte Felix noch seine Sprechstunden in einem andern Raum ausüben. Mehr Platz gab es nicht, denn die Kostgänger waren immer noch sehr zahlreich, trotz des Versprechens von Thomas, sie reduzieren zu wollen. Und sie waren stets überall anwesend. Besonders Magdalena litt darunter, dass zu allen Tageszeiten Kostgänger umherliefen, und sie hoffte inständig, bald einen eigenen Haushalt zu haben, um einmal einen stillen Abend zusammen mit Felix zu erleben. Sie wünschte sich sehnlichst, ein ruhig gelegenes Haus mit wohliger Sauberkeit und behaglichen Zimmern und gastfreiem Leben zu bewohnen. Vorläufig war es aus finanziellen Gründen jedoch nicht möglich.

«Es ist hart, dir auf der Tasche liegen zu müssen, Vater. Ich habe immer noch einige Schulden in Montpellier. Es bleibt gerade genug Geld, um Magdalena und mich zu kleiden, jedoch nichts, um etwas an den Haushalt beizusteuern», bemerkte Felix von Zeit zu Zeit, denn es gab immer wieder Streit deswegen. Vater Thomas wollte, dass man den Haushalt gemeinsam bezahle. Felix wusste nicht, wie er diesen Wunsch erfüllen sollte und wand sich.

«Die Praxis läuft langsam an», entgegnete Felix etwas ratlos.

«Ich weiss, du bist ein fleissiger, tüchtiger Doktor, aber es gibt zu viele Ärzte in der Stadt, es sind immerhin siebzehn.»

«Abgesehen davon begeben sich die Leute nur in der äussersten Not in ärztliche Behandlung. Alle versuchen sich zuerst selbst zu heilen oder auch mithilfe einer Kräuterfrau.» Bevor Thomas etwas erwidern konnte, kam Magdalena Felix zu Hilfe, indem sie auf ihre Mitgift verwies.

«Da sind doch noch die hundert Pfund Brautgeld, die ihr aufgebraucht habt für unsere Hochzeit», bemerkte sie leise mit scheuem, treuherzigem Lächeln, so dass Thomas nichts mehr zu entgegnen wusste.

Im April 1559 veranstaltete Felix in der kleinen Elisabethenkirche seine erste öffentliche Anatomie. Er hatte in Erfahrung gebracht, dass ein Dieb verurteilt werden sollte. Es schien klar, dass dieser den Tod durch das Schwert erleiden würde. Felix nutzte die Gelegenheit. Er lief zu seinem Schwiegervater, welcher zum Rat gehörte, und bat ihn, dafür zu sorgen, dass ihm der Leichnam nach der Vollstreckung zum Sezieren zur Verfügung gestellt würde. Jeckelmann runzelte die Stirne.

«Kannst du das überhaupt?» Felix blickte ihn erstaunt an.

«Aber natürlich. Ich habe dir doch davon erzählt, dass wir in Montpellier mehrmals Leichen seziert haben.» Jeckelmann zögerte immer noch. Ganz offensichtlich passte es ihm nicht. Er hatte einst die grosse Ehre gehabt, bei Vesalius zu assistieren. Deshalb belehrte er Felix gerne und meist von oben herab. Nun fürchtete er, dass dieser etwas unternehmen könnte, was seine damalige Assistenz bei Vesalius übertrumpfen würde.

«Vielleicht will ja die Universität den Leichnam haben zum Anatomieren? Seit Vesalius hat niemand mehr eine Leiche seziert», versuchte er sich herauszureden. Felix spürte den Widerstand, bemühte sich nicht weiter und eilte mit seinem Anliegen zum Bürgermeister.

«Sicher könnt Ihr den Leichnam haben, um ihn zu anatomieren», meinte dieser gönnerhaft. «Aber zeigt es allen an, den Badern, Scherern und Doktoren.»

Viel Volk sah zu, als Felix in der kleinen Elisabethenkirche anfing, Schicht um Schicht in den Körper einzudringen und die Muskeln, Nerven und einzelnen Teile herauszuschälen. Er brachte ganze drei Tage damit zu. Zum Schluss kochte er die Gebeine aus, setzte sie zu einem Gerippe zusammen und stellte das Skelett in einem schönen Schrank in seine Stube. Es brachte Felix viel Ruhm ein, die Leute redeten lange darüber.

«Wahrlich eine universale Auffassung von der Kirche als Ort, wo sonst zum Heil von Leib und Seele des Menschen gebetet wird», bemerkte Schwiegervater Jeckelmann herablassend, als er im Hause Platter zu Gast war. Anna hatte Mühe, an sich zu halten. Als Frau verstand

Felix Platter (gemalt von Hans Bock, 1584)

sie nichts von Medizin, aber das Gesicht ihres Sohnes sprach Bände. Sie wäre ihm gerne zu Hilfe geeilt. Sie löste ihre verschlungenen Hände, stand abrupt auf und schenkte Jeckelmann noch etwas Wein ein.

«Habt Ihr schon vernommen, was man mit dem toten Johann von Bruck vorhat?», versuchte sie das Thema zu wechseln, indem sie das Stadtgespräch aufgriff.

«Sicher. Wer hätte gedacht, dass hinter diesem Ehrenmann am Heuberg der gesuchte Wiedertäufer David Joris steckte», brummte Jeckelmann.

«Ja, nicht wahr? Niemand wäre auf den Gedanken gekommen, dass er ein Wiedertäufer sein könnte. Er ging treulich in die Kirche und verkehrte mit allen wichtigen Leuten der Stadt.»

«Er war ein sehr spezieller Wiedertäufer, der sich ganz persönlich in der direkten Nachfolge Christi sah. Man sagt der Gruppe deshalb auch Davidisten oder Joristen.»

«Ich weiss. Doch nun soll er als Ketzer verbrannt werden», griff Felix das Thema dankbar auf. Jeckelmann schüttelte verständnislos den Kopf.

«Und das drei Jahre nach seinem Tod! Was soll das bringen?»

«Nun, man hat einen Erzketzer in Ehren begraben, das geht natürlich auf keinen Fall. Also wird man ihn wieder ausgraben, von einem Gericht verurteilen lassen und dann verbrennen, wie es sich für einen Ketzer gehört, mitsamt seinen vielen Büchern und ketzerischen Schriften.»

David Joris (Johann von Bruck 1501–1556)

«Ihr werdet sehen, er wird danach noch als Geist in seinem Haus umhergehen. Zuerst in Ehren begraben… und drei Jahre später als Ketzer verbrannt! Viele werden bestimmt nicht mehr nachts beim Spiesshof am Heuberg vorübergehen wollen.»

«Es kann durchaus sein, dass es danach spukt im Spiesshof und die Leute Angst haben, dort vorbeizugehen. Doch das ist beim Haus von Leonhard Thurneysser genauso, obwohl er noch jung ist und lebt. Da wird erzählt, dass nachts bei seinem Dachfenster Geister ein und aus fliegen», mischte sich ein Kostgänger ins Gespräch. Jeckelmann hob den Kopf und blickte den Mann herausfordernd an.

«Eine interessante Person, dieser Thurneysser! Er ist vernarrt in die Astrologie, berechnet Gestirne, ihre Positionen und nutzt die Nächte, um mit einem langen Rohr aus Pappe den Himmel zu beobachten. Grund genug, von Geistern zu reden und von Dämonen der Nacht. Die Leute sind nun mal so.»

«Die einen fürchten ihn als Zauberer, andere vergöttern ihn, weil er die Zukunft voraussagen kann.»

«Er ist ein eingebildeter Möchtegern! Wie er sich immer interessant macht! Mir ist er zu überheblich. Und überhaupt, er pflegt keinen christlichen Lebensstil», schloss Jeckelmann klar und bestimmt.

Darauf gab es nichts zu sagen. Es gehörte sich, dass man stets darauf achtete, ein rechter Christ und ein guter Nachbar zu sein und sich so zu benehmen, wie alle

Leonhard Thurneysser (1531–1596)

es taten. Verhielt sich jemand anders, bestand sofort die Gefahr, ins Gerede zu kommen, vor allem, wenn man Erfolg hatte.

Der junge Goldschmied Leonhard Thurneysser hatte beim Stadttor mit seinem Pferd ungeduldig gewartet, bis es endlich geöffnet wurde. Anna Platter stand ebenfalls dort und musterte ihn erstaunt, als er an ihr vorüberritt. Thurneysser nickte ihr zu, denn sie kannte seine Frau Margaretha. Sie würde ihr sicher von diesem Zusammentreffen erzählen, sagte er sich – aber bis dahin war er längst über alle Berge.

Bald ritt er nach dem Überqueren des hölzernen Stegs bei St. Jakob den steinigen Pfad aufwärts gegen Muttenz zu. Die Morgenröte versprach einen strahlenden Tag. Ein grosser Vogel zog in der Luft seine Kreise. Ein schwacher Ostwind blies Leonhard ins Gesicht und drang unerbittlich durch den Wollstoff seines schwarzen Umhangs. Er fröstelte. Er bemerkte einige Bauern, welche bereits unterwegs waren, um ihre Felder zu bestellen, denn das Getreide war reif. Ihre Sicheln blinkten in der Sonne. Zwei Marktfrauen kamen ihm entgegen, um ihr Gemüse auf den Markt von Basel zu bringen. Sonst war weit und breit keine Menschenseele zu sehen.

Leonhard Thurneysser erblickte leicht schaudernd den leeren Galgen, der bedrohlich am Wegrand stand. Unwillkürlich trieb er sein Pferd zur Eile an.

«Vorwärts Brauner! Der Jude Jonas hat mein Verschulden wohl unterdessen der Zunft gemeldet, es wird nicht lange dauern, bis man nach mir sucht, um mir das Handwerk zu legen.» Er hatte absolut kein Verständnis für dumme Menschen und ärgerte sich deshalb über sich selbst. Doch der Pfandleiher hatte ihn betrogen. Der unverschämte Mensch wollte das Geld, das er ihm zurückgezahlt hatte, noch einmal, behauptete, es nie erhalten zu haben. Das liess sich ein Thurneysser nicht gefallen. Jetzt zählte nur noch Auge um Auge, Zahn um Zahn. Wozu war er Goldschmied? Einen Bleibarren vergolden und als Goldbarren ausgeben war eine bewährte Methode. Er hatte allerdings nicht erwartet, dass der Jude den Goldbarren prüfen könnte. Er hatte ihn für einen Schwachkopf gehalten. In Leonhards Gesicht lag ein leicht überraschter Ausdruck. Es bereitete ihm Unbehagen, wenn Leute nicht in die vorgesehene Schublade passten. Diesmal war der Irrtum verhängnisvoll. Aber Leonhard war gewohnt, rasch zu handeln.

Was wohl Margarethe sagt, wenn ihr Anna Platter erzählt, dass sie mich gesehen hat, und ihr klar wird, dass ihr frischgebackener Ehemann auf und davon ist?, fragte sich Leonhard leicht zerknirscht. Margarethe wird einen Weg für sich und meinen wenige Wochen alten Sohn finden, davon bin ich überzeugt. Schliesslich ist sie eine mutige Frau. Dem üblen Gerede zum Trotz, hatte sie über ein Jahr lang mit ihm zusammengelebt, bevor sie geheiratet hatten. Allerdings war es nur zur

Heirat gekommen, weil ein Kind unterwegs war. Er hatte dazu stehen müssen, obwohl Margarethe sich bald als zänkisches Weib entpuppte. Doch nun war er auf der Flucht. Er wusste, sie besass genug eigenes Geld, damit sie nicht betteln gehen musste. «Nur das schadenfrohe Geschwätz wird sie aushalten müssen, bis Gras über die Sache gewachsen ist», murmelte er vor sich hin. Er warf ungeduldig seinen wehenden, schwarzen Umhang zurück, in dessen Saum er einige Goldstücke eingenäht hatte, und wischte sich mit dem Ärmel die Schweisstropfen vom Gesicht. Fliegen umschwirrten ihn und sein Pferd. Da hörte er einen feinen Glockenton, der über die Wiesen getragen wurde.

«Liestal – endlich», brummte er und trieb das Pferd an.

Anna hatte Leonhard Thurneysser gesehen und sich gefragt, warum er so früh unterwegs war. Sie hatte sich zusammen mit der Magd Nana zeitig auf den Weg zum Landgut gemacht, um die schattenlosen Felder durchquert zu haben, bevor die Sonne heiss vom Himmel herunterbrannte. Während sie zügig voranschritten, ging ihr Thurneysser nicht aus dem Kopf.

«Thurneysser schien gar nicht erfreut, mich zu sehen, fast als ob er ein schlechtes Gewissen habe.» Die Magd Nana lächelte spöttisch:

«Dieser Mann hat nie und nimmer ein schlechtes Gewissen. Im Gegenteil, er hat stets etwas Hochmütiges an sich.»

«Ja, das empfinde ich genauso, etwas Grossspuriges strahlt er tatsächlich aus. Ich weiss auch nicht, was Frau Margarethe an ihm findet. Zugegeben, er ist stets elegant gekleidet und hat eine ritterliche Art den Damen gegenüber.»

«Eine ritterliche Art? Dass ich nicht lache. Ein ganzes Jahr hat er mit ihr zusammengelebt, ohne mit ihr verheiratet zu sein, dem Gerede zum Trotz!»

«Aber er hat sie dann geheiratet, als sie ein Kind erwartete.»

«Oder weil sie so vermögend ist! Ob das Kind von ihm stammt, ist ziemlich fraglich. Ihre Magd hat mir nämlich geflüstert, dass Frau Margarethe auch ein Verhältnis mit ihrem Vormund habe», meinte Nana wichtig.

«Ich gebe nicht viel auf das Gerede am Brunnen.»

«So oder so, mir wäre ein Mann wie Thurneysser unheimlich. Als Goldschmied und Apotheker schon, aber als Wunderheiler mit guten und bösen Geistern vertraut, lieber nicht. Er ist sicher auch mit dem Teufel im Bunde. Man sagt, er soll ihn sogar in einem Glas bei sich haben.»[23] Anna machte eine besänftigende Geste.

«Ich weiss, das erzählt man sich. Trotzdem ist er ein Basler, ist hier geboren und aufgewachsen. Er war aber in Ägypten und im Orient, auch in England und Schott-

---

[23] Es war ein Skorpion.

land. Von überall hat er Wissenswertes mitgebracht. Sein Reisegepäck war dick angeschwollen durch Bücher, Pflanzen und Mineralien, hat mir Frau Margarethe anvertraut – eine ganze Wunderkammer voll merkwürdiger Gegenstände habe er mitgebracht.»

«Als Ehemann möchte ich ihn nicht geschenkt. Bei einem Unheil bezichtigt man die Sterne und den mächtigen Einfluss der Planeten, und Thurneysser kann alles deuten. Zum Glück trage ich ein Amulett gegen den bösen Blick», ereiferte sie sich.

«Viele sagen, dass der böse Blick reiner Aberglaube sei.»

«Und wie ist das bei der Frau an der Unteren Rebgasse? Alle weichen ihr aus und warnen die Kinder vor ihr. Mit ihrem Blick kann sie alle möglichen Krankheiten anhängen oder etwa nicht?»

«Es ist nichts erwiesen.»

«Aber alle sind davon überzeugt.» Anna entgegnete nichts mehr. Sie hatten das Landgut erreicht und machten sich nun an die Arbeit.

Später, viel später liess sich Frau Margarethe von Thurneysser scheiden und er verlor sein Basler Bürgerrecht. Es gab viel zu reden und zu rätseln. Man erzählte sich immer weitere Schauergeschichten über ihn. Sein Erfolg als Alchimist und Arzt machte ihn in ganz Europa berühmt. Nur in Basel wollte man nichts mehr von ihm wissen.

15. Kapitel

Drei Jahre waren Felix und Magdalena bereits verheiratet. Vater Thomas hatte langsam immer mehr von seinen Schulden abbezahlen können, das Leben verlief in ruhigen Bahnen und Anna war zufrieden, wenn ihr auch die Arbeit manchmal über den Kopf wuchs, das viele Obst und Gemüse aus dem Landgut, das ständige Hin und Her.

Weniger glücklich waren Felix und Magdalena. Sie zählten die Tage, bis sie endlich einen eigenen Haushalt führen und unabhängig sein konnten. Felix hatte das Warten noch nie leiden können, schon als Kind nicht. Er hatte sich nun als Arzt einen Namen gemacht, vor allem mit dem Gerippe des Menschen, den er seziert und präpariert hatte, so dass er das Skelett in seinem Behandlungsraum aufstellen konnte. Die Neugier, es zu sehen, brachte manchen dazu, sich von Felix behandeln zu lassen. Als Arzt wurde er nun mehr und mehr in Anspruch genommen, so dass er sich endlich ernsthaft Gedanken darüber machen konnte, in der Stadt eine eigene Bleibe zu suchen. Da überraschte ihn Vater Thomas damit, dass er ihm die beiden Häuser *zum Rothenfluh* schenken wolle.

«Du bist dann unser Nachbar, aber trotzdem unabhängig und ihr könnt euren eigenen Haushalt führen –

und Platz für eine Praxis und für Kinder hat es auch», unterbreitete Thomas seine Pläne. Felix war einen Moment sprachlos.

«Beide Häuser?», fragte er atemlos und das Funkeln in seinen Augen verriet seine freudige Erwartung.

«Gross und *Klein Rothenfluh* gehören zusammen, und Mutter und ich bleiben in unserm Stammhaus wohnen, dem *Gejägd.* Ich habe nicht weit zu meiner Schule und du kannst dich mit Magdalena einrichten, wie du möchtest, und ihr bleibt in unserer Nähe. Allerdings wäre ich froh, für meine Kostgänger noch eine Kammer in deinem Haus behalten zu können.»

«Muss das sein? Wir wären so gerne einmal allein in einem Haus, ohne fremde Leute, möchten auch mal Gäste haben, ach und überhaupt ...» Anna kam Felix zu Hilfe.

«Thomilin, lass Felix und Magdalena doch die Freude, einmal alleine zu wohnen. Wir bringen sicher alle bei uns im *Gejägd* unter.»

«Ich verspreche, dass ich die Kostgänger reduziere, doch als Übergang brauche ich die Kammer noch.» Anna blickte zu Felix und erklärte augenzwinkernd:

«Ihr werdet sehen, ich schaffe es, alle im *Gejägd* einzuquartieren, lasst mich nur machen.» Zu Thomas sagte sie abends beim Zubettgehen:

«Du vermerkst schon länger mit Bitterkeit die Kinderlosigkeit der beiden. Wenn wir wollen, dass sie endlich ein Kind bekommen, müssen wir ihnen die Ruhe gönnen. Magdalena ist so scheu und empfindlich, sie lässt sich sicher von den Kostgängern zu sehr ablenken.» Dieses Argument überzeugte Thomas, denn er wartete sehnlichst auf Enkelkinder, vor allem auf einen Stammhalter. Dieser Wunsch wurde ihm jedoch nicht gewährt. Felix liess die beiden Häuser renovieren und leistete sich sogar eine Magd. Alle wussten, was Magdalenas Herz bewegte, was sie sich sehnlichst herbeisehnte, der Kinderwunsch jedoch blieb unerfüllt.

Bald wogte eine neue Pestwelle auf die Stadt zu[24]. Wiederum starben Hunderte, Felix war als Arzt rund um die Uhr beschäftigt, aber auch die Bader und Scherer. Meist vergeblich versuchten sie die Pestkranken zu heilen oder ihnen wenigstens etwas Linderung zu verschaffen, indem sie die Beulen aufschnitten. Um sich zu schützen, trug man Tücher oder Masken vor dem Gesicht. Einige versuchten durch das Verbrennen duftender Hölzer und Kräuter und das Versprühen von Essig- oder Rosenwasser gegen die Krankheit anzukämpfen, doch auch das blieb erfolglos. Vor allem in den Städten wütete die Pest fürchterlich. Die Ärzte waren einmal mehr hilflos.

Eines Tages stand die Magd Nana vor der Tür und rief verzweifelt:

---

[24] 1563/1564

«Herr Felix, Ihre Eltern haben beide die Pest! Ihr Vater hat einen Geschwulst in der Leistengegend und Ihre Frau Mutter hat schon sechs Beulen!» Felix erschrak. Anna war bereits achtundsechzig, Thomas fünf Jahre jünger – in diesem Alter bestand nicht mehr viel Hoffnung auf Genesung. Felix wusste, innert drei oder vier Tagen würde er wohl seine Eltern verlieren. Für einen Moment war er wie gelähmt. Felix hasste die Pest – wieviel Leid verursachte sie doch, wie viele mussten ihr Leben lassen, Jung und Alt! An seine Schwester Ursula durfte er gar nicht denken. Dieses blühende Leben war durch die Pest plötzlich ausgelöscht worden. Und nun schien es, als ob seine Eltern ebenfalls dieser Krankheit erliegen würden. Wenn er nur ein Mittel dagegen finden könnte! Er nahm sich vor, die Epidemie näher zu untersuchen.

«Das nächste Mal – und ein nächstes Mal wird es leider geben – werde ich alles aufschreiben, wer gestorben ist, in welchem Haus und in welcher Strasse. Vielleicht kann man damit etwas anfangen und den Krankheitsweg verfolgen. Man weiss ja nicht, wie die Pest übertragen wird, vielleicht hilft ein systematisches Erfassen, ihr auf die Spur zu kommen», versuchte er Magdalena zu erklären.

«Du sammelst ja sowieso alles, Pflanzen, Mineralien, Zähne von Meerfischen, riesige Knochen, Schlangen, Skelette sowie unzählige Arzneimittel, einen ganzen Raum voller Kuriositäten – ich kann dort gar nicht hineingehen, es schaudert mich – und dazu ein Herbarium, das sich sehen lassen kann mit all den getrockneten Pflanzen und Aquarellen. Vielleicht gelingt es dir tatsächlich, etwas gegen die grausame Krankheit zu finden. Es wäre wunderbar.» Felix lächelte.

«Ja, ich bin stolz auf meine Sammlung, auch wenn du sie dir nicht ansehen willst.»

«Deine Sammlung von Musikinstrumenten betrachte ich gerne, deine Lauten, die Flöten, Spinette und das Cembalo», versuchte Magdalena ihrem Gatten zu zeigen, dass sie sich für seine Liebhabereien erwärmen konnte, «und natürlich die Gemälde.»

«Meine Sammlung kann sich wirklich sehen lassen, sie ist recht wertvoll, man könnte damit ein halbes Haus kaufen. Auch den andern Sammlungen in Basel ist sie ebenbürtig, jener von Theodor Zwinger oder von Amerbach zum Beispiel. Ich habe von klein auf viele Jahre damit zugebracht, sie zu hegen, zu pflegen und zu mehren. Und natürlich ist sie noch längst nicht vollständig.»

«Platz haben wir ja nun genug in den beiden Häusern …», schmunzelte Magdalena. Dann fiel ein Schatten auf ihr Gesicht. Felix wusste, was sie betrübte. Der Gedanke, dass sie immer noch keine Kinder hatten, um das Haus zu füllen, beschäftigte sie Tag und Nacht. Kirche, Küche, Kinder waren die drei Dinge, welche eine Frau erfüllen musste. Magdalena konnte zu ihrem grossen Leidwesen nur bei zwei genügen. Sie war fromm, besorgte mit Umsicht den Haushalt, zusammen mit dem Haushalt ihres Vaters, kochte hervorragend, aber Kinder wollten sich keine einstellen.

Felix lief ins Nachbarhaus und betrachtete sorgenvoll die erschöpften Gestalten seiner Eltern, welche beide apathisch im Bett lagen.

«Es sterben so viele, gestern ist leider Sebastian Castellio der Pest erlegen[25]. Euch will ich aber nicht verlieren!» Sie reagierten kaum auf diese traurige Mitteilung, ihr eigenes Leiden stand im Vordergrund, brauchte ihre letzten Kräfte. Nur Thomas hob etwas den Kopf und meinte trocken:

«Castellio ist tot? Nun kann ihm Calvin nichts mehr antun, so weit reicht sein Arm nicht!» Er fühlte sich etwas besser, hatte keine Schmerzen mehr und es gelüstete ihn, etwas zu essen. Er schöpfte Hoffnung. Felix wollte ihn zu Ader lassen, wie es üblich war, aber Thomas wehrte sich.

«Lass ab davon, das nützt ja doch nichts. Wir sind beide in einem Alter, in welchem man den Tod entgegennimmt, ohne sich zu wehren. So Gott will, werden wir die Krankheit überleben.»

Am folgenden Tag ging es beiden besser. Sie hatten die schwere, üble Krankheit überstanden! Sie konnten es fast nicht glauben. Thomas nahm Annas Hand.

---

[25] 29. Dezember 1563

«Es scheint, unser lieber Vater im Himmel will uns noch länger auf dieser Welt leben lassen, Anni.» Annas Züge hellten sich auf. Sie war noch sehr schwach, sie hatte viel Schmerzen aushalten müssen, mehr als Thomas. Sie musterte ihn von den Fussspitzen bis zu den zerrauften Haaren.

«Ach Thomilin, ich kann es nicht fassen. So viele erliegen der Krankheit, nur wir dürfen sie überleben. Gott ist barmherzig. Wir sind ja schon ein altes Paar, und nun dürfen wir weiterhin zusammen älter werden.»

«Du hast recht, wir sind schon bald vierzig Jahre verheiratet, so viele Jahre werden den wenigsten Eheleuten geschenkt.»

Kaum hatten sich Thomas und Anna von der schrecklichen Krankheit etwas erholt, kam die Magd Nana aufgeregt vom Markt nach Hause. Sie war stets zum Klatschen bereit, diesmal brachte sie eine traurige Nachricht.

«Wibrandis Rosenblatt ist der Pest erlegen! Ihr habt sie doch gut gekannt, nicht wahr?» Anna und Thomas nickten beide und blickten sich erschrocken an. «Man wird sie im Kreuzgang des Münsters im Grab ihres Gatten Oekolampad beisetzen», ergänzte Nana. Anna nahm diese Mitteilung mit Befriedigung zur Kenntnis. Sie wusste, was eine Frau an der Seite eines Ehemannes leisten musste, und erst noch als Frau und Witfrau von drei Reformatoren, wie es Wibrandis gewesen war. Offensichtlich wurde die grosse Leistung anerkannt, denn sonst hätte man sie wohl in einem der vielen Massengräber der Pestkranken beigesetzt. Jetzt aber begrub man sie ehrenvoll im Kreuzgang des Münsters im Grab ihres zweiten Ehemanns, des Basler Reformators Oekolampad.

«Die Reformatoren und ihre Ehefrauen haben viel bewegt. Man wird Wibrandis sicher nie vergessen, genauso wenig wie Calvin, der vor ein paar Monaten ebenfalls gestorben ist»[26], äusserte sich Thomas leise.

«Ich kann mir vorstellen, dass man Calvin nicht vergessen wird. Aber Wibrandis? Sie hat ja im Hintergrund gewirkt. Allerdings hat sie das Bild der Pfarrfrau geprägt mit ihrem selbstlosen Einsatz, sie war immer für alle da und hat dafür gesorgt, dass ihre Ehemänner die grossen Veränderungen und Aufgaben meistern konnten.»

«Weisst du noch, wie sie für uns getrocknete Schnitze herüberbrachte, als wir nach Basel zurückkehrten?»

«Natürlich. Dabei hatte sie für ihre Kinder und die vielen Glaubensflüchtlinge genug zu sorgen.»

«Gott gebe ihr die ewige Ruhe!»

In den folgenden Jahren war Anna froh, weniger Kostgänger zu haben. Ihre Kräfte nahmen ab. Es gab

[26] Calvin starb am 27.5. 1564, Wibrandis Rosenblatt am 1.11.1564.

[27] 6. Juli 1568

jedoch stets genug zu tun, vor allem wegen des Gemüses und der Früchte vom Landgut, die es zu verarbeiten galt. Thomas lief täglich frühmorgens zu seinem Gut hinaus, kam bald zurück, stieg dann unverdrossen den Münsterberg hoch und unterrichtete und leitete als Rektor die Schule auf Burg. Es brachte einiges mit sich, doch obwohl auch er älter wurde, konnte er alle Aufgaben gut und zur vollen Zufriedenheit erfüllen. Der einzige Schatten, der auf sein Leben fiel, war die Kinderlosigkeit von Felix und Magdalena. Thomas wartete sehnlichst auf einen Stammhalter.

Es war ein heisser Sommertag. Anna und die Mägde waren gerade dabei, Früchte einzukochen, als ein Kostgänger bedrückt in die Küche trat.

«Der Drucker Oporinus ist gestorben»[27], meldete er mit wichtiger Stimme. Anna erschrak, liess sofort alles stehen und liegen, wischte sich rasch die Hände am Schurztuch ab und eilte zu Thomas, um ihm die traurige Botschaft zu überbringen. Sie wusste, es bedeutete einen grossen Verlust für ihn. Sie waren fast ihr ganzes Leben lang Freunde gewesen. Thomas starrte sie einen Moment sprachlos an, dann sank er in sich zusammen. Seine Gedanken überstürzten sich.

«Oporinus lebt nicht mehr? Das kann nicht sein! Er war doch noch gar nicht so alt.»

«Stimmt, wir sind beide älter. Mit seinen einundsechzig Jahren hat er trotzdem ein schönes Alter erreicht, meine ich», versuchte Anna Thomas zu trösten.

«So viele gemeinsame Jahre! Er war nicht nur mein Freund, er hat mich stets gefördert und beraten – seit ich als Lehrling am Petersgraben die Seile gedreht habe. Ich erinnere mich, wie er von mir hebräische Unterrichtstunden haben wollte …»

«… und dann achtzehn Leute dastanden, um Hebräisch von dir zu lernen», lächelte Anna. Diese Geschichte hatte Thomas schon so oft erzählt.

«Ja, und er hat dafür gesorgt, dass ich als Hilfslehrer an die Lateinschule nach Basel kommen durfte, Geld verdienen konnte für dich und unser kleines Margretlin, frisch verheiratet und mit kargen Aussichten.»

«Er selbst war viermal verheiratet. Dreimal wurde er Witwer …», spann Anna ihre Gedanken weiter.

«Ich erinnere mich besonders an unsere gemeinsamen Druckerjahre. Nachträglich denke ich, dass wir zusammen viel erreicht haben.»

«Berühmt geworden ist Oporinus aber erst mit seinem Druck von Vesalius' grossem Werk der Anatomie, nicht wahr?»

«Ja, es ist ein wunderbares Buch! Auch an seinen Kampf um die Herausgabe des Korans auf Lateinisch werde ich stets mit Hochachtung denken. Die Leiden eines Druckers habe ich ja selbst durchmachen müssen, sei es wegen der Zensur oder weil es bei Seuchen an Gesellen mangelte, und dazu laufend die vielen Geldschwierigkeiten …»

«Ach, die ewigen Schulden! Du weisst, wie froh ich bin, dass du nun Rektor bist. Regelmässige Einnahmen unterstützen meinen ruhigen Schlaf.»

«Oporinus hat erst kürzlich seine Druckerei im *Schönen Haus* am Nadelberg verkauft. Ich vermute, er ist trotzdem immer noch hoch verschuldet.»

«Das wird ihn nun nicht mehr kümmern müssen», schloss Anna leise.

Drei Jahre später sorgte Felix für den Höhepunkt im Leben von Anna und Thomas: Er wurde im Alter von fünfunddreissig Jahren zum Medizinprofessor an der Universität und zum Stadtarzt von Basel gewählt. Für Thomas und Anna bedeutete es die Erfüllung all ihrer Träume, die Bestätigung, es richtig gemacht zu haben, der Lohn für viele entsagungsreiche Stunden, Mühen und Sorgen.

«Immer habe ich mir gewünscht und vorgenommen, dass mein Sohn es einmal besser haben soll – und nun ist er Stadtarzt und Professor der Medizin. Ist das nicht wunderbar, Anni?»

«Ja, wir dürfen zufrieden und auch ein wenig stolz sein. Eine einfache Dienstmagd und ein armer Hirtenknabe aus dem Wallis haben einen Sohn, der es zu etwas gebracht hat und hoch geachtet wird», freute sich Anna und ihre Augen strahlten.

«Für mich bedeutet es viel. Ich wollte ja zu gerne auch Medizin studieren, nun hat Felix diesen Wunsch erfolgreich umgesetzt.» Anna lächelte.

«Du hast ihn gefördert mit deinen Ratschlägen, aber auch angetrieben und belehrt und hast mit deinen guten Verbindungen zu den vielen Kaufleuten, Magistraten, Geistlichen und den illustren Namen aus dem Buchdruck einiges dazu beigetragen.» Anna dachte im Stillen auch an ihren eigenen Einsatz, das Kochen und Waschen, Hegen und Pflegen, Sparen, Zureden und Trösten. Mit ihren nunmehr sechsundsiebzig Jahren hatte sie mit harter Arbeit und nimmermüdem Lebenskampf ebenfalls mitgeholfen, dass es Felix zu etwas gebracht hatte.

«Und natürlich mit Gottes Hilfe», ergänzte Thomas bescheiden.

Kurze Zeit später wurde Anna schwer krank. Thomas und Felix sassen an ihrem Bett und ahnten, dass es zu Ende ging. Annas abgemagerte Hände, die so viel gearbeitet hatten, ruhten schlaff auf der Bettdecke, die Augen im bleichen, verhärmten, von Falten durchzogenen Gesicht lagen tief in den Höhlen. Ihr Husten plagte sie ununterbrochen, sie bekam oft fast keine Luft mehr. Schweissperlen standen auf ihrer Stirn. Thomas betrachtete Anna und sie kam ihm fremd und doch wieder ganz vertraut vor. Ihre Gestalt wirkte schmächtig, doch es ging eine seltsame Würde von ihr aus. Plötzlich wurde ihm bewusst: Wenn Anna nicht mehr bei ihm war, würde etwas Entscheidendes fehlen! Er fuhr sich durch den dünnen, grauen Kinnbart und seufzte verlegen:

«Wir haben so viel miteinander durchgestanden.» Felix nickte bedächtig.

«Das glaube ich dir gerne, Vater. Ihr seid nun über vierzig Jahre verheiratet und habt viel miteinander erlebt und erduldet. Es wäre schön, du würdest alles aufschreiben, damit ich es nicht vergesse. Und auch all die Erlebnisse auf deinen vielen Reisen, deine Jugendzeit, von der du so oft erzählst. Wenige haben so ein Leben geführt wie du.»

«Ich habe viel vergessen …», versuchte sich Thomas herauszureden.

«Und ich kann nicht behalten, was du jeweils berichtest. Es wäre schade, wenn vergessen würde, was du alles erlebt und geleistet hast.» Einen Moment lang schien Thomas unschlüssig.

«Du hast das ja schon oft gewünscht und gibst wohl keine Ruhe, bis ich mich dahintermache. Nun denn, besorge mir Papier, einen Federkiel und Tinte, ich werde hier am Bett von Anna damit anfangen.»

Es schien Thomas wie in alten Zeiten. Er sass im dunklen Zimmer beim spärlichen Schein einer Talgkerze und schrieb und schrieb, während Anna bei ihm war. Allerdings nicht mehr spinnend, sondern vor sich hin dämmernd. Die Erinnerungen an diese Nächte, an alles, was er erlebt hatte von frühester Jugend an, flossen ohne Pause aus seiner Feder. Die Erlebnisse blitzten in verwirrender Menge auf. Je länger er schrieb, umso mehr fiel ihm ein. Der Kiel kratzte, sonst hörte man nur das unregelmässige Atmen oder Husten von Anna. Manchmal blickte Thomas versonnen auf ihr Bett und rang um seine Fassung. Dann wandte er sich wieder seinen Erinnerungen zu und schrieb in fast gespenstischem Eifer weiter.

Nach wenigen Tagen, während Anna schwer atmend im Bett lag, beendete Thomas seine Lebenserinnerungen:

«Nun habe ich dir nach deinem Wunsch, lieber Felix, den Anfang und Fortgang meines Lebens bis auf diese Zeit beschrieben, so viel ich nach der langen Zeit noch wusste. Es ist nicht alles, wer wollte das auch tun?»

Thomas blickte voller Schmerz auf Annas Gesicht, nahm den Federkiel noch einmal in die Hand und fügte weitere Zeilen hinzu:

«Ich bin noch oft in grossen Gefahren gewesen in den Bergen und auf dem Wasser, etwa auf dem Bodensee, dem Luzernersee und auf andern Seen, auch auf dem Rhein …», er zögerte. Wie viel hätte er noch aufzuschreiben!

«Da habe ich in meiner Jugend ausser dem, was in diesem Buch verzeichnet ist, viel erlitten, so dass ich oft gedacht habe: Wie ist es möglich, dass ich noch lebe, stehen oder gehen kann während so vielen Jahren, und mir nie ein Glied gebrochen habe oder arg verletzt? Offensichtlich hat mich Gott durch seinen Engel behütet», fuhr er fort. Es war ihm wichtig, dass Felix begriff, dass er nicht alles nur seiner Arbeit und seinem Erfolg zuschreiben wollte, sondern dass es Gottes Segen dazu gebraucht hatte.

«Wie du siehst, war mein Anfang bescheiden und mein Leben ist gefährlich verlaufen, und dennoch bin ich zu ziemlichem Glück und Ehren gekommen. Und obwohl ich doch so gut wie nichts und meine Frau gar nichts von den Ihren erhalten haben, sind wir dennoch so weit gekommen, dass ich in der löblichen Stadt Basel vier Häuser mit ordentlichem Hausrat durch meine Arbeit und durch die grosse Arbeit meiner Frau…»

Wieder blickte er auf Anna, legte den Federkiel nieder, stand mühsam auf und setzte sich an ihr Bett. Er wusste nicht, ob sie ihn noch hörte, es schien, als ob sie die Welt schon verlassen habe.

«Ach Anni, erinnerst du dich? Wo wir doch anfänglich in Basel nichts als ein schäbiges Hüttlein bewohnten?» Er betrachtete ihre knochigen Hände. Es schien ihm, als hätte er all die Jahre nochmals durchlebt, während er sie niedergeschrieben hatte, Freud und Leid, und er meinte fast, Anna leise summen zu hören, eines der vielen Lieder, die sie so oft gesungen hatte. War es auch für sie ein hartes, aber erfülltes Leben gewesen?

Thomas blieb lange an ihrem Bett sitzen. Er wusste, er würde Abschied nehmen müssen von ihr. Und da war noch etwas anderes, das er nicht bezeichnen konnte, etwas, das ihm das Herz schwer machte. Es war der Gedanke, dass niemand mehr Erinnerungen an die gemeinsame Erlebnisse mit ihm teilen konnte und ihn niemand mehr Thomilin rufen würde.

Schliesslich erhob er sich schwer, lief in gebeugter Haltung traurig wieder zum Tisch und setzte die letzten Worte unter seine Erinnerungen, so, als würde er sie auch für Anna niederschreiben:

«Diese Dinge alle wollest du, lieber Sohn Felix, erkennen und bekennen, dir selbst nichts zuschreiben, sondern Gott allein Lob und Ehre geben dein Leben lang, so wirst du das ewige Leben erlangen. Amen.

Eine Woche später verschied Anna Platter in ihrem siebenundsiebzigsten Lebensjahr.

Die Grabtafel der Familie Platter im Kreuzgang des Basler Münsters

Nachtrag

Nur zwei Monate danach heiratete Thomas Platter mit seinen dreiundsiebzig Jahren die fünfundzwanzigjährige Esther Gross und bekam mit ihr noch sechs Kinder – davon auch zwei Söhne, die so sehr gewünschten Stammhalter.

Er führte als Rektor die Münsterschule auf Burg weiter bis zu seinem neunundsiebzigsten Lebensjahr. Vier Jahre danach starb er an den Folgen eines Sturzes.

Felix wurde ein berühmter Stadtarzt. In seinem äusserst genauen Bericht über die Pestepidemie in Basel von 1610/1611 zeigte er sich als wegweisender Forscher. Doch es sollte noch fast dreihundert Jahre dauern, bis man die Ursache der Übertragung des Krankheitserregers der Pest fand. Erst 1897 stellte man fest, dass die Seuche vor allem durch den Rattenfloh auf den Menschen übertragen wird.

Thomas Platter der Jüngere, der Stammhalter und Sohn aus zweiter Ehe, wurde nach dem Tod des Vaters von seinem Halbbruder Felix erzogen. Er wurde Professor der Medizin und Rektor der Universität Basel.

Biografie

1495	**Anna Dietschi geboren,** von Wipkingen (bei Zürich) Ihre Eltern sterben früh, sie wird bei Verwandten untergebracht.
10.2. 1499	**Thomas Platter geboren,** in Grächen (Wallis) (evtl. 1503[28]?) Er hütet mit sechs Jahren bis zu 80 Ziegen, mit acht Jahren dann Kühe. Soll bei einem Priester Lesen und Schreiben lernen. Reist sieben Jahre lang als «ABC-Schütze» des Bettelstudenten Paulus Summermatter durch Europa. Lernt in Schlettstadt lesen und schreiben und weilt kurz im Wallis.
1523	ist er in Zürich bei Myconius als Kustos (Helfer), studiert Latein und Griechisch und sogar Hebräisch. Anna Dietschi arbeitet bei Myconius als Magd.
1527	Thomas Platter lernt in Basel den Beruf des Seilers bei Seilermeister Hans Stähelin. Er lehrt gleichzeitig Johannes Oporinus und achtzehn weiteren Herren Hebräisch.

[28] Es gibt Forscher, welche seine Geburt ins Jahr 1503 setzen.

1529	Reformation in Basel (9. Februar)
	Thomas Platter zieht im Juni zusammen mit Meister Stähelin in den Ersten Kappelerkrieg, bleibt danach in Zürich bei Myconius, wo Anna Dietschi immer noch als Magd arbeitet.
1529	**Heirat von Thomas Platter mit Anna Dietschi**
	Sie ziehen ins Wallis nach Visp, Thomas arbeitet als Lehrer.
1530	**1. Kind** Margretlin geboren. Sie ziehen nach Basel.
1531	Sie wohnen im Haus zum Löwenkopf, Thomas Platter ist als Hilfslehrer tätig.
	Sie ziehen mit dem Arzt Johannes Epiphanius nach Pruntrut.
	Dort stirbt das Kind Margretlin an der Pest.
	Anna wird wegen der Pestepidemie nach Zürich gebracht.
	Epiphanius stirbt an der Pest.
	Zweiter Kappelerkrieg (Zwingli stirbt)
	Ende Jahr leben Thomas Platter und Anna wieder in Basel.
	Myconius kommt nach Basel, wird Pfarrer zu St. Alban.
1532	Thomas arbeitet als Lehrer und Korrektor. Myconius wird Nachfolger von Oekolampad am Münster.
1532/33	**2. Kind** geboren, wieder Margretlin geheissen
1534	**3. Kind** geboren, Ursula getauft. Sie wohnen neben der Peterskirche.

1535 Thomas Platter wird Druckerherr zusammen mit Johannes Oporinus, Ruprecht Winter und Balthasar Ruch. Thomas wird zünftig bei der E.E. Zunft zu Hausgenossen und Basler Bürger.

1536 **4. Kind** geboren: Felix, am 28. Oktober im Haus zum Bären, heute Petersgasse 13

1538 Thomas wohnt mit der Familie als selbstständiger Drucker und Buchhändler im Haus «zum Tor» an der Eisengasse (heute Globus).

1539 Sie ziehen an die Freie Strasse, mieten die zwei Häuser «Gross Rothenfluh» und «Zum Gejägd», Thomas richtet eine Druckerei ein sowie eine Studentenpension.
Margretlin, 6-jährig, stirbt an der Pest.

1541 Kauf der drei Häuser «Gross Rothenfluh» und «Klein Rothenfluh» sowie «Zum Gejägd» an der Freien Strasse

1544 Thomas Platter wird Rektor auf Burg, Liquidation der Druckerei.

1549 Er kauft das Landgut Mittleres Gundeldingen.

1551 Tochter Ursula stirbt 17-jährig an der Pest, Sohn Felix weilt auf Schloss Rötteln.

1552–1557 Felix studiert in Montpellier Medizin.

1557 am 9. Mai kehrt Felix zurück. Am 22. November heiratet der 21-jährige Felix die 23-jährige Magdalena Jeckelmann (1534–1613).

1561 Thomas Platter schenkt den beiden die Häuser «Gross und Klein Rothenfluh». Er wohnt zusammen mit Anna weiterhin im «Gejägd».

1571 Felix wird Professor und Stadtarzt in Basel.

1572 Am Krankenbett seiner Frau schreibt Thomas Platter seine Biografie. **Am 20. Februar stirbt Anna.** Der 73-jährige Thomas Platter heiratet zwei Monate später die 25-jährige Esther Gross, sie bekommen noch sechs Kinder (darunter auch den Stammhalter Thomas Platter der Jüngere).

1575 Felix Platter und seine Frau Magdalena kaufen ein Haus am Petersgraben.

1578 Thomas Platter lässt sich als Rektor pensionieren und lebt nun hauptsächlich in seinem Landgut Gundeldingen.

1582 am 26. Januar **stirbt Thomas Platter** an den Folgen eines Sturzes.

Das Thomas Platter-Haus, das Haupthaus seines Landgutes, steht heute noch. Auch das Thomas Platter-Schulhaus (Claragraben 40) wurde nach ihm benannt, während das Felix Platter-Spital an seinen Sohn erinnert.

Bibliografie

Burckhardt-Biedermann Theophil, Geschichte des Gymnasiums zu Basel 1589–1889, Basel 1989

Frietsch Ute, Häresie und Wissenschaft, München 2013

Gast Johannes, Das Tagebuch des Johannes Gast, Basler Chroniken, 8. Band, Basel 1945

Guggenbühl Dietegen, Mit Tieren und Teufeln, Liestal 2002

Hartmann Alfred, Platter Thomas: Lebensbeschreibung, Basel 2006

Lötscher Valentin, Felix Platter und seine Familie, Basel 1975

Meyer Werner, von Greyerz Kaspar (Hrsg.): Platteriana, Basel 2002

Müller Peter, Ein «Schuolmeister» erzählt seine Lebensgeschichte, Basler Zeitschrift für Geschichte und Altertumskunde Bd. 95, Basel 1995

Platter Felix, Tagebuchblätter aus dem Jugendleben eines deutschen Arztes des 16. Jahrhunderts, Leipzig 1913

Platter Felix, Beschreibung der Stadt Basel 1610 und Pestbericht 1610/1611, hrsg. Valentin Lötscher, Basel 1987

Platter Thomas, Lebenserinnerungen, Ausgabe Basel 1999

Wunder Heide (Hrsg.), Eine Stadt der Frauen, Basel 1995

Bildnachweis

Titelbild: Altdorfer, Albrecht (1480–1538): Portrait of a young Woman, Digital (1) c. 1522. Madrid, Museo Nacional Thyssen-Bornemisza. Oil on panel, 59 × 45 cm
Dimension with frame: 78 × 64 × 9 cm
Inv. N.: 1929.11. © 2019. Museo Nacional Thyssen-Bornemisza/ Scala, Florence

S. 33: Zentralbibliothek Zürich.
Der uralten wytbekannten Statt Zürych Gestalt und Gelaegenheit, wie sy zu diser Zyt in waesen. Zürich: bey Hauptmann Hofmeister, Buchbinder, an der Rosengass, 1766. Zentralbibliothek Zürich, Inv 374, https://doi.org/10.3931/e-rara-34668 /
Public Domain Mark

S. 40: UB Basel. Portr BS Myconius O. 1488, 4a
Fotografie des Originals in der Aula des Naturhistorischen Museums Basel (Fotograf: Foto-Hinz SWB, Basel)

S. 45: Hans Holbein d. J.
Ein Gelehrter an seinem Schreibpult, 1515
Feder in Schwarz
Kunstmuseum Basel, Amerbach-Kabinett, Inv. 1662.166.64,
Foto: Martin P. Bühler

S. 76, 161: Merian-Plan, Staatsarchiv Basel-Stadt, BILD 1, 291

S. 135: Petersplatz, Staatsarchiv Basel-Stadt, NEG A 2337

S. 145: Marktplatz, Staatsarchiv Basel-Stadt, L 45, 2-18-3

S. 157: Hans Bock d. Ä. (?)
Zabern/Elsass um 1550/52–1624 Basel
Bildnis des Johannes Oporinus, um 1580–1587
Öl auf Holz, 65,5 × 52,5 cm
Kunstmuseum Basel, Amerbach-Kabinett 1662, Inv. 1902

S. 173: Helen Liebendörfer

S. 204: Rudolf Feyerabend (1749–1814)
Aquarellkopie des Totentanzes an der Predigerkirche
von Johann Rudolf Feyerabend nach den Radierungen
von Matthäus Merian d. Ä., 1806
Historisches Museum Basel, Inv. 1870.679,
Foto: M. Babey

S. 222: Das Plattnerische Gundeldingen,
Staatsarchiv Basel-Stadt, BILD Falk. Fa 3, 3

S. 251: Helen Liebendörfer

S. 255: Hans Bock d. Ä.
Zabern/Elsass um 1550/52–1624 Basel
Bildnis des Thomas Platter, 1581
Öl auf Leinwand, 60 × 44,5 cm
Kunstmuseum Basel, Legat A. M. Legrand 1886, Inv. 83

S. 277: Hans Bock d. Ä.
Bildnis des Felix Platter, 1584
Öl auf Leinwand, 227 × 156 cm
Kunstmuseum Basel, Geschenk von
Scholarcha Passavant und deren Brüdern,
Inv. 84, Foto: Martin P. Bühler

S. 279: Niederländischer Meister, 16. Jh.
Bildnis des Wiedertäufers David Joris, um 1540/45
Öl auf Eichenholz, 88,9 × 68,4 cm
Kunstmuseum Basel, Geschenk der Basler Regierung 1714, Inv. 561

S. 281: Frans Floris de Vriendt I.
Antwerpen 1519/20–1570 Antwerpen
Bildnis des kurfürstlich brandenburgischen Leibarztes Leonhard Thurneysser zum Thurn von Basel, 1569 (?)
Öl auf Eichenholz, 45 × 38 cm
Kunstmuseum Basel, Museum Faesch 1823, Inv. 445

S. 303: Helen Liebendörfer

Autorin

Die Baslerin Helen Liebendörfer setzt mit ihrem sechsten historischen Roman «Thomilin und sein Weib» ihre erfolgreiche Reihe fort. Sie ist zudem als Stadtführerin und Dozentin der Volkshochschule Basel sowie als Autorin zahlreicher Stadtführer bekannt. Für ihr Engagement erhielt sie im Jahr 2008 den Ehrendoktor der Universität Basel sowie im Jahr 2018 vom Sperber-Kollegium die Auszeichnung «Ehrespalebärglemere» verliehen.

Helen Liebendörfer im Friedrich Reinhardt Verlag

Die Frau im Hintergrund
Dieser historische Roman handelt von Wibrandis Rosenblatt, einer bedeutenden Frau des 16. Jahrhunderts. Im Hintergrun ihrer berühmten Ehemänner, den Reformatoren Oekolampad, Capito und Butzer, hat sie wesentlich an den grossen Veränderungen mitgewirkt.

206 Seiten, 2013
kartoniert
CHF 24.80
ISBN 978-3-7245-1875-4

Carissima mia!
«Carissima mia!» spielt im 19. Jahrhundert und schildert das unstete Leben von Angela Böcklin, der Ehefrau von Arnold Böcklin, ihre jahrzehntelange aufopfernde Tätigkeit an der Seite des Künstlers, mit vierzehn Kindern, vielen Ortswechseln – Rom, Basel, München, Weimar, Zürich und Florenz –, mit Krankheiten, Todesfällen, Entbehrungen und schliesslich auch Erfolg.

312 Seiten, 2014
kartoniert
CHF 24.80
ISBN 978-3-7245-2019-1

Des Kaisers neue Socken
Der Roman spielt im 15. Jahrhundert und beschreibt das Leben des erfolgreichen Diplomaten und Apothekers Henman Offenburg zur Zeit des Basler Konzils.

296 Seiten, 2015
kartoniert
CHF 24.80
ISBN 978-3-7245-2083-2

Helen Liebendörfer im Friedrich Reinhardt Verlag

Hansdampf in allen Gassen

Zu den bekannten Schweizer Auswanderern des 19. Jahrhunderts gehört Johann August Sutter, auch «General Sutter» oder «Kaiser von Kalifornien» genannt. Im Jahr 1834 flüchtet er hochverschuldet und ohne seine Familie nach Amerika. Wie verlief Sutters Leben, bevor man Gold auf seinem Land fand? War er wirklich der edle Pionier, dem durch den Goldrausch alles genommen wurde? Eines ist sicher: Sutters Lebensweg ist vielfältig und lässt niemanden unberührt.

296 Seiten, 2016
kartoniert
CHF 24.80
ISBN 978-3-7245-2151-8

Ja und Amen?

«… und doch warst du in all den Tagen die, die am besten mich verstand», schreibt Hermann Hesse in einem Gedicht über seine Mutter. Wer war diese Frau, die ihn so gut verstand? Je mehr man sich mit dem Leben von Marie Hesse auseinandersetzt, desto vielschichtiger wird das Bild. Ihr Leben nachzuvollziehen, verlangt ein Hineinversenken in die Welt des Pietismus, der Missionstätigkeiten und festen Überzeugungen. Basierend auf Briefen, Tagebüchern und Berichten wird in diesem Roman Authentisches und Fiktives verbunden, wobei die Lebensstationen und Erlebnisse von Marie Hesse möglichst genau nachvollzogen sind.

272 Seiten, 2017
kartoniert
CHF 24.80
ISBN 978-3-7245-2231-7

Helen Liebendörfer im Friedrich Reinhardt Verlag

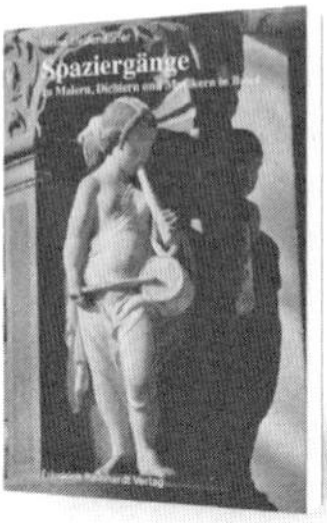

Spaziergänge zu Malern, Dichtern und Musikern in Basel
Dieses handliche Buch führt auf verschiedenen Spaziergängen zu berühmten Malern, Dichtern und Musikern, die in Basel aufgewachsen sind oder in der Stadt zu Besuch weilten.

123 Seiten, 2000
2. Auflage 2004
mit 12 farbigen Abb. und Stadtplan
kartoniert
CHF 19.80
ISBN 978-3-7245-1110-6

Basel, die verzauberte Stadt
Ein spielerischer Spaziergang für Kinder
Auf einem Spaziergang durch die Stadt können die Kinder aktiv ins Geschehen miteingebunden werden. Für Kinder zwischen fünf und zehn Jahren.

48 Seiten, 2006
mit 21 Farbfotos und Stadtplan
Hardcover
CHF 19.80
ISBN 978-3-7245-1380-3

Spaziergang in Basel mit Johann Peter Hebel
Mit viel Gespür für Details führt Helen Liebendörfer den Leser auf den Spuren des grossen Dichters: vom Totentanz zur Petersgasse, vorbei an der Mittleren Brücke und hoch zum Münsterplatz.

65 Seiten, 2010
kartoniert
CHF 19.80
ISBN 978-3-7245-1660-6

Helen Liebendörfer im Friedrich Reinhardt Verlag

Spaziergang zu berühmten Gästen in Basel
Die Stadtführerin nimmt die Leserinnen und Leser zu berühmten Gästen in Basel mit – von Kaiser Heinrich II., Paracelsus, Faust und Napoleons Gemahlin Marie-Louise bis hin zu Dostojewski und Gustav Adolf von Schweden.

100 Seiten, 2011
farbig bebildert, kartoniert
CHF 19.80
ISBN 978-3-7245-1704-7

Spaziergang mit Hermann Hesse durch Basel
Hermann Hesse verbrachte über zehn Jahre in Basel. Es gibt daher viele Gründe, einen Spaziergang mit dem Schriftsteller durch Basel zu unternehmen und sich zu fragen, wo er gelebt und gewirkt hat und welche Spuren sich davon in seinen Werken niedergeschlagen haben.

80 Seiten, 2012
farbig bebildert, kartoniert
CHF 19.80
ISBN 978-3-7245-1793-1

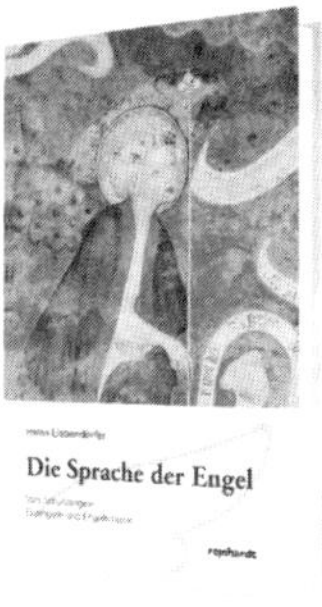

Die Sprache der Engel
Von Schutzengeln, Erzengeln und Engelsmusik
Musik ist die Sprache der Engel und die Engelsmusik war im Mittelalter ein fester Begriff. Seit wann gibt es Engel, wie sehen sie aus und welche Aufgaben erfüllen sie? Diese allgemeinen Betrachtungen über die Engel, ihre spezifischen Aufgaben, ihre Bedeutung und ihre Erwähnung in anderen Kulturen werden ergänzt mit Gedichten von Heinrich Heine, Goethe, Rilke, Jean Paul u.a. sowie mit vielen Bildern von bekannten und weniger bekannten Basler Engeln. Zudem führt auch ein Spaziergang von Engel zu Engel durch die Stadt Basel.

88 Seiten, 2018
farbig bebildert, Hardcover
CHF 24.80
ISBN 978-3-7245-2298-0

Weitere Bücher im Friedrich Reinhardt Verlag

Daniel Zahno
Wanderverführer
Die schönsten Touren rund um Basel

Haben Sie Lust, schöne Orte rund um Basel zu entdecken? Daniel Zahno nimmt Sie mit auf verführerische Touren in die Nordwestschweiz, die mit öffentlichen Verkehrsmitteln gut zu erreichen sind. Es locken wilde Schluchten, mächtige Wasserfälle, einsame Gipfel, verträumte Flussläufe und idyllische Seen. Auf wenig begangenen Pfaden führt der Schriftsteller sprachgewandt zu Kostbarkeiten in malerischen Landstrichen, zum bezaubernden Blumenmeer auf der Geissflue, zum magischen Indian Summer am Doubs oder zum jahrhundertealten Eichenhain beim idyllischen Schloss Wildenstein. Diese schönen und reich bebilderten Bände versammeln abenteuerliche Streifzüge und gemütliche Wanderungen – Genuss pur und eine Freude für jedes Entdeckerherz.

Band 1
120 Seiten
kartoniert
CHF 29.80
ISBN 978-3-7245-2049-8

Band 2
124 Seiten
kartoniert
CHF 29.80
ISBN 978-3-7245-2114-3

Daniel Zahno
Stadtverführer
Die schönsten Spaziergänge in und um Basel

Haben Sie Lust, das schöne Basel neu zu entdecken? Daniel Zahno nimmt Sie mit auf verführerische Spaziergänge durch die Altstadt, zu Kostbarem und Kuriosem in weniger bekannten Vierteln und zu verheissungsvollen Orten an den Rändern der Stadt. Es locken eine wilde Basler Safari, ein abenteuerlicher Kettenweg, verträumte Winkel, herrliche Gärten und ein zauberhafter Women's Walk. Es reizen eine idyllische Schlucht, die kaum jemand kennt, und tolle Aussichtspunkte rund ums Rheinknie. Alle Start- und Zielorte sind bequem mit Tram und Bus erreichbar.

144 Seiten
kartoniert
CHF 29.80
ISBN 978-3-7245-2327-7